Viktoria Waltz

VON BASEL NACH JERUSALEM

Ein Crash-Kurs
zum Palästina-Konflikt

Für Basem

Waltz, Viktoria:
Von Basel nach Jerusalem – Ein Crash-Kurs zum Palästine Konflikt – Hamburg:
Theorie und Praxis Verlag
ISBN 978-3-939710-21-9

1. Auflage 2014

Theorie und Praxis Verlag
Goldbachstr. 2
D 22765 Hamburg
Fax: 040 – 38 61 38 50
info@tup-verlag.com
www. tup-verlag.com

Titelfoto: **Cornelia Suhan**, Hebron 1986, nach dem Abzug der IOF

Abstrakt/Kurzfassung

Israel ist das Produkt eines Raumplanungsprozesses, der einer riskanten Expeditionsreise gleicht, in der es schrittweise um die Eroberung von Boden, die Besiedlung und die Schaffung einer neuen Bevölkerung in einem fremden Raum geht. Raumplanung entpuppt sich dabei als ein umfassendes Herrschaftsinstrument zur Sicherung des Monopols über diesen Raum, über Palästina.

Israel ist das Produkt eines Zionistischen Großraumprojekts, dessen Ergebnis heute eine rassistische Gesellschaft ist, die sich jüdisch national definiert und einen ethnisch reinen, ‚Jüdischen Staat' anstrebt. Um den bestehenden Jüdischen Staat ‚reinen Blutes' zu halten, hetzen fundamentalistische Rabbiner ihre Jüdischen Landsleute auf, keine Heirat mit Nicht-Juden einzugehen, keine Häuser und Wohnungen an Araber zu vermieten, usw.[1] Die Regierung, besonders das Zionistische Regime in seiner jüngsten Ausprägung, setzt sämtliche zur Verfügung stehenden Mittel ein, um die in Israel lebenden Palästinenser kaltzustellen und die in den besetzten Gebieten lebenden Palästinenser zu drangsalieren, um schließlich möglichst alle zu vertreiben. Das Zionistische Regime – voran die zentralen Institutionen World Zionist Organization (WZO), Jewish Agency (JA) und Jewish National Fund (JNF), im Einklang mit fanatischen Siedlern, die eine ‚End-Erlösung' im jüdischen Sinne aktiv betreiben wollen – ist seit Beginn des Projektes Israel dabei, eine zionistisch-jüdische Herrschaft auf das gesamte Gebiet Palästinas auszudehnen, wie es zu Mandatszeiten versprochen wurde und die Palästinenser so weit zu demütigen, dass sie entweder freiwillig gehen, sich zum Zionismus ‚bekennen' oder schlimmstenfalls, wenn das unmöglich werden würde, sich mit einem unwürdigen Leben in Bantustans oder Ghettos in ‚Einem Staat', Israel, zufrieden zu geben.

Die vorliegende Darstellung will deutlich machen, dass dieser seit mehr als hundert Jahren andauernde Prozess nicht die logische Konsequenz aus den Ereignissen der uns als Holocaust bekannten Tragödie, der Verfolgung und Ermordung der europäischen Juden durch den deutschen Faschismus, ist und auch nicht Ergebnis von falschen Entscheidungen unkluger oder unfähiger Politiker, sei es auf der zionistischen, sei es auf der arabischen Seite. Sie wird deutlich machen, dass die vorerst letzte Etappe dieser riskanten, oft tödlichen Reise das Ergebnis einer von diversen Interessen geleiteten, im 19. Jahrhundert akribisch geplanten Strategie zur Errichtung genau dieses Staates im Nahen Osten ist –

[1] Siehe Cook, Jonathan 2010: Israels right-wing rabbis pour forth 'hateful ideas'. In The National, December 9, 2010.

mit all den Konsequenzen, die wir bis heute erkennen können: Massaker, Kriege, Zerstörung und Vertreibung des dort lebenden autochthonen Volkes, eingebettet in eine Strategie des ‚Teile und Herrsche' bei den umgebenden arabischen Nachbarn. Es wird deutlich werden, dass die Errichtung des ‚Jüdischen Staates' auf den Ruinen Palästinas vor allem ein konkretes, wenn auch unzeitgemäßes, Kolonialprojekt ist und Bestandteil der Hegemonialansprüche der westlichen Imperien auf diese ressourcenreiche Region: Israel ‚chartered' für imperiale, globale Interessen an diesem Raum, ‚Charter Staat'.[2] Eine weitere Triebkraft für dieses Projekt, ebenso alt wie die Zionistische Idee, wird dabei nur gestreift werden: die jüdisch/christlich fundamentalistischen Interessenten an diesem Projekt, die in bemerkenswerter Sinfonie vom gleichen Streben nach einem jüdischen, religiösen Staat gelenkt sind und vor allem Jerusalem als Ort der ‚Erfüllung' zu ihrem endgültigen Ziel erklärt haben – sozusagen die letzte Etappe dieser Reise, deren baldiges Ende angeblich schon bevorsteht.
Es ist dabei immer im Blick zu behalten, dass alles, was die zionistischen Funktionäre und die Regierungen Israels seit dem UN-Beschluss zur Teilung Palästinas 1947 an Landraub, Zerstörung und Vertreibung auf der einen Seite, sowie Okkupation, Neubesiedlung und Änderung der Besitz- und demographischen Verhältnisse auf der anderen Seite, systematisch betrieben haben, gegen internationales Recht verstößt und illegal ist, wie hunderte von UN-Beschlüssen belegen.[3] Nach wie vor besteht der Mandatsauftrag von 1923, einen Arabisch-Palästinensischen Staat in Palästina zu errichten.
Die vorliegende Darstellung verfolgt den roten Faden der Gewaltanwendung, des Betrugs und der Täuschung, also den ‚Reise'-Plan, der sich durch das Projekt Israel zieht und der bis heute von führenden Kräften der Zionistischen Bewegung gewoben und gelenkt wird. Dies wird am deutlichsten, wenn die Eroberung Palästinas als Prozess der Raum-Ergreifung betrachtet und die vielfältigen Mittel der Planung dazu untersucht und aufgezeigt werden. Raumplanung im weitesten Sinne ist als d a s zentrale Instrument der Kolonialisierung zum Einsatz gekommen. Die Darstellung geschieht entlang der zentralen Etappen der Staatwerdung Israels, also von den ersten Zionistischen Kolonien in Palästina um 1890 und dem zentralen Gründungsbeschluss 1897 in Basel bis zur Mandatszeit, über die Zeit des Staatsaufbaus nach 1948 bis in die Zeit der Besetzung der Westbank und des Gazastreifens 1967 bis heute, der Phase des immer noch so genannten ‚Friedensprozesses', inzwischen geführt von einem ‚Quartett' aus den USA, EU, RU und der UN. Schließlich wird auch ein Blick

---

2 Analog des Konzepts ‚Charter City' von Paul Romer, US Ökonom, siehe weiter unten Anmerkungen 8 und 11.

3 Der Sicherheitsrat der UN z.B. hat zwischen 1947 und 2003 allein 200 Resolutionen zum Konflikt verabschiedet. Ein kleiner Überblick über zentrale UN Beschlüsse siehe Jeffery, Simon 2003: Key UN resolutions on the Israeli-Palestinian conflict. In: guardian.co.uk, Wednesday 22 October 2003.

auf das mögliche Endziel dieser Reise, auf Jerusalem gelenkt, das im Fokus aller aktuellen Bemühungen steht.[4]

Eine zentrale These dieser Arbeit ist, dass Israel sich von einem kolonialen Charter-Projekt darüber hinaus zu einem Projekt des rassistisch-religiösen Fundamentalismus entwickelt hat, der allerdings in einem scheinbar demokratischen Gewand daherkommt, denn die Demokratie gilt hier nur für Juden, und nur eingeschränkt für die Palästinenser in Israel und schon gar nicht für die Palästinenser in den 1967 besetzten Gebieten, oder die Syrer im Golan.

Die methodische Vorgehensweise ist die Präsentation von Fakten und ihre Interpretation aus dem theoretischen Zusammenhang. Der theoretische Zusammenhang erklärt sich aus einer Sicht der Geschichte als einen Prozess, der von Widersprüchen geprägt im Kern politökonomisch zu interpretieren ist. Es geht um das materielle Geschehen, das die soziale und politische Verfasstheit der Gesellschaft bestimmt und das wiederum auf die realen Entwicklungen Einfluss nimmt. Die Fakten sprechen – sie zu erklären und zu verstehen ist unsere Aufgabe, wenn wir als verantwortungsvolle Intellektuelle den Konflikt beurteilen und zu einem Verständnis der zugrundeliegenden Motive, Interessen und Ziele der am Konflikt Beteiligten beitragen wollen.[5]

Die folgende Darstellung versucht dies, indem sie den Prozess der Kolonialisierung nachzeichnet und die Instrumente und Methoden der Planung als Teil der politischen Ökonomie, im Raum Palästina und der Region, und unter geostrategischen Aspekten interpretiert.[6]

---

4 Für eine endgültige Friedens- und Staatenlösung bleibt die Souveränität über den Heiligen Bezirk in Jerusalem, Al-Aqsa bzw. Tempelberg, die umstrittenste Frage; Anfang 2014 verlautete die Obama Administration, sie könne sich eine Lösung für den ‚3. Tempel', den Israel errichten möchte, auf einer Seite der Klagemauer vorstellen, was für erheblichen Protest auf der palästinensischen und der jordanischen Seite sorgte.

5 Oder wie Chomsky formuliert: „Die Intellektuellen haben die Verantwortung, die Wahrheit zu sagen und die Lügen aufzudecken". In: Chomsky, Noam 2008: Die Verantwortlichkeit der Intellektuellen. Zentrale Schriften zur Politik. Verlag Antje Kunstmann, München. S 14.

6 Anmerkung zu den Karten und Diagrammen: sie sind als systematisch und nicht als naturgetreue Abbildung zu verstehen; wenn keine Angaben gemacht wurden, sind sie eigene Darstellungen; die zugrundeliegenden Informationen ergeben sich aus dem Textzusammenhang; zu Orts- und Personennamen in den Karten und im Text der palästinensischen, mussten Abgleichungen und Aufrundungen vorgenommen werden: soweit sie arabischen oder hebräischen Ursprungs sind, geht ihre gewählte Schriftform teilweise auf englische Transkriptionen zurück oder es wurden deutsche und übliche Schreibweisen verwendet; zu Statistiken und Zahlenangaben: da aus unterschiedlichen Quellen, seien diese israelischen, palästinensischen oder internationalen Ursprungs, mussten Angleichungen oder Durchschnittswerte erstellt werden.

Viktoria Waltz

Ludwigs Watzal – Vorwort zum Buch

Als ich von Dr. Viktoria Waltz um ein Vorwort zu dem vorliegenden Buch angefragt worden bin, habe ich nach Lektüre des Manuskripts sofort zugesagt. Die Autorin ist eine ausgewiesene Expertin in Sachen Raumplanung und hat über Jahrzehnte an der Universität Dortmund dieses Fach unterrichtet. Neben ihren zahlreichen Veröffentlichungen zur Raumplanung und deren enormen gesellschaftspolitischen Implikationen in der Bundesrepublik Deutschland ist Viktoria Waltz immer wieder auch ihrem internationalistischen Anspruch gerecht geworden. Seit Beginn ihrer wissenschaftlichen Tätigkeit galt ihr Interesse Palästina, weil sich dort eine geplante Landnahme durch Kolonisation scheinbar am deutlichsten manifestierte.

Für die Expertin in Sachen Raumplanung geschieht nichts planlos. Dies trifft auch für das zionistische Kolonisierungsprojekt in Palästina zu. Dass die „Besiedelung" der Westbank nicht planlos erfolgt ist, hat kein geringerer als der ehemalige israelische Ministerpräsident Ariel Sharon selber bestätigt. Keine Kolonie sei aus einer Laune heraus entstanden, sondern deren Lage sei von Beginn an minutiös geplant gewesen. Genau dies hat Waltz in ihrem Buch beschrieben.

Die Entstehungsgeschichte Israels hat weder etwas mit den biblischen Legenden vom ‚auserwählten Volk' noch mit den Versprechen Gottes an Abraham zu tun; dies sind religiöse Legenden, wissenschaftlicher Rationalität nicht zugänglich und bloße Glaubenspostulate. Auch wurde Israel nicht gegründet, weil der deutsche eliminatorische Antisemitismus unter der Nazi-Barbarei ein kolossales Menschheitsverbrechen am europäischen Judentum begangen hat. Viel wichtiger war jedoch die Diplomatie der zionistischen Bewegung, die sich auf dem Ersten Zionistischen Kongress 1897 in Basel eine politische Organisationsform gegeben hat.

Wer das Buch der ehemaligen wissenschaftlichen Mitarbeiterin am Institut für Raumplanung an der Universität Dortmund, Viktoria Waltz, liest, erlebt eine völlig andere Entstehungsgeschichte des Staates Israel. Ihrer zentralen These folgend, ist das „Projekt Israel" einem schlichten Planungsprozess geschuldet, der bis heute noch nicht abgeschlossen ist. Er konzentriert sich auf das Land eines anderen Volkes, des palästinensischen, dessen Existenz im Begriff ist völlig zerstört zu werden. Es geht um die Schaffung eines „reinen jüdischen Staates", in dem kein Platz für die indigene Bevölkerung ist, weil sie als „fünfte Kolonne" und als „existentielle Bedrohung" wahrgenommen wird.

Das „Expropriationswerk", wie es einst der Gründungsvater des Zionismus, Theodor Herzl, genannt hat, läuft nicht im Geheimen, sondern vor den Augen der Weltöffentlichkeit ab. Jeder sieht es, aber niemand protestiert dagegen, obgleich dieser Vorgang nichts mit Demokratie, Rechtsstaatlichkeit oder Völkerrecht zu tun hat. Der Westen, der immer wieder eine gemeinsame Wertebasis zwischen ihm und Israel betont, sollte einmal hinter die Kulissen dieser rhetorisch-politischen Luftblasen schauen. Sollten es tatsächlich die gemeinsamen Werte sein, welche die westlichen Demokratien mit der selbstdefinierten „einzigen Demokratie des Nahen Ostens" verbindet, sollte dann der Westen nicht seine Werte überdenken oder gegebenenfalls revidieren?

Die israelisch-politische Elite meint, Israel sei ein „jüdischer und demokratischer" Staat. Dass dies ein Widerspruch in sich ist, scheint jedem Zoon Politikon evident zu sein. Tatsächlich ist Israel eine „Ethnokratie" (Felicia Langer), bestenfalls eine „jüdische Demokratie" oder eine „Demokratie sui generis". Für alle nicht-jüdischen Staatsbürger gelten nicht die gleichen Rechte, bzw. sie können sie nicht in Anspruch nehmen, weil sie nicht-Juden sind. Hinzu kommt, dass Israel seit 44 Jahren eine brutales Besatzungs- und Unterdrückungssystem über das palästinensische Volk aufrechterhält, das ihnen ihr Land unter fadenscheinigen Rechtskonstruktionen ganz „legal" unter den Füßen wegzieht; diese „rechtlichen" Machenschaften sprechen allen westlichen Werten Hohn. In den von Israel besetzten palästinensischen Gebieten herrscht Besatzungsrecht, aber die in den besetzten Gebieten lebenden jüdischen Kolonisatoren unterliegen „selbstverständlich" israelischem Recht, obgleich ihr Dasein wider das Völkerrecht ist.

Dies alles hat sich nicht einfach zufällig entwickelt, sondern scheint von Beginn der zionistischen Kolonisierung an geplant gewesen zu sein, wenn man das Buch von Viktoria Waltz gelesen hat. Die Autorin vertritt darin keine gängige Meinung. Sie wird dafür viel Widerspruch ernten. Auch ich könnte viele Einwände formulieren, und ich bin nicht mit allen Formulierungen und Schlussfolgerungen einverstanden. Aber es geht nicht um meine Meinung, sondern um das Recht auf Meinungsfreiheit nach Artikel 5 Grundgesetz generell. Deshalb habe ich mich bereit erklärt, dieses Vorwort zu schreiben, weil ich überzeugt bin, dass jede wohlbegründete wissenschaftliche Meinung legitim ist, obwohl wir in einer Zeit leben, in der Meinungen, die nicht der herrschenden politischen Auffassung entsprechen, der politischen Verleumdung anheimfallen. Bei diesen Verleumdungskampagnen spielt die „Israellobby" (Mearsheimer/Walt) eine mehr als unrühmliche Rolle.

In dieser Komposition ist das Buch ein absolutes Novum und ein „eye-opener" für jeden Nahost-Interessierten. Eine überaus spannende Lektüre.

Vorbemerkung

Um das Abenteuer Israel zu verstehen, gibt es viele Zugänge und Begründungen: Faschismus, Holocaust, Kolonialismus und Rassismus, Globalisierung und Imperialismus, christlicher und jüdischer Fundamentalismus – lauter -Ismen, die Dogmatismus und nichts Gutes vermuten lassen. Um diese verschiedenen Triebkräfte zu verstehen, könnte man z.B. folgende einfache Fragen stellen, so, als ob es im 19. und 20. Jahrhundert für Europas Juden eine subjektive Wahl gegeben haben könnte:

- Was würden Sie tun, wenn Sie zu einer tödlich verfolgten Gruppe gehörten und Ihnen ein Land versprochen würde, in dem Sie in Sicherheit wären?
- Was würden Sie tun, wenn in diesem Land noch andere Menschen lebten, denen Sie den Raum zum Leben wegnehmen müssten, um in Sicherheit zu sein?
- Was würden Sie tun, wenn Sie Ihren Lebensstil und die Ressourcen, die dazu dringend benötigt würden, durch Gesellschaften gefährdet sähen, die Ihren Lebensstil und Ihre Werte verachten und Terror anwenden könnten, um Ihnen alles zu nehmen – und aus diesem ‚versprochenen' Land und dieser ‚feindlichen' Gesellschaft kommen?
- Was würden Sie tun, wenn Sie als ‚erweckter' Christ oder Jude nach der Bibel leben wollten und fest davon überzeugt wären, dass das Ende der Welt nahe sei und die Erlösung der Menschheit bevorstehe und zwar in dem Land, in das Sie flüchteten, und auch nur dann, wenn die Vorsehung sich genau dort erfüllte?

Würden Sie nicht auch das Angebot annehmen, dorthin gehen und alles dafür tun

- Um die Erinnerung an die einstige Gefahr und an das einst gegebene Versprechen wachzuhalten, damit es nur keinen Zweifel und keine Änderungen gäbe?
- damit die ‚Eingeborenen' ihnen nichts anhaben, am besten verschwinden würden und Ihre Sicherheit niemals gefährden könnten?
- damit alles so bliebe und mit allen Gesellschaften und Mächten zusammenarbeiten, die die gleichen Interessen und Werte hätten und mit ihnen zusammen den ‚Feind' mit allen verfügbaren Mitteln bekämpfen würden – auch in diesem versprochen Land?
- damit die ‚Vorsehung' in diesem Land in Erfüllung gehe, mit allen Gruppen und Mächten, die diese Perspektive teilen, zusammenarbeiten und alles daran setzen, dass diese Bedingungen erfüllt würden?

Welche dieser Zugänge im nationalen und im internationalen Zusammenhang entscheidend das Abenteuer Israel beeinflusst haben und weiterhin Jüdische Neu-Zuwanderer nach Israel beeinflussen, ist nicht einfach zu entscheiden. Die vorliegenden Hinweise und Fakten dazu sind nicht immer klar und schwer zu entwirren. In jedem Falle aber wäre für alle, die sich solche Fragen gestellt haben mögen, die Konsequenz gleich: die Notwendigkeit der Vertreibung der ‚Eingeborenen'

- weil ihre Anwesenheit an das ihnen angetane Unrecht gemahnen würde,
- weil sie die individuelle und die nationale Sicherheit der neuen dorthin
- immigrierten Gesellschaft gefährden würden,
- weil sie den Erhalt der Grundlagen ihrer Wertegemeinschaft bedrohen würden

oder

- weil sie die Erfüllung der Vorsehung gefährden oder gar unmöglich machen würden.

Koloniale, zionistische, eschatologische und imperiale Interessen treffen nämlich sämtlich in diesem einen Punkt zusammen:

- die Errichtung eines Jüdischen Staates in Palästina konnte und kann nur auf Kosten der dort lebenden autochthonen Bevölkerung, der Palästinenser und mit Hilfe deren Vertreibung, geschehen – koste es was es wolle.

Man müsste und muss sich dann konsequenterweise aber auch diese Frage gefallen lassen:

- Würden Sie, wenn Sie das erkannt haben, stillhalten, Unrecht nicht Unrecht nennen und die Vertreibung zulassen oder gar aktiv mit betreiben?

Dass solche Konsequenz nichts mit den proklamierten westlichen Werten und internationalen Postulaten der Einhaltung von Menschen- und Grundrechten zu tun haben kann, ist nicht zu leugnen.
Diesen Prozess als das, was er ist – ein international gewollter Zerstörungsakt gegenüber einem geschwächten Volk vor allem zur Sicherung imperialer Interessen – zu dokumentieren und die dazu verwendeten Mittel offenzulegen, ist Anlass dieser Neuauflage einer Untersuchung über die Etappen räumlicher Planung in Palästina seit Beginn des Zionistischen Abenteuers.[7]
Es wird auch der verbreiteten und anderes fast ausschließenden Meinung widersprochen, dass das Abenteuer Israel vor allem ein Akt dieser so genannten Notwendigkeit im Sinne einer Wiedergutmachung an den Juden Europas sei. Die Entstehung des Jüdischen Staates Israel beruht auf weit mehr Hinter-Gründen als auf dieser Notwendigkeit. Konsequenterweise müsste der Prozess für die Lösung des angeblichen Konflikts zwischen Israelis und Palästinensern ‚um ein und dasselbe Land' auch anders aussehen als es bisher in dem sogenannten Friedensprozess geschieht: nicht Aufteilung des Landes wäre heute die Aufgabe, sondern eine gemein-

[7] Bereits 1986 wurde eine erste Untersuchung zur kolonialen Siedlungspolitik von der Autorin vorgelegt. Siehe Waltz, Viktoria, Zschiesche, Joachim 1986: Die Erde habt Ihr uns genommen. 100 Jahre Zionistische Siedlungspolitik in Palästina. Das Arabische Buch, Berlin.

sam auf Gleichberechtigung basierende Lösung zu finden, die ein mögliches Zusammenleben auf der Basis von Gleichheit und Kompensation die Vision eines demokratischen säkularen Staates anstrebt, wenn auch mit einem denkbaren Zwischenschritt zweier demokratischer und nicht ethnisch geprägter Staaten nebeneinander mit Bezug auf die UN Resolution von 1947, bis ‚Ein-Staat' denkbar würde.
Im Gegensatz dazu ist es den international involvierten Mächten und der international agierenden Zionistischen Bewegung inzwischen gelungen, die Judaisierung und Zerstückelung Palästinas soweit voranzutreiben, dass zwei souveräne Staaten nebeneinander immer unwahrscheinlicher werden – faktisch gibt es den ‚Einen-Staat' der Apartheid: Israel. Die zionistischen Führungskräfte haben nie Zweifel daran gelassen, dass sie keinen Arabischen Staat neben sich zulassen werden – und die fundamentalistischen religiösen Kräfte brauchen ihren rein Jüdischen Staat für die Erfüllung ihrer Endzeitvision. Die ‚Charter'-Mächte8, voran die USA, brauchen diesen Staat, um Unruhe und Konflikte zwischen den arabischen Nachbarländern aufrechtzuerhalten, die die wichtigste Ressource der ‚westlichen' Industrieänder, das Öl, umgeben. Es geht um die Sicherung der Ausbeutung dieser Ressourcen und um einen nützlichen Nebeneffekt: Waffenexport, der einer der wichtigsten Wirtschaftszweige dieser Länder, Israel eingeschlossen, geworden ist.9
Die Palästinenser sind dabei vor allem Opfer einer globalen imperialen Politiklinie, die den gesamten Nahen und Mittleren Osten betrifft, sei sie kolonialistisch, imperialistisch, eschatologisch oder ‚nur' auf die nationale Sicherheit Israels ausgerichtet – die Arabischen ‚Brüder' und ihre eigenen Führungskräfte sind Teil dieses Spiels.
Die Rechte des Palästinensischen Volkes auf ein Leben in Unabhängigkeit und Würde sind eine Angelegenheit der Völkergemeinschaft, denn diese hat einst für das Kolonialprojekt Israel die Weichen gestellt. Die Verantwortung für die Zerstörung Palästinas liegt bei uns allen – w i r müssen aktiv werden, das Recht der Völker auf Souveränität und Freiheit auch für Palästina in Solidarität mit dem Palästinensischen Volk durchzusetzen. Die ‚staatliche Zukunft' können schließlich nur die Palästinenser selbst bestimmen.[10]

---

8 Die nach Romer Land anderer Völker aufkaufen, um darauf den ‚unterentwickelten' modellhafte Strukturen vorzusetzen, eine ‚Charter City' oder in diesem Fall ein ganzes ‚Charter Land'.

9 Nach dem SIPRI Bericht von 2013 ist die BRD weiterhin der drittgrößte Lieferant weltweit von konventionellen schweren Waffen mit einem Anteil von 7% am Weltmarkt nach den USA und Russland (SIPRI Yearbook 2013 S. 10); Der Nahe Osten ist zwischen 2008 und 2012 mit 17% der zweitgrößte Empfänger dieser Waffen nach Asien (S. 11); bei den Atommächten sitzt Israel 2012 an achter Stelle mit wahrscheinlich 80 Sprengköpfen (S. 12). In: SIPRI Stockholm International Peace Institute: SIPRI Yearbook 2013 Summary. Link: http://www.sipri.org, Die deutsche Zusammenfassung unter http://www.sipri.org/yearbook/2013/files/sipri-yearbook-2013-kurzfassung-auf-deutsch.

10 Was eine Absage an die von einigen Gruppen in der deutschen Palästina Solidaritäts-Bewegung dogmatisch geführte Debatte ‚Ein- oder Zweistaatenlösung' bedeutet, die die ‚Einstaatenlösung' als Kampfbegriff ausgab und mehr Unheil als Klärung angerichtet hat, wie der Beschluss der Partei die ‚Linke' zeigt, die in ihrem ‚Maulkorbbeschluss' von Juni 2011 ihren Parlamentariern verbieten wollte, sich an der BDS-Kampagane, an der Gaza Flottille und der Einstaatenlösungsdiskussion zu beteiligen.

Gliederung

Anhang

Einführung

Das Phänomen Israel – Begründungsaspekte

Bleiben wir auf der Ebene der Phänomene, dann müssen wir erstaunt konstatieren, dass es der Zionistischen Bewegung innerhalb von nicht einmal hundert Jahren gelungen ist, die Idee ‚Schaffung eines Jüdischen Staates' in einem fernen Land zu verwirklichen und dies fast in den erstrebten Grenzen zwischen dem Jordantal und dem Mittelmeer. Wir müssen wohl davon ausgehen, dass hinter dieser ‚starken Idee', dem Zionismus, auch starke internationale Kräfte gestanden haben und noch stehen, die dieses Projekt ermöglicht haben und weiterhin uneingeschränkt fördern.
Ist das Projekt Israel nun ein einmaliges Experiment, die ‚Verwirklichung eines Traumes', ein verspätetes Kolonialabenteuer oder eine Form der ‚Charter-Gesellschaft'?[11] Letzteres liegt nahe und ist nicht nur ein Gespinst der damaligen Begründer wie Theodor Herzl, sondern ein höchst aktuelles Modell. Charter-City, Charter-Country – ein Modell im Sinne der Nutzung eines fremden Stückes Land für einen so genannten ‚guten Zweck', für sowohl die Kapitalanleger auf diesem Fleck Erde als auch für die eigentlichen Besitzer des anvisierten Landes, die es ohne die großzügige Initiative kapitalkräftiger Gönner nicht alleine schaffen würden, ihre Rohstoffe zu veredeln oder ihre Landwirtschaft zu qualifizieren.[12] Als ein erfolgreiches Modell wird von Befürwortern der Stadtstaat Honkong herangezogen, der für eine begrenzte Zeit durch organisierte Landnahme in einem fremden Territorium zu Diensten Englands war und heute einen angeblich positiven vermittelnden Status zwischen Vorbesitzern (Eng-

---

[11] ‚charter' im englischen: u.a. ein verliehenes Recht, Vorrecht, Privileg, Gesellschaftsvertrag etc. Freibrief, Gründungsurkunde (eigene Übersetzung); insofern kann ‚Charter Society' eine Gesellschaft sein, der diese Vorrechte zuerkannt werden, bzw. eine, die sich diesen Freibrief auf Vorrecht nimmt; die ‚Charter Company' ist dann die Organisation, die dieses Unternehmen stützt oder gilt als die Macht oder Vereinigung, die dieses ‚Recht' verleiht etc.; also aktiv und passiv verwendbar; nach Webster Dictionnary 7.7.2011. Link:
http://www.merriam-webster.com/dictionary/charter.

[12] Himmelreich, Laura 2010: Entwicklungshilfe. US-Ökonom empfiehlt Deutschland als Kolonialmacht. In: Spiegel-online 25.1.2010. Siehe besonders Romer, Paul 2009: Charter Cities. A Solution to Global Poverty. Columbia University.
Link: http://www4.gsb.columbia.edu/chazen/journal/topics/worldbusiness; sowie Held, Gerd 2008: Die gute Kolonie. In: Die Welt 7.8.2008; zu aktuellen Landnahmeprojekten Siehe Vidal, John 2010: How food and water are driving a 21st-century African land grab. Zitat: "... The 1,000 hectares of land which contain the Awassa greenhouses are leased for 99 years to a Saudi billionaire businessman, Ethiopian-born Sheikh Mohammed al-Amoudi, one of the 50 richest men in the world. His Saudi Star Company plans to spend up to $2bn acquiring and developing 500,000 hectares of land in Ethiopia in the next few years...". Link:
http://www.guardian.co.uk/environment/2010/mar/07/food-water-africa-land-grab;
Siehe auch Berger, Thomas 2011: Große Landnahme. In: Junge Welt 4. July 2011 Nr. 152, S. 10; dort geht es um indische Agrarkonzerne, die in Äthiopien 27.000 ha des dringend für die eigene Versorgung benötigten Landes aufkaufen, neben Ägypten und der oben genannten Saudi Star; selbst Djibouti hat sich 3.000 ha gesichert.

land) und den eigentlichen Besitzern (China) wahrnehmen soll – eine mögliche Transferstelle zwischen westlicher und östlicher Wirtschaftsform?

Israel – Charter-Land?

Theodor Herzl, der Zionistische ‚Visionär', erklärte das ganze Kolonialunternehmen als ein Geschäft unter einsichtigen, intelligenten Geschäftsleuten und als eine Frage des Geldes und des Verhandlungsgeschicks. Eine „*Jewish Company*" sollte das Geschäft erledigen „*…nach dem Vorbilde der grossen Landnahmegesellschaften gedacht – eine Jüdische* ***Chartered Company****, wenn man will. Sie ist ein rein geschäftliches Unternehmen…*".[13] Die interessierten Geschäftspartner gab es schon, Herzl hätte sich das Deutsche Reich gewünscht, aber England, vor allem die Evangelikalen[14] auf Regierungsebene, konnten sich eine solche Charter-Bastion im ‚Heiligen Land' schon lange gut vorstellen. Zumal Herzl auch nicht wenig versprach: *„Für Europa würden wir dort ein Stück des Walles gegen Asien bilden, wir würden den Vorpostendienst der Cultur gegen die Barbarei besorgen".*[15] Und wie Paul Romer, der die Charter-City weltweit als Lösung für die Probleme armer Länder propagiert, sah Herzl das Projekt als ‚*Wohlfahrt*' für den anvisierten ‚*Aufnahmestaat*', aber auch als Supergeschäft für die europäischen Mächte der Zeit, eine gute Investition jedenfalls schien es Wert zu sein und ist es bis heute.[16] Von Beginn an war Herzl auch klar, dass es sich um ein Kolonialprojekt in einem fremden Land handeln würde und dass es einer europäischen (Kolonial-) Macht mit eigenen und gemeinsamen Interessen bedurfte, um es ins Werk zu setzen.

Der Hunger auf mehr Einfluss auf das ‚Heilige Land' mit seiner strategischen Position zwischen Europa, Afrika und dem ‚Orient' war angesichts des schwächelnden Osmanischen Imperiums groß und vereinte gleichermaßen die christlich-imperialen Mächte Europas, vor allem die protestantischen unter ihnen,

---

[13] Herzl, Theodor 1896: Der Judenstaat. Versuch einer modernen Lösung der Judenfrage. M. Breitenstein's Verlag, Leipzig, Wien. S. 33ff.

[14] Evangelikale Christen beziehen sich wortgläubig auf die Bibel als alleinige Glaubensgrundlage und als Wegweiser für zukünftiges Handeln; im England des 19ten Jahrhunderts waren prominente ‚evangelists' wie John Nelson Darby, mit Berufung auf Aussagen in der Bibel, Beförderer der ‚restauration of the Jews', weil dies die ‚zweite Ankunft Christi' erleichtern würde. Link: http://www.informationclearinghouse.info/article4531.htm; die Idee, die Juden nach Israel zurückzuführen und einen Staat der Juden zu erreichten, bekam im England des 19ten Jahrhunderts darüber hinaus auch politische Relevanz; 1838 wurde das englische Konsulat in Jerusalem errichtet; Benjamin Disraeli, Jüdischer Christ und seit 1868 Britischer Premier Minister, verband in einem Artikel 1877 die ‚Jüdische Frage mit der Orientfrage' und beschrieb eine Vision, nach der innerhalb von 50 Jahren mehr als eine Million Juden in Israel unter der Führung Englands leben würden; vgl. Jamie Cowen 1998 The untold story. The role of Christian Zionists in the establishment of modern-day Israel. Link: http://www.leaderu.com/common/british.html. Siehe auch: Thomas Witherby 1819: The Restoration of the Jews – the Crisis of All Nations.

[15] Herzl, Theodor 1896: S. 29.

[16] Dazu auch Herzl, Theodor 1902: Altneuland. Wenn Ihr wollt, ist es kein Märchen. Hermann Seemann Nachf., Leipzig.

Deutschland und England. Christlich-missionarische und diplomatische Missionen öffneten zunächst die ‚Pforte'. Im Jahre 1841 wurde das protestantische Bistum in Jerusalem als deutsch-englisches Gemeinschaftswerk gegründet. Im Jahre 1869 erhielt Preußen den ‚Muristan', Baugrund in der Altstadt für die Erlöserkirche, von dem türkischen Sultan geschenkt. Hunderte sozialer Einrichtungen, Schulen, Werkstätten und Krankenhäuser im Namen der Mildtätigkeit gegenüber den Einheimischen, ein ‚friedlicher Kreuzzug' vieler ‚Erweckungsgesellschaften', ergänzten und verklärten die dahinter stehenden Machtinteressen.[17] Herzl war nicht der letzte, der dies erkannte und zu nutzen wusste. Auch die nachfolgenden Zionisten befanden sich im geschäftlichen Einklang mit den europäischen Machthabern, sogar mit den Interessen der Deutschen faschistischen Regierung nach 1933. Bereits kurz nach Regierungsbeginn der Nationalsozialistischen Partei, am 25. August 1933, trat das ‚Transfer'- oder ‚Ha'avara'- Abkommen[18] zwischen der Jewish Agency, der Zionistischen Vereinigung für Deutschland und dem deutschen Reichsministerium für Wirtschaft in Kraft, nach dem die Emigration deutscher, vor allem wohlhabender Juden nach Palästina erleichtert werden sollte, um gleichzeitig darüber den deutschen Export in Richtung Nahost zu fördern. Die Zionistische Vereinigung für Deutschland also auch eine ‚Charter-Company' für nationalsozialistische, deutsche u n d Zionistische, Jüdische Interessen? Es spielten weitere, mächtigere europäische Kräfte mit, und die zionistischen Planer suchten und fanden die

17 Siehe Mejcher, Helmut, Schölch, Alexander Hg. 1981: Die Palästina Frage 1917-1948. Ferdinand Schöning, Paderborn; siehe auch Elan, Shlomo 1984: Deutsche in Jerusalem von der Mitte des 19. Jahrhunderts bis zum 1. Weltkrieg. Historischer Verein e.V., Wertheim; ebenso Lagerlöf, Selma o.J. (1902?) Jerusalem. Vollständige Ausgabe in einem Bande, Josef Singer Verlag, Straßburg Leipzig.

18 Ha'avara = ‚Transfer'. Ha'avara-Abkommen: Palästina-Auswanderern stellte die Reichsbank die für das ‚Kapitalistenvisum' benötigten 1000 LP (Lira Palestinit) zum offiziellen Kurs zur Verfügung. Ab 1935 mussten diese Gelder über die Ha'avara transferiert werden. Die Auswanderer mit größerem Kapital waren ebenso wie die nationalen (Auswanderungs-)Fonds und die Jewish Agency daran interessiert, zusätzliche Beträge zum Ankauf von Boden für Siedlungen in Baumaterialien und in anderen Waren aus Deutschland zu transferieren…Die Führer der Zionistischen Bewegung, besonders Dr. Chaim Arlosoroff, der Leiter der politischen Abteilung der Jewish Agency, hatten den Wert für den Aufbau des Landes durch Einfließen von Einwanderern mit Kapitalien klar erkannt und befürworteten eine direkte Beteiligung ihrer Vertreter an den Verhandlungen mit den deutschen Behörden. Link: http://www.hagalil.com/israel/deutschland/jeckes.htm; gegründet wurde die HOG in Tel Aviv im Februar 1932 als „Histadruth Olej Germania". Eine merkwürdige Parallele: die damalige Vertretung, die mit den Nationalsozialisten verhandelte, nannte sich bereits ‚Vereinigung der Juden in Deutschland' (als Gegnerin der Vereinigung der deutschnationalen Juden, die sich als Deutsche verstanden) wie sich der heutige Zentralrat der Juden Deutschlands, nicht ‚Zentralrat der deutschen Juden' benennt – man versteht sich als Teil des Jüdischen Volkes und damit verbunden mit Israel und nicht mit Deutschland und grenzt sich damit deutlich von der sog. ‚Assimilation' ab, die damals von den Zionisten bekämpft wurde bis zur Durchsetzung des Verbots der deutschnationalen Vereinigung auf ihren Wunsch durch die nationalsozialistischen Behörden. Siehe Shahak, Israel 2009: Jüdische Geschichte und Jüdische Religion. Israel – eine Utopia für Auserwählte? Semit Edition Melzer Verlag, Neu Isenburg. S 132ff.

zukünftigen Investoren und planten mit ihnen, so weit wie es gemeinsam ging, das Unternehmen Israel von langer Hand. Die Sicherung des Projektes, politisch, militärisch und wirtschaftlich ist bis heute mit Hilfe dieser Mächte ‚gelungen‘.[19]

Planungsvorbereitung – die Machtfrage, die Raumfrage und die demografische Frage

Das Projekt Israel bedurfte einer langfristigen Planung und konkreter Vorstellungen über das Wie und Was, um die entsprechenden Mächte zu gewinnen. Theodor Herzl entwarf Visionen, reiste viel und korrespondierte mit wichtigen Persönlichkeiten der infrage kommenden Mächte, auch des Osmanischen Reiches und buhlte in der wohlhabenden Jüdischen Gemeinde Europas um finanzielle und propagandistische Unterstützung.
Wie die Besiedelung des fremden Raumes vor sich gehen könnte, hat Franz Oppenheimer, deutscher Zionist, auf einem der ersten Zionistenkongresse, im Jahre 1903 formuliert:
„*Nun, meine Freunde, wir wollen ein Netz von Bauernkolonien über das Land spannen, das wir erwerben wollen. Wenn man ein Netz spannen will, so schlägt man zuerst an den Stellen die Haken ein, zwischen denen das Netz entstehen soll. Dann spannt man zwischen den Stricken stärkere Fäden und stellt derart ein grobes Maschenwerk her, das man dann nach Bedarf durch das Dazwischenwirken feinerer Fäden zu immer feineren Maschen ausgestaltet. Genauso haben wir, meine ich, vorzugehen.*“[20]
Die für solche und weitere Vorhaben notwendig erscheinenden Maßnahmen und Institutionen wurden 1897 auf dem I. Zionistischen Weltkongress in Basel

---

19 Ab 1952 bis z.B. 2003 sind etwa 500 Mrd. DM an sog. Wiedergutmachung und später Entwicklungshilfe von Deutschland an Israel gezahlt worden. Nachum Goldmann erklärte 1976: „Ohne die deutsche Wiedergutmachung würde der Staat Israel nicht die Hälfte seiner gegenwärtigen Infrastruktur besitzen: Jeder Zug in Israel ist deutsch, die Schiffe sind deutsch, ebenso die Elektrizität, ein großer Teil der Industrie. Hinzu kommen regelmäßig militärische Güter.“ „Finanziert wurde Israels bisherige Atom-Flotte zum großen Teil von den deutschen Steuerzahlern. Sie trugen mit 1,1Milliarden D-Mark (etwa 560 Millionen Euro) 85 Prozent der Anschaffungskosten der drei Schiffe, die 1999 und 2000 geliefert wurden.“ In: Putz, Ulrike 2003: Rüstungsexport: Deutschland hat Israel Abschussrampen für Atomraketen geschenkt. Siehe auch SPIEGEL ONLINE – Politik, 14.10.2003. Link: http://www.spiegel.de/politik/deutsch. Die USA zahlten von 1949 bis 2008 von insgesamt 103.614,67 Millionen Dollar die Hälfte, nämlich 56.024,0 Millionen Dollar an Rüstungsgütern. In: Mac Arthur, Shirl 2008: A Conservative Estimate of Total Direct U.S. Aid to Israel: Almost $114 Billion. In: Washington Report On Middle East Affairs. November 2008. Link: http://www.wrmea.com/component/content/article/245-2008-november/3845-congress-watch-a-conservative-estimate-of-total-direct-us-aid-to-israel-almost-114-billion.html.

20 Oppenheimer, Franz 1903: Rede auf dem VI.ten Zionistenkongress in: Stenographisches Protokoll der Verhandlungen auf dem VI. Zionistischen Kongress in Basel, 23.-28. August 1903. Wien. S. 188.

erdacht, in aller Kürze etabliert und in den folgenden Jahren weitere geschaffen. So wirken weltweit noch bis heute:

- Eine ‚Jewish Company' als Charter Company, bis heute international wirkend in Form der **W**orld **Z**ionist **O**rganisation (WZO);
- ein Verhandlungspartner als quasi Staatliche Vertretung, in Form der ‚**J**ewish **A**gency' (JA), die heute die fortgesetzte Immigration nach Israel und entsprechende Propaganda betreibt;[21]
- eine Landkauforganisation, in Form des ‚**J**ewish **N**ational **F**und', JNF (Keren Kajemet), die bis heute für die sogenannte Landerschließung zuständig ist;
- eine Landverwaltungsbehörde, in Form des ‚**K**eren **H**ayesot', KH, heute zusammengefasst in der ‚**I**srael **L**and **A**dministration' ILA, die den nationalen/jüdischen Besitz am Boden mit dem JNF verwaltet;
- eine Form von militärisch organisierter Sicherung der Kolonien, verschiedene Milizen (Irgun, Palmach, Haganah…), heute die ‚**I**srael **D**efence **F**orces', IDF mit ihren Brigaden, die, wie die in Israel bis heute berühmte ‚Golani Brigade'[22], in der Tradition radikaler Milizen als Eliteeinheiten eingesetzt werden, wenn es besonders ‚brennt', d.h. gegen die Palästinenser;
- neue ländliche Jüdische Gemeinden, noch heute Kibbuzim und Moschawim, und neue Jüdische Städte, zunächst Tel Aviv, später ‚30 New Towns';
- eine Form Jüdischer Arbeitsorganisation, die Einheitsgewerkschaft Histadruth, die zur fundamentalen gesellschaftlichen Stütze des Zionistischen Projektes gehörte und noch gehört, weil sie sich schon früh dafür

---

21 1952 garantierte die Knesset der WZO durch ein Gesetz einen speziellen Status und anerkannte WZO und Jewish Agency als die Institutionen, die autorisiert sind, im Staat Israel weiterhin für die Entwicklung und Besiedlung des Landes, die Aufnahme der Einwanderer und die Koordination der Aktivitäten Jüdischer Organisationen auf diesem Gebiet in Israel tätig zu sein. In: Badi, Joseph 1961: Fundamental Laws of Israel. New York.

22 ‚Tihur', ‚Bihur', oder auch ‚Nikkuy' – verschieden gebrauchte hebräische Worte für ‚ethnic cleansing' (Reinigung) – war die offizielle Parole für die Milizsoldaten der Alexandroni, der Golani oder der Carmeli Brigaden der Irgun und Hagana Milizen, die allein in der ‚Operation Hametz' am 29. April 1948 die Dörfer Beit Dajan, Kfar Ana, Abbasiyya, Yahuddiyya, Saffuriya, Khayriyya, Salama und Yazur in der Region Jaffa und in Jaffa selbst die Vororte Jabalya und Abu Kabir zerstörten und die Bevölkerung töteten oder vertrieben. In: Pappé, Ilan 2006: The ethnic cleansing in Palestine. Oneworldpress, Oxford. S. 139 f; Mitglieder der heutigen Golani Brigade waren maßgeblich an allen größeren Israelischen Übergriffen auf Palästinensische Gebiete beteiligt, z.B. in Gaza, Jenin, Tulkarem oder bei der Bombardierung der ‚Muqata', dem Amtssitz Yassir Arafats in Ramallah; siehe Waltz, Viktoria 2009: Golani Brigade. Soldaten töten in alter Tradition. Link: http://zionismus-israel-raumplanung.blogspot.com/2009/01/golani-brigade-soldaten-tten-in-alter.html.

einsetzte, dass die so genannte ‚Arabische Arbeit' für den ‚Jüdischen Arbeitsmarkt' ausgeschlossen wurde.[23]

Allen Verantwortlichen und auch Theodor Herzl war von Beginn des Projektes an klar, dass die ‚Schaffung eines Jüdischen Staates' auf diesem bewohnten Erdball nur auf Kosten oder nur unter freiwilliger oder erzwungener Zustimmung einer anderen auf dem gewünschten Erdteil ansässigen Bevölkerungen möglich sein würde – sei das in Argentinien, Uganda oder Palästina, wollte man nicht auf dem Süd- oder Nordpol siedeln. Es kam für Herzl und die WZO aber schließlich aus historisch/religiöser Sicht nur Palästina infrage.[24]
Die Macht zu haben, war eine zentrale Frage des Anfangs, die nur mit Unterstützung europäischer Mächte zu lösen war. Die demographische Frage war ebenso zentral – es mussten Jüdische Mehrheiten geschaffen werden, sollte die ‚Heimstätte' Jüdisch sein. Dafür sorgten die in den jeweiligen Staaten nach und nach gegründeten Zionistischen Organisationen.[25] Theodor Herzl bemühte verschiedene Argumentationsstränge, die gleichermaßen die Investoren wie auch die Juden, die für eine Übersiedelung nach Palästina gewonnen werden mussten, überzeugen sollten. Er benutzte spielend und wie selbstverständlich religiöse-, ideologische- und (welt-)politische Gründe für Palästina als ‚Jüdische Heimstätte' und gerade ihre Vermischung ist entwaffnende Methode:

- *Juden ein Volk*: das biblisch benannte ‚auserwählte Volk' Israel musste zunächst überhaupt zu einem ‚modernen' Volk definiert werden, und das *‚Jüdische Volk'* wurde von Theodor Herzl und den Zionistischen Vordenkern[26] entsprechend erfunden; es habe wie andere im 19. Jahrhundert um Souveränität kämpfende Völker ein Recht auf einen Staat zu reklamieren;
- *Juden ewig verfolgtes Volk*: die in Europa in Pogromen verfolgte jüdische Bevölkerung wurde auf dieser Basis zu einer eigenen Rasse im genetischen Sinne definiert, die – laut Theodor Herzl und zionistischer Maxime – mit niemandem zusammenleben könne und deshalb einen eigenen Staat als Rettung benötige;[27]

---

23 Zum Ausschluss der Arabischen Arbeit und zur Rolle der Kibbuz Bewegung in diesem Zusammenhang Siehe Diner, Dan 1980: Israel in Palästina. Königstein/Taunus.

24 Nach dem Beschluss des 1. Zionistenkongress in Basel 1897 sprach man sich für Palästina aus, Alternativen oder Zwischenlösungen wie Argentinien oder Uganda wurden von den folgenden Kongressen, z.B. auf dem 6. 1903 in Basel, strikt abgelehnt.

25 Wie die 1894 als ‚National-Jüdische Vereinigung' in Köln gegründete Organisation, die sich 1897 in ‚Zionistische Vereinigung für Deutschland' umbenannte.

26 z.B. Hess, Moses 1862: Rom und Jerusalem. Die letzte Nationalitätenfrage. Briefe von Moses Hess. Tel Aviv 1935. Erstausgabe im Jahre 1862 / Ungekürzte Neuausgabe 1935; z.B. auch Leo Pinsker. Pinsker, Leo 1882: Auto-Emancipation. 3. Auflage. Jued. Buch- und Kunstverlag, Brünn 1913. Link: http://www.mideastweb.org.

27 Dies geschah noch bevor der Nationalsozialismus die Juden als Rasse ausmachten und die nationalsozialistische Regierung sie verfolgen ließen; siehe Herzls Tagebücher und Herzl: Der Judenstaat.

- *Juden Biblisches Volk in einem versprochenen Land*: das Jüdische Volk würde mit einem modernen u n d ethnisch Jüdischen Staat Israel mehreres realisieren können: religiöse ‚Heimkehr', (Er-)Lösung und sichere ‚Heimstätte'.

Damit sind die Grundstrukturen dieses zukünftigen Staates bereits benannt: er basiert auf der Idee einer eigenen und dazu höher-stehenden Rasse mit einer besonderen Mission und gebraucht die strukturelle Verfolgung, das Pogrom, als Begründung. Darüber hinaus lässt sich religiöse ‚Heimkehr' mit dem Jüdischen Mythos verbinden, dass ‚Heimkehr' die Rückkehr nach Jerusalem bedeute und die in der Eschatologie vorausgesagte Wiedererrichtung des Tempels ermögliche und gleichzeitig die Notwendigkeit einer sicheren ‚Heimstätte' mit dem immer wiederkehrenden Argument und der Bedeutung der Sicherheit.[28] Der ‚liberale' David Grossmann sprach in seiner Dankesrede im Oktober 2010 zur Friedens-Preisverleihung des deutschen Buchhandels in der Paulskirche in Frankfurt am Main von einem Bedürfnis nach Frieden um *‚endlich in Frieden **heimkehren**'* zu können selbst für ‚liberale' israelische Juden ist dies also ein noch immer nützlicher Begründungszusammenhang für das historische Recht auf diesen religiös definierten und begründeten Staat.[29]
Mit diesem Argumentationsbündel – im Einklang mit den realen weltpolitischen Ereignissen, aber auch mit den ideologischen und philosophischen Strömungen der damaligen Zeit – inklusive sozialer Missionsideen wie die von Moses Hess, der in der Jüdischen Nation in einem zukünftigen Staat den Träger weltweiter sozialer Erneuerung sah – konnte es gelingen, seit Ende des 19. Jahrhunderts Europäische Juden, religiöse, sozialistische und später durch die Pogrome und den wachsenden Faschismus Verängstigte und Verfolgte für die Einwanderung nach Palästina zu gewinnen, notfalls, wie man gesehen hat, in Zusammenarbeit mit der Nationalsozialistichen Regierung. Historisch gesehen war diese Region im Dreieck zwischen Afrika, Europa und dem fernen und mittleren Osten in all den vergangenen Jahrhunderten von strategischer Bedeutung und Besatzungs- und Durchgangsgebiet diverser großer Reiche gewesen.
Im 19. Jahrhundert, vor allem in der zweiten Hälfte, deuteten die internationalen politischen Begleitumstände schon auf zukünftige Interessenslagen und Konflikte hin: Europa rang um Einfluss im Nahen Osten und um die reiche Erbschaft des Osmanischen Reiches, und man wusste bereits um die Bedeutung

[28] Wie Israel Shahak feststellt, ist der Gebrauch des Ausspruchs ‚Nächstes Jahr in Jerusalem' als angeblicher Beleg für die Voraussagung eher ein Missbrauch, denn der bezieht sich allein auf den Vorabend des Passahfestes und das wiederkehrende Schlachten des Schafes, nicht auf eine konkret zu organisierende ‚Heimreise'. In: Shahak, 2009: S 183, 184.

[29] Im WDR3 wiedergegebene Rede am 10. Oktober 2010 in der Frankfurter Paulskirche aus Anlass der Friedenspreisverleihung des Deutschen Buchhandels.

des Öls.[30] Die zionistischen Drahtzieher wie Theodor Herzl boten ihre Mithilfe dazu an, wie man den Tagebüchern Herzls unschwer entnehmen kann, die zugleich ein aussagekräftiges Dokument seiner weitreichenden Ideenspielchen darstellen.[31]
Hinzukommt die Lage der Juden in Europa, insbesondere in Osteuropa. Bei der Verfolgung von Juden kam es vor allem dort zu neuen Exzessen. Pogrome in Osteuropa (1881/82) zogen Auswandererströme nach Westeuropa nach sich und gefährdeten das Ansehen der durch die sozial und politisch sicherer gewordene Lage bürgerlicher, seit langem ‚assimilierter' Juden durch ihre Armut, ihre mittelalterlich anmutende Erscheinung und ihre mitgebrachte religiöse Orthodoxie.[32] Die Zionistische Bewegung empfahl sich (auch) als Antwort darauf. Herzl vertrat diese These vom Jüdischen Volk und seiner Unversöhnlichkeit mit anderen Völkern, die einen eigenen, nationalen Jüdischen Staat notwendig mache im Gegensatz zu den Vorstellungen der meisten westeuropäischen Juden. Kolonien mit zionistischem Hintergrund gab es zwar bereits, allerdings keine umfassende Strategie – sie wurde erst durch die genannten Umstände möglich.[33] Der erste Baseler Kongress der Zionistischen Bewegung im Jahre 1897 brachte jedoch den Durchbruch der zionistischen Idee und eine Wende.[34]

Raum, Boden, Bevölkerung – ist der Jüdische Staat geschaffen?

Während die räumliche Frage seitdem und im Laufe der letzten hundert Jahre mit Hilfe der verschiedenen oben genannten Institutionen und einer ausgeklügelten internationalen wie später auch nationalen Politikstrategie bis heute mehr oder weniger gelöst zu sein scheint[35], ist die Frage des ‚Jüdischen Staates', also sein ‚Jüdischer Charakter', bis heute und absolut gesehen im Sinne zionistischer Sichtweise nicht wirklich gesichert.
In dem Gebiet Palästinas, das gern ‚Kernland Israel' genannt wird, also in dem Gebiet der Staatsgründung Israels von 1948, wuchs die im Rahmen der geplan-

---

30 Bereits 1868 wird Öl in Ägypten, Ende des 19ten Jahrhunderts in Indien und 1908 im Iran gefunden und durch englische Firmen vertraglich erschlossen.

31 Siehe Herzl, Theodor 1923: Theodor Herzls Tagebücher 1895-1904. 3 Bände, Berlin, Jüdischer Verlag.

32 Ausführlich behandelt in Shahak 2009.

33 Bekannte Persönlichkeiten, die bereits zum Ende des 19ten Jahrhunderts Kolonien errichten, sind Sir Moses Montefiore, der1855 ein Stück Land zur Kolonisierung erwirbt und Baron Edmund de Rothschild, der 1882 durch die Unterstützung der Siedlung Petah Tikwa bekannt wird. Die ersten Siedler der ersten Welle Jüdischer Kolonisierung stammen aus Rumänien und Rußland.

34 Der Kongress sollte nach Herzls Wunsch in München stattfinden. Allerdings war die dortige Kultusgemeinde überhaupt nicht davon angetan, da sie um die Reputation ihrer nationalen Zuverlässigkeit besorgt war. Der Vorstand teilte Herzl mit, „… daß für die von Ihnen geleitete Bewegung bei den Glaubensgenossen unserer Stadt nicht die geringsten Sympathien bestehen…". In: Zeitonline 1997: Der schönste Mann. Ein Portrait des Dandys und Kämpfers Theodor Herzl. Link: http://www.zeit.de/1997/36/Der_schoenste_Mann.

35 Eine Umkehrung von 6% Jüdischem Besitz in gesamt Palästina bis 1948 zu nicht viel mehr als 6% Palästinensischem Bodenbesitz heute ist inzwischen erfolgt.

ten Vertreibung zwischen 1947 und 1950 stark dezimierte Palästinensische Bevölkerung[36] und macht heute inzwischen etwas mehr als 20% der Gesamtbevölkerung Israels aus. Die Jüdische Bevölkerung von ‚Samaria und Judäa‘ – das gelobte Land des ‚Königreichs Davids‘[37] –, die Siedler der Westbank, Jerusalem eingeschlossen, machen dagegen heute mit fast einer halben Million noch immer nicht einmal 10 Prozent aus. Israels Bedrohungsszenarien sagen eine palästinensische, arabische Mehrheit[38] in absehbarere Zeit voraus. Israelische Regierungen suchen immer hektischer nach Möglichkeiten, diese Entwicklung zu verhindern – sei es durch weitere Kriege, Vertreibung oder vollständige Unterwerfung. Aktuell sollen sich die Palästinenser in Israel und die Palästinensische Autonomiebehörde auf den ‚Jüdischen Charakter Israels‘ verpflichten.[39] Solche ‚Kotaus‘ wiederum kann die palästinensische Seite kaum akzeptieren, würde sie doch den Respekt in der eigenen Bevölkerung vollends verlieren, weil dies die Aufgabe international anerkannter, nationaler Rechte bedeuten würde, vor allem Ansprüche an eine Rückkehr der Flüchtlinge und eine Kompensation erlittener Verluste, die vor allem von den exilierten Palästinenser eingefordert werden.[40] Darüber hinaus würde jeder Anspruch auf das Land hinfällig werden, weil man sich der Definition Israels vom so genannten „Erez Israel“, das auch die besetzten Gebiete umfasst, anerkennen würde. Folglich hätten die Palästinenser keinerlei Existenzberechtigung mehr in ihrem eigenen Heimatland.

Die zionistischen Planer machen deshalb beharrlich weiter, betreiben weiterhin eine vorausschauende räumliche Planung, verharmlosend ‚Siedlungspolitik‘ genannt, und schaffen weitere Fakten. Das, was 1897 vorbereitet und dann

---

36 Siehe Pappé 2006.

37 Die Namen ‚Judäa‘ und ‚Samaria‘ sind biblisch-historische Bezeichnungen. Durch diese Begriffe wird aus zionistischer Sicht das fragliche Gebiet als jüdisches Interessengebiet gekennzeichnet.

38 In 2050 soll sie auf 31% ansteigen. In: Soffer, Arnon 2001: Israel Demography 2000-2020. Haifa.

39 Die Knesset verabschiedete im März 2011 zwei vor allem die Arabische Minderheit diskriminierende Gesetze: 1. die Erinnerung an die ‚Nakbe‘ stellt Personen, Städte, Institutionen, die die Nakbe behandeln, unter Strafe bis zum Verlust der Staatsbürgerschaft; 2. Gemeinden unter 400 Familien ist gestattet sogenannte Zulassungskommittees ‚admissions comitees‘ einzurichten, nach denen sie ‚unsuitable persons‘, unerwünschten Personen also, den Einzug verweigern können; beide Gesetze gelten als Gesetze zur Sicherung des ‚Jüdischen Charakters des Staates Israel‘ und meinen nach allgemeiner Interpretation die arabischen Bürger Israels, ein Fünftel der Gesellschaft heute. Siehe Middle East Policy Council vom 12.April 2011. Link: http://www.mepc.org/articles-commentary/commentary/knesset-passes-nakba-law-targeted-its-arab-citizens; ebenso Sanders, Edmund 2011: New Israeli laws will increase discrimination against Arabs, critics say. In: Los Angeles Times vom 24. März 2011. Link: http://articles.latimes.com/2011/mar/24/world/la-fg-israel-arab-laws-20110324; die 2013 wieder aufgenommenen ‚Friedensverhandlungen‘ sind ebenfalls mit der Forderung nach einer offiziellen ‚Anerkennung des Jüdischen Charakters Israels‘ verknüpft, und wird gebetsmühlenartig vor jeder Verhandlung erneuert.

40 Die 2012 von Al-Jazeera veröffentlichten sog. „Palästina Papiere“ zeigen, dass die Vertreter inoffiziell bereits so weit zu sein scheinen, diese Rechte zu verkaufen, um endlich den ‚Staat Palästina‘ zu erhalten.

praktisch umgesetzt wurde, hat sich sichtlich bewährt: die schrittweise Kolonisierung Palästinas mit Hilfe eines breiten Systems an Gesetzen, Plänen und Projekten – gepaart mit einer umfassenden Politik, die restliche Welt mit der sicheren Keule ‚Holocaust' und ‚Sicherheit' an dieses Projekt und mit allen Mitteln an sich und die regionalen Ziele der großen Mächte zu binden. Dafür gibt es die Israelischen Interessengruppen in den USA zunächst, in Europa und inzwischen besonders aktiv auch in Deutschland. Jede Menge Finanz- und Militärhilfe an Israel ist das eine Ergebnis, die Unterdrückung berechtigter Kritik das andere, mit Hilfe von ‚Brainwashing', Drohungen, Erpressungen und Lügen.[41]

Die *Machtfrage* hat sich – vor allem in der Westbank – trotz oder auch wegen der Friedensverhandlungen zu einer militärischen Unterdrückungsstruktur entwickelt, auch weil durch den sog. Friedensprozess die Stärke und das Band gemeinsamen Handelns der Palästinenser zerstört worden ist: die bis Oslo noch bestehende Einheit in der PLO mit ihren vielen Untergruppierungen.[42]

Zum Instrument der räumlichen Planung

Raumplanung ist ein modernes staatliches Instrument zur Sicherung der Verteilung der diversen, national notwendigen Bodennutzungen. In einer von der Studentenschaft angebrachten Wandschrift am Gebäude der Fakultät Raumplanung, der ersten Bildungsinstitution für eine umfassende, interdisziplinäre Planerausbildung[43] in Deutschland, wird noch immer als Aufgabe der Raumplanung beschwörend proklamiert: *„Raumplanung ist ...die demokratische Entwicklung von Städten, Dörfern und Regionen ....zum Lebensraum für eine menschliche Gesellschaft"*. Weitaus technokratischer formuliert die offizielle Webseite der Fakultät: *„Aufgabe und Ziel der Raumplanung ist es, unterschiedliche Anforderungen, Konflikte und Chancen der Raumnutzung zu analysieren und darauf aufbauend Konzepte, Lösungswege und Strategien aufzuzeigen sowie deren Umsetzung zu begleiten .... und dies auf den verschiedensten räumlichen Ebenen ....und mit Hilfe verschiedener Instrumente"*. Immerhin wird damit ausgedrückt, dass es offenbar unterschiedliche Nutzungsanforderung und Konflikte um die Raumnutzung gibt, wobei Raumplanung eine Art Vermittlerrolle spielen und die Technik dazu liefern soll. Peter Marcuse drückt es klar aus: *„Es gibt eigentlich keine ungeordnete oder ungeplante Stadt – die Frage ist nur, auf wessen Befehl, wessen Plan und für welchen Zweck?"*, und damit kommt er zum Kern: Raumplanung als Herrschaftsinstrument – auf Anordnung

41 z.B. AIPAC American Israel Public Affairs Committee in den USA oder ‚Honestly Concerned' in der BRD. Zu AIPAC Siehe Mearsheimer, John, Walt, Stephen 2006: The Israel Lobby. University of Chicago and Harvard University.

42 z.B. GUPS, General Union Palästinensischer Studenten, GUPA, General Union Palästinensischer Arbeiter, sowie Organisationen der Künstler etc....

43 Siehe Webseite der Fakultät Raumplanung, TU Dortmund. Link: http://www.raumplanung.tu-dortmund.de/rp/fakultaet.html.

der Politik, im Interesse bestimmter Fraktionen in der Gesellschaft und zur möglichst rationalen, profitablen Nutzung des Raumes. Grundsätzlich ist zu bedenken, dass alle Raum-Planung an den vorhandenen, nicht vermehrbaren Boden gebunden ist, auf dem die materiellen Ergebnisse der Planung, Wohnbauten, Infrastruktur und Produktionsstätten errichtet werden und zur Wertentwicklung beitragen.[44]

Die Israelische Planung, der fortgesetzte Siedlungsbau und die fortschreitende Kolonialisierung greifen dabei auf das historisch vorgefundene und weiter entwickelte Instrumentarium zurück, das heute in allen Staaten die räumliche Planung ausmacht: Nationale Entwicklungspläne, Regionalpläne, Masterpläne, Thematische Pläne, Programme und Projekte. Dazu sind alle gesellschaftlichen Bereiche nützliche Handlungsfelder: Landwirtschaft, Industrie, Städtebau, Wohnungsversorgung, Infrastruktur, Umweltschutz, Naturschutz, Archäologie, Denkmalschutz, Wasserschutz usw... Eine entsprechende nationale Bodenpolitik und Planungs-Gesetzgebung liefert dafür die scheinbar legale Basis.

Man könnte einwenden, dass dies normal und schließlich Planung in modernen Gesellschaften notwendig sei und räumliche Verbesserungen letztendlich einer Gesamtbevölkerung zugutekäme. Aber dieses Argument ist auch unter normalen Umständen in unseren modernen Industriestaaten nicht die einzige Wahrheit und nicht wirklich zutreffend. Unter kapitalistischen Verhältnissen, wie sie heute die Weltentwicklung bestimmen, dient räumliche Planung immer und vor allem dem Schutz der Interessen des Privateigentums und der bestmöglichen (Aus-) Nutzung des Bodens durch das Privateigentum. Es gibt höchstens und im besten Fall demokratischer Planung einen Ausgleich zwischen divergierenden Interessen des Anlagekapitals und gegebenenfalls sozialer und ökologischer Belange – schließlich ist es so zumindest in den bundesdeutschen Planungsgesetzen bisher Anspruch.[45]

Was einen Unterschied solcher Planungsideologie zu dem Israelischen Projekt ausmacht, ist die Tatsache, dass dafür im Planungsprozess nicht soziale, ökonomische, ökologische oder kulturelle sowie andere gemeinschaftliche Interessen in Ausgleich gebracht werden sollen (und wenn, dann *höchstens für Jüdische Bürger)*, sondern Planung zu allererst Zionistischen Zielen unterworfen ist. Planung und die Planungsgesetzgebung dienen ausdrücklich dazu, die Vor-

---

[44] Zur Bedeutung der Bodenrente siehe theoretische Schriften von Karl Marx 1844: Ökonomisch-philosophische Manuskripte Grundrente in: K. Marx u. F. Engels, Werke, Ergänzungsband, 1. Teil, S. 465-588, Dietz Verlag, Berlin (DDR), 1968. Link: http://www.marxists.org/deutsch/archiv/marx-engels/1844/oek-phil/1-3_grun.htm.

[45] So sieht das Bundesbaugesetz verpflichtend in der Bauleitplanung die Bürgerbeteiligung in BauGB § 3 vor. Selbst Verfahren mit hohem Demokratieanspruch, etwa eine vorgezogene Bürgerbeteiligung für ein städtisches Großprojekt, kommen schließlich nicht ohne diese ‚Abwägung' der Interessen aus, die allerdings zumeist zugunsten ökonomischer Interessen ausfällt. Dies jedenfalls lässt sich z.B. aus der Auseinandersetzung um das Stuttgart 21-Projekt schlussfolgern – weitere Folgen, etwa Änderungen in der Planungsgesetzgebung, Einschränkung des möglichen Widerstands etc. sind noch gar nicht abzusehen.

herrschaft und Übermacht einer Teilgesellschaft, der Jüdischen, zu sichern und auszubauen bis zur physischen Marginalisierung und Eliminierung der anderen, der Palästinensischen Teilgesellschaft.[46] Israelische und damit zionistische räumliche Planung ist in dieser Hinsicht von ihrer Absicht seit 1897 bis zur heutigen Planungsrealität nicht abgewichen und für den langsamen räumlichen und kulturellen Genozid des Palästinensischen Volkes verantwortlich. Gewalt und Kriege sind dabei nur weitere Spielarten der Planung.

Die Macht des Faktischen

Soweit wir bis heute beobachten können, ist Israel darüber hinaus eng mit den Interessen der USA und Europas verbunden. Keine noch so offensichtliche Verletzung der Menschenrechte, selbst fehlender Respekt vor internationalen Schiedssprüchen und internationalem Recht bringen diese Verbündeten dazu, Israel auch nur ein Haar zu krümmen und/oder Israel von seinem militanten und rassistischen Weg abzubringen – als ob Israel ein Staat ‚out of law' sei, eine akzeptierte Ausnahme.
Im Gegenteil, Israel kann mit jedweder Unterstützung rechnen, finanziell und militärisch, sobald die Frage der ‚Sicherheit' aufgeworfen wird. Kritiker Israels, vor allem Deutsche, müssen mit heftigstem Widerspruch rechnen, sogar gesetzlichen Maßnahmen, wenn Kritik den von zionistischer Seite schon inflationär gebrauchten Begriff Holocaust einschließt.[47] Kritik an Israel kann sogar verfolgt werden. Also bleibt die Frage ‚Israel – ein Charter-Staat'? und die Frage nach den dahinterstehenden Mächten weiterhin offen. Ob ein Charter-Abenteuer allerdings 100 Jahre à la Honkong dauern kann, sollte bezweifelt werden. 1948 ist nicht 1900, Israel nicht Honkong und die Großmächte können nicht mehr so unbehelligt agieren wie vielleicht um 1900 und die Rechte anderer, unterdrückter Völker unbemerkt mit Füssen treten.[48]
Worauf es heute ankommt ist, die Gefahren dieser Interessenverquickung zu erkennen. Um Schaden für alle Seiten abzuwenden, ist eine Änderung der Beurteilung Israels notwendig und z.B. folgende Forderungen sind zu erheben:

- *Sicherheit*? Nur in sicheren Grenzen für alle Seiten;
- *gerechte Lösungen*? Nur für beide Seiten gerecht und mit ihrer gleichberechtigten Beteiligung und unter Berücksichtigung des gesamten historischen Prozesses;

---

[46] z.B. Yiftachel, Khamaisi u.a. nennen dies Ethnokratische Planung; Pappé spricht ausdrücklich von Genozid. Siehe Pappé 2006 (Siehe Anmerkung 149)

[47] Das geht so weit, dass die Sicherheit und das Existenzrecht Israels wie ein Gesetz behandelt wird, dem jede/r Deutsche zu gehorchen habe, Holocaust-Leugnung zieht Haftstrafen nach sich und wer, wie der bekannte Musiker Gilad Atzmon auch nur (In-)Fragen stellt wird zum Antisemiten gestempelt.

[48] Wie das zunächst überraschende Aufbegehren der Völker im Jahr 2011 in den diversen arabischen Ländern wie Ägypten gezeigt hat.

- *Menschenrechte*? Sie sind unteilbar und unverzichtbar im Umgang der Menschen miteinander – das gilt für beide Regierungen;
- *rechtmäßiges Handeln*? Das gilt für alle Regierungen – Planen und Bauen zum Wohle einer gesamten Gesellschaft ist eine notwendige Verpflichtung aus dem Völkerrecht, die für alle Nationen und Völker geltend gemacht werden muss.

Israel zeigt, wie Planen und Bauen pervertiert werden und Planer und Architekten dem gezielten Missbrauch anheimfallen und sich den Interessen der Macht unwidersprochen unterwerfen können. Ethnische Säuberung und ein langsamer Genozid werden in Kauf genommen, sind gar beabsichtigt – Menschenrechte werden auch von Architekten und Planern missachtet. Unter dem Label der ‚Modernisierung' oder ‚Zivilisierung' werden wissentlich und willentlich Kulturen vernichtet, das Recht auf angemessenes Wohnen verweigert, und gegebenenfalls werden Umwelt- und Naturschutz rassistischen Interessen geopfert. Die Wurzel ist schon faul – da lässt sich der Rest nur noch mit falscher Tünche als ‚normal' verkaufen. Die Israelischen Architekten und Planer, die die Großsiedlungen, das separierende Straßennetz und eine Mauer planen, sind die israelisch/jüdischen ‚Zeichentischtäter', die – wie andere vor ihnen – sich nicht auf ‚Befehlsnotstand' berufen können. Sie wussten und sie wissen, was sie tun.[49]
Noch ein weiteres Wort zu den Israelischen Architekten und Planern: Mit der Darlegung dieser Zusammenhänge und Fakten wird auch ein Mythos entkräftet, der zum Selbstverständnis vieler Deutscher Architekten gehört: die beteiligten Bauhaus Architekten waren nicht nur Opfer des Nazi-Regimes, das sie zwang, ihre Heimat zu verlassen und in Israel Zuflucht und wieder Arbeit zu finden.[50] Viele von ihnen kamen bereits vor dem Nazi-Regime, begeistert das ‚Neue' aufbauend. Leicht entzückt vom arabischen Charakter der vorhandenen Städte und Dörfer bauten sie unbedenklich die ‚Weiße Stadt' Tel Aviv konkurrierend zur Nachbarschaft der historisches Stadt Jaffa, kleine und große jüdische Kolonien auf dem fremden Terrain, strategisch gelegen, oft schon angelegt als

---

[49] Es gibt entsprechende diverse Israel-kritische israelische Einzelpersonen und Organisationen wie z.B. bimkom; viele der Einzelpersonen unter ihnen leben nicht mehr in Israel wie Pappé und kritisieren von außen und fördern die Informationen über die Rechtsverletzungen und Übergriffe von dort aus für die außerisraelische Öffentlichkeit, weil dies ihnen in Israel unmöglich gemacht wird. Zum Beispiel kritisiert gerade die Architektur Weizman, Eyal 2008: Sperrzonen. Israels Architektur der Besatzung. Deutsche Ausgabe. Nautilus, Hamburg. Kommentar dazu siehe Waltz, Viktoria 2010: Israels Architektur – Krieg den Palästinensern mit anderen Mitteln? Link: http://zionismus-israel-raumplanung.blogspot.com/2010/01/israels-architektur-krieg-den.html.

[50] Nicht ist zu vergessen, dass die Türkei sehr viele verfolgte oder zu Untätigkeit verdammte deutschsprachige Architekten und Planer aufnahm, die dort Arbeit fanden, also nicht Zionisten werden mussten; u.a. Bruno Taut, Clemens Holzmeister, Margarete Schütte-Lihotzky, Ernst Egli u.a. Siehe Bern, Nicolai 1998: Moderne und Exil. Deutschsprachige Architekten in der Türkei 1925-1955. Verlag für Bauwesen, Berlin.

Wehrdörfer, und sie hatten keine Bedenken, sich formal und sozial von dem in Palästina üblichen und dem Klima angemessenen Bauen abzugrenzen.[51]
Um zu den anfangs gestellten Fragen zurückzukommen:
Bauten die Planer und Architekten eine Parallelgesellschaft auf? Ganz sicher! Bewusst und mit weit vorausschauender Absicht. Ist Israel nun ein Charter-Country? Es sieht ganz so aus. Kein englisches Protektorat à la Hongkong, aber heute ‚chartered' im Interesse einer ebenso rücksichtslosen Weltmacht wie vorher England und Frankreich, ‚chartered' durch die USA und seine Vasallen oder Nutznießer England, Frankreich und Deutschland. Oder handelt es sich beim Staat Israel um eine Endzeiterfüllung? Also ‚chartered' im Interesse verrückter aber mächtiger Evangelikalen und Rabulisten?[52] Das wird sich erst zeigen, noch ist es nur Teil der Politik bestimmter politischer Kräfte.
Das oben Beschriebene geht in der heutigen Welt nur unter Missachtung anerkannten Rechts, Missbrauch der Macht und Verletzung der Menschenrechte und demokratischer Werte – Grenzüberschreitungen.
Jüdischer Staat – Gottesstaat? Es gibt offensichtlich Kräfte in und außerhalb Israels, die daran ein Interesse haben – aber noch leben fast fünf Millionen Nicht-Juden in dem gesamten Palästina zwangsweise in einem Staat, der sie nicht einfach vertreiben oder umbringen kann.

Siehe Warhaftig, Myra 2007: They laid the foundation. Lives and works of German speaking Jewish Architects in Palestine, 1918-1948. Second edition, revised and enlarged. Wasmuth, Berlin. Kommentar dazu bei Waltz/ Viktoria 2010: Israels Architektur – Krieg den Palästinensern mit anderen Mitteln? Link: http://zionismus-israel-raumplanung.blogspot.com/2010/01/israels-architektur-krieg-den.html.

52 Es geht mir nicht um den Beweis, sondern darum, auf den Kern der vielen Möglichkeiten und Interessen hinzuweisen; polit-ökonomisch orientiert kann ich der eschatologischen Vision nichts abgewinnen, sondern setze auf die Interpretation des Geschehens über die materiellen Interessen der ‚chartering' Mächte; nur scheint diese Idee doch eine, wenn auch absurde Rolle zu spielen und diverse Gruppen sind dabei, diese Endzeitvision heute vorzubereiten, so z.B. die ‚Temple Mount Faithfull' Gruppe, deren Ziel ist: „... The goal of the Temple Mount and Land of Israel Faithful Movement is the building of the Third Temple on the Temple Mount in Jerusalem in our lifetime in accordance with the Word of God and all the Hebrew prophets and the liberation of the Temple Mount from Arab (Islamic) occupation so that it may be consecrated to the Name of God." Link: http://www.templemountfaithful.org/; oder auch: Gershon Salomon, orthodoxer Rabbiner und Gründer der Temple Mount Faithful: "I believe this is the will of God. It (The Dome of the Rock) must be moved. We must, you know, take it from the place. And today we have all the instruments to do it, stone by stone, very carefully, and then to put it in a package and mail it back to Mecca, the place from where it was brought. Those two buildings, the Mosque al-Aksa and The Dome of The Rock are symbols of Arab imperialistic occupation. Even if it was done before one thousand and three hundred years, it is still an imperialistic act against the will of God and the history of the most holy place of the Israeli people and other nations. It must be moved. You ask me how? I can answer very shortly. And even that answer must be long. God is together with Israel now. We must trust God. You know we trusted him in the short history of Israel, forty-five years, seven wars; a little minority against a big majority. People ask how can you do it. We did it. God did it. So as long as God is the general of the Israeli army, believe me, it will be very simple to move those two buildings. Together with God, we shall always be the majority." In: This Week in Bible Prophecy. Link: http://www.hope-of-israel.org/temple.htm.

Dieser nun schon mehr als 100 Jahre andauernde und immer noch aktive Kolonisierungsprozess mit Hilfe von Planung und Architektur ist Thema dieser Untersuchung. Zentrale Aspekte des Zionistischen Transformationsprozesses betreffen folgende Aufgaben in den zentralen Etappen, die zu klären waren

- die Macht zur Beherrschung des Landes,
- die Veränderung der Bodenbesitzverhältnisse im Land,
- die Veränderung der Besiedlungsverhältnisse im Land, inklusive der Nutzungsverteilung bei den Ressourcen des Landes wie Wasser, Mineralien und landwirtschaftlicher nutzbarer Boden und
- die Änderung der Bevölkerungsverteilung im Land, also die demographischen Verhältnisse.

Dazu mehr in den folgenden Kapiteln.

Zur Einführung über die geographische Lage Palästina zur Zeit der Baseler Konferenz:

Karte 1
Palästina: Teil des Osmanischen Reiches 1900, Ausschnitt

Karte 2
Palästina: Verwaltungsbezirke bis 1890, Ausschnitt

I Der Anfang

Theodor Herzl gab wichtige Impulse für die Idee eines Staates der Juden. Seine Tagebücher und sein Schlüsselroman ‚Der Judenstaat' sind eine reiche Quelle für die Gedanken eines Mannes, der strategisch dachte und sich zu allen Seiten des Projektes etwas einfallen ließ – etwa von der Staatsform über den Achtstundentag, über die Entlohnung der Arbeiter und Bauern, über Feiertage bis hin zu konkreten Fragen des zukünftigen Städtebaus usw.[53] Er war erkennbar sich der Widersprüche und Gefahren bewusst, mit denen zu rechnen war und fand auch dafür eine Lösung, z.B. wenn es um die einheimischen ‚Barbaren' ging, die man nach anfänglichem Nutzen über die Grenze zu verfrachten gedenke oder um die Art des Landkaufs, nämlich die Eigentümer zu prellen und ‚nichts, aber auch nichts' zurück zu verkaufen.[54]

Über Grenzen des zukünftigen Staates in Palästina drückte er sich vielfältig und kalkuliert äußerst nebulös aus.[55]

Seine zentralen Vorstellungen sind in den beiden Veröffentlichungen ‚Der Judenstaat' und ‚Alt-Neuland'[56] zu finden. Die Trivialität vor allem des letzteren in Romanform geschriebenen Entwurfs für den Jüdischen Staat kann nicht darüber hinwegtäuschen, dass hier der Kern der Ideologie des Zionismus in seiner idealisierten Vorstellung von der jüdischen Zukunft zu finden ist. Herzl erdenkt hier eine genuin Jüdische Gesellschaft, in der Nicht-Juden allenfalls Randfiguren sind und Araber höchstens als solche Figuren toleriert werden, wenn sie zur Elite gehörten und große Bewunderung für die Leistungen des Jüdischen Staates zeigen würden.
Zunächst klingen die Beschlüsse der zionistischen Aktivisten auf dem Ersten Zionistischen Weltkongress in Basel im Jahr 1897 moderat, und vor allem die erste Förderzusage Englands 1917 in der sogenannten Balfour-Erklärung scheint in Einklang mit demokratischen Vorstellungen von einem erstrebten Zusammen-

---

[53] Siehe Herzl 1896.

[54] „Die Immobilienbesitzer sollen glauben, uns zu prellen, uns über dem Wert zu verkaufen. Aber zurückverkauft wird ihnen nichts". In: Herzl Tagebücher Bd. I. vom 12.6.1895. S. 98.

[55] „Wir müssen wegen unseres Handels am Meer liegen … und für unsere Landwirtschaft weite Flächen … haben" … „Wir verlangen was wir brauchen, je mehr Einwanderer desto mehr Land" …
„Als Ruf auszugeben: Palästina wie zu Davids und Salomonis Zeit!" …
„Gebiet: vom Bach Ägyptens bis zu dem Euphrat" (Herzl Tagebücher Bd. I: 150, 13.6.1895, Bd. II: 160, 9.10.1898, Bd. I: 391, 26. April 1896.

[56] Siehe Herzl 1902.

leben der Zionistischen Eindringlinge mit den autochthonen Bewohnern Palästinas auszugehen.[57]

1897 Basel

Der erste Zionistische Weltkongress 1897 in Basel fasste einen folgenschweren Beschluss:
„Der Zionismus erstrebt für das Jüdische Volk die Schaffung einer öffentlich rechtlich gesicherten Heimstätte in Palästina. Zur Erreichung dieses Ziels erwägt der Kongress folgende Maßnahmen:

- die Förderung der Kolonisation Palästinas durch Jüdische Einwanderer aus Landwirtschaft und Industrie nach sachgemäßen Richtlinien,
- die Organisation und den Zusammenschluss des Gesamtjudentums durch entsprechende lokale und internationale Einrichtungen, welche mit den Gesetzen der jeweiligen Länder in Einklang stehen,
- die Stärkung und Pflege des Zionistischen Volksgedankens und -Bewusstseins,
- erste Schritte mit dem Ziel, die Genehmigungen der Regierungen zu erlangen, sofern diese den Zielen des Zionismus notwendig erscheinen“.[58]

Der Beschluss enthält also indirekt bereits alles, was zukünftig Probleme aufwerfen wird:

- Wille ist, in ein fremdes Territorium einzudringen und es zu ‚kolonisieren‘, d.h. das fremde Land zu übernehmen;
- Wille ist, dieses Territorium zu judaisieren;
- Wille ist, sich als Sprecher des gesamten Judentums zu verstehen und dieses in dem zu schaffenden Staat zu versammeln;
- Wille ist, das im europäischen Judentum eigentlich nicht vorhandene rassische, nationalistische und völkische Bewusstsein erst zu schaffen und zentral zu beeinflussen, Andersdenkende passen nicht dazu;
- Wille ist auch, dies alles mit Hilfe einer willigen Macht in Europa durchzusetzen.

Dieser Beschluss war und ist eine Kriegserklärung an alle nicht zionistischen Juden und an Palästina und die Palästinenser.
Nicht nur zeigt sich hier schon der rassistische Charakter des Unternehmens, in dem Mehrheiten und die Zahl der Köpfe eine Rolle spielen werden. Das Unternehmen wird auch von Beginn an die Interessen anderer Staaten geknüpft.

---

[57] Dort heißt es auch: „...it being clearly understood that nothing shall be done which may prejudice the civil and religious rights of existing non-Jewish communities in Palestine, or the rights and political status enjoyed by Jews in any other country.“ In: Yapp, Malcolm, Edward 1987: The Making of the Modern Near East 1792-1923. Longman, London. S. 290.

[58] Herzls Tagebücher, Bd. II: S. 111, 3.9.1898.

Mit dem ersten Zionistischen Kongress von 1897 konnte die nun übernational organisierte Zionistische Bewegung auch durch die Beharrlichkeit Theodor Herzls ihren ersten praktischen Erfolg verbuchen. Die Umsetzung einer organisierten Kolonisierung Palästinas und Landnahme waren vorstellbar und greifbar.

Herzls Bemühungen und die seiner Kollegen konnten nun konkreter werden, d.h.

a) eine internationale Unterstützung für das Projekt Jüdischer Staat in Palästina zu erhalten – *„Wir brauchen ein Protektorat, das* ***deutsche*** *wäre uns demnach das liebste"*[59] – dafür reiste er nach Istanbul, traf sich mit Botschaftern, Bankern und sonstigen einflussreichen Europäern – schließlich konnten einflussreiche Zionisten und Evangelikale die Englische Regierung von der Bedeutung des Projekts überzeugen;
b) die räumliche Orientierung war von nun an konkret festzulegen; zunächst geschah dies auf Nebengleisen, wie der Vorschlag, ein Stück Land zum Beispiel in Argentinien zu kaufen oder in Uganda zu siedeln, um dann sich ganz auf Palästina zu konzentrieren, dessen ‚friedliche Übernahme' Herzl in seinem Roman ‚Alt-Neuland' aufs Trivialste beschrieb[60];
c) die Details und die Art und Weise der Raumergreifung waren nun weiter zu entwickeln: Herzl schwebte ein sauberer und ordentlicher, rechtlich und international garantierter Deal vor, so wie er auch Jerusalem gerne ‚sauber' bekommen hätte: *„Der neue Judenstaat muss anständig gegründet werden"*.[61]

Als zentraler Erfolg galt aber, wie in Punkt 4 der Resolution festgehalten, die europäische Macht zu finden, die dieses Unternehmen ‚chartern' würde.

1917 Das Ende des Osmanischen Reiches – England wird die Charter-Macht

Das abzusehende Ende des ersten Weltkriegs, die Niederlage des Deutschen Reiches, der Zusammenbruch des Osmanischen Reiches und die Interessen Europas an seiner Aufteilung brachten England endgültig ins Spiel. England versprach der Zionistischen Bewegung mit der Balfour-Erklärung[62] Hilfe beim

---

59 Dgl.

60 Zu Argentinien: Argentinien hatte gerade einen Genozid an den Indios und Mestizen hinter sich und dabei viel ‚leeres Land' produziert und erlebte um die Jahrtausendwende einen Wirtschaftsboom, der Hundertausende, darunter auch organisierte Jüdische Einwanderer aus Europa anlockte; zu Uganda: seit 1896 Britisches Protektorat, das mit Hilfe der einheimischen Aristokratie, den ‚Chiefs', Teile Ugandas in eine Monokultur von Baumwolle und Kaffee verwandelt hatte, was auf der einen Seite zur Verelendung vieler Menschen führte und auf der anderen Seite zu einem Wirtschaftsboom, der Tausende, damals vor allem asiatische Einwanderer reizte. Siehe Mahoney, James 2010: Colonialism and Postcolonial Development: Spanish America in Comparative Perspective. Cambridge University Press, sowie: The ecological and political impact of colonialism in the third world during the nineteenth and twentieth centuries. Link: http://www.mapofnigeria.info/2011/01/27/the-ecological-and-political-impact-of-colonialism-in-the-third-world-during-the-nineteenth-and-twentieth-centuries.html.

61 Siehe Herzl 1898. S. 78.

62 Der Text: "Foreign Office, November 2nd, 1917. Dear Lord Rothschild, I have much pleasure in conveying to you, on behalf of His Majesty's Government, the following declaration of sympathy

Aufbau einer ‚Jüdischen Heimstätte' in Palästina – schon in der Gewissheit, dass England das Mandat über diesen Raum bekommen würde.
Ein neuer internationaler Player, die USA, waren mit der King/Crane-Kommission in die Debatte um die Zukunft der Region eingestiegen. Die Herren King und Crane bereisten 1919 die Großregion und sprachen mit Notabeln und vielen anderen Vertretern der von den Osmanen ‚befreiten' Bevölkerung über ihre staatlichen Vorstellungen: Vereinigtes Königreich, Großsyrien, einzelne Nationalstaaten oder Mandatsstatus waren die genannten Optionen. Die Ergebnisse gingen als Bericht 1920 an den Völkerbund und sprachen deutlich gegen eine Mandatsregelung, vor allem gegen England (Palästina) und Frankreich (Libanon) als Mandatsmacht und für Unabhängigkeit. Die Befragten wollten Palästina vereint unter einem Großsyrischen Dach unter dem damaligen und angesehenen König Faisal von Syrien und Irak sehen. Alle Befragten, aber vor allem die Palästinenser sprachen sich vehement gegen eine weitere Unterstützung des Zionistischen Projekts aus, so auch der King/Crane-Bericht, der zu einer Überprüfung des Vorhabens riet. Die in Palästina lebende Bevölkerung hatte bereits seit Ende des 19. Jahrhunderts gegen die zionistische Einwanderung protestiert und sich gegen Landkäufe und die osmanische Genehmigungspraxis in den Medien beschwert und Delegationen nach Istanbul geschickt, um eine Änderung von Politik und Praxis zu erreichen. Dass die Kolonisierung Palästinas bevorstand, und sowohl das palästinensische Eigentum an seinem Land und an seinen Ressourcen, vor allem beim Wasser bedroht waren, war bereits erkennbar und hatte entsprechende Reaktionen hervorgerufen.[63]
Gegen diese ‚Fakten' der ‚fact finding mission' von King/Crane entschieden sich die Großmächte jedoch auf dem Lausanner Nachkriegskongress[64] für die

with Jewish Zionist aspirations which has been submitted to, and approved by, the Cabinet. 'His Majesty's Government view with favour the establishment in Palestine of a national home for the Jewish people, and will use their best endeavours to facilitate the achievement of the object, it being clearly understood that nothing shall be done which may prejudice the civil and religious' rights of existing non-Jewish communities in Palestine, or the rights and political status enjoyed by Jews in any other country'. I should be grateful if you would bring this declaration to the knowledge of the Zionist Federation. Yours sincerely, (Signed) Arthur James Balfour" Link: http://unispal.un.org/unispal.nsf/0/e210ca73e38d9e1d052565fa00705c61?OpenDocument#sthash.x4bGdP35.dpuf.

63 Diese ‚Fact Finding' Kommission wurde 1919 von den USA als Mitglied der ‚Peace Conference Interallied Commission on Mandates in Turkey' in das ehemals osmanische Gebiet Groß Syrien geschickt und befragte Vertreter Palästinas in Jerusalem, Jaffa, Gaza, Jenin, Nazareth, Bethlehem, Akka, Hebron, Bersheba, Ramallah, Haifa, Lyd, Ramleh, Safed, Tiberias sowie Tel Aviv und Rishon le Zion, um Meinungen über die zukünftige Staats- und Regierungsform zu ermitteln. Originaltext Siehe im Link: http://wwi.lib.byu.edu/index.php/The_King-Crane_Report.

64 Bereits 1920 in Sèvres war die Mandatsreglung für Palästina beschlossen worden; der endgültige Abschluss der Verhandlungen über die Aufteilung des Osmanischen Reiches fand 1922/23 in Lausanne statt; vor allem die Entstehung der modernen Türkei geht auf diese Schlussrunde zurück, nachdem Mustafa Kemal, später Atatürk, militärisch gegen die fast vollständige Reduktion auf eine Mini-Türkei vorgegangen und militärisch erfolgreich war, musste in Sèvres nachverhandelt werden. Link: Oxford Dictionary of British History: Lausanne conference, Link: http://www.answers.com/library/British%20History-cid-14977538.

Mandatsregelung, und der Völkerbund bestätigte 1923 offiziell England, das Palästina bereits militärisch verwaltete, als die Mandatsmacht über Palästina, und ebenso rücksichtslos wurde Frankreich als Mandatsmacht für den Libanon bestellt. Die Balfour-Erklärung wurde entgegen der Empfehlung sogar in die Mandatsentscheidung für Palästina übernommen.
Nach dem Ende des Osmanischen Reiches konnte die Zionistische Bewegung also davon ausgehen, dass das geplante Unternehmen und die Kolonisierung Palästinas für eine ‚Jüdische Heimstätte' gesichert war und zielorientiert in die Wege geleitet werden konnte. Planung der Besiedelung und der Einwanderung war nun oberstes Gebot – die ersten Grundsteine waren bereits gelegt worden.

Konkrete Vorbereitungen

Franz Oppenheimer formulierte 1903 die Art und Weise der Kolonisierung in Anlehnung an die Erfahrung der Osteroberung Preußens[65] auf dem 6. Kongress nach Basel ganz deutlich: „Nun, meine Freunde, wir wollen ein Netz von Bauernkolonien über das Land spannen, das wir erwerben wollen. Wenn man ein Netz spannen will, so schlägt man zuerst an den Stellen die Haken ein, zwischen denen das Netz entstehen soll. Dann spannt man zwischen den Stricken stärkere Fäden und stellt derart ein grobes Maschenwerk her, das man dann nach Bedarf durch das dazwischenwirken feinerer Fäden zu immer feineren Maschen ausgestaltet. Genauso haben wir, meine ich, vorzugehen."[66] Dies ist bis heute das gängige Muster zionistischer Planung.[67]
Die Zionisten Kongresse als Beschlussorgan der Zionistischen Welt Organisation (World Zionist Organisation=WZO) hatten schon vor der Mandatszeit Schritt für Schritt die notwendigen Institutionen bestimmt.[68]

- 1898, die ‚*Jewish Colonial Trust Society*'; später die ‚*Colonial Bank*', die den Transfer von europäischen Geldern nach Palästina besorgen sollte;
- *1901,* der ‚*Jewish National Fund*' (JNF), der die zentrale Einrichtung für den Landerwerb der Zionisten werden sollte; der JNF war für den Kauf, Verwaltung und die Registrierung des Bodens und für die Kolonisierung zuständig; es wurde bereits damals festgelegt, dass der im JNF registrier-

[65] Siehe Diner 1980.
[66] Rede auf dem VI.ten Zionistenkongress in Basel 1903.
[67] Nach der Devise des führenden Zionisten Borochov 1918: „... Schafft Tatsachen (...), das ist der Grundstein politischer Weisheit. Tatsachen überzeugen besser als Gedanken. Taten wirken nachhaltiger als Losungen. Opfer haben eine größere Werbungskraft als Resolutionen...", zitiert nach Meier-Cronemeyer, Hermann 1997: Geschichte des Staates Israel. Wochenschauverlag Schwalbach. S. 47. Siehe Link: http://www.hagalil.com/archiv/2010/06/22/zionismus-3/.
[68] Die WZO ist bis heute die führende Zionistische Vereinigung, die weltweit die Sache des Zionismus für Israel vertritt und stützt, ebenso wie der JNF noch heute die Aufgabe der Bodenbeschaffung und Besiedlung für Israel innehat und ein Symbol für den Apartheidstaat darstellt; siehe Lehn, Walter, Davis Uri 1988: The Jewish National Fund. Taylor and Francis, London.

te Boden unveräußerbares Eigentum des Jüdischen Volkes, also jüdisch sei;[69]

- 1902, die ‚*Anglo Palestine Bank*' (APB) um Kredite vergeben zu können;
- *1907,* das ‚*Palestine Office*', das in Jaffa eröffnet wurde und die Rolle einer nationalen Agentur spielte, später Jewish Agency (JA) benannt; diese Jüdische Agentur nahm die Rolle der politischen Vertretung für die wachsende Jüdisch-Zionistische Siedlergesellschaft ein und konnte in der Zeit der englischen Mandatsherrschaft, die zunächst von einem bekannten Zionisten, Sir Herbert Samuel, geleitet wurde, den Kolonisierungsprozess vorantreiben und die internationale Unterstützung einwerben;
- 1907, die ‚*Palestinian Land Development Company*' (PLDC), die das Land und seine Ressourcen, wie z.B. die wichtigsten Wasservorräte der Region, zu erkunden hatte und Vorschläge für zu erwerbende Gebiete machte, die aus strategischen oder rein praktischen Gründen von Bedeutung waren; dadurch bereitete sie den Landerwerb vor.[70]

Damit waren wichtige Instrumente für die Kolonisierungsplanung geschaffen, sozusagen die erste Etappe dieser langen, geplanten Reise erfolgreich gemeistert:

- eine wissenschaftliche Einrichtung zur Erkundung des Bodens, der Bodennutzung und seiner Ressourcen;
- eine entsprechende Strategie der Besiedlung, konkreter als Kolonisierung formuliert;
- die Finanzierung des Bodenerwerbs und der Besiedlung bekam den entsprechenden legalen Rahmen;
- eine politische Selbstverwaltung im Lande zur Vorbereitung der Machtfrage war im Entstehen;
- eine international wirkende Interessenvertretung konnte handeln, um die möglichen Charter-Mächte zur Unterstützung des Charter-Projekts zu gewinnen;
- mit der Gründung von Zionistischen Gesellschaften in den diversen Ländern konnte die Werbung für die Migration nach Palästina unter den

[69] Dies gilt bis heute; sogenannte ‚Israel Böden' sind per Gesetz unerreichbar für Nicht-Juden – eine Bestimmung, die auch erklärt, warum es in Israel (noch) kaum Privateigentum gibt – außer dem noch marginal vorhandenen der Palästinenser. Siehe Granovski, Abraham1925: Probleme der Bodenpolitik in Palästina. Berlin. S. 116; ebenso Diner 1980, darin: nach dem Basic Law über ‚Israel Lands' von 1960 kann staatlicher Boden nicht veräußert werden, nur verpachtet und dies keinesfalls an Nicht-Juden.

[70] Elazari-Volkani, Yitzhak 1932: Jewish Colonization in Palestine. In: Annals of the American Academy of Political and Social Science. Vol. 164.84.99 November 1932.

dortigen Juden gezielt betrieben werden und damit ein Einstieg in die ‚Lösung' der *Bevölkerungsfrage* beginnen.

Die meisten dieser Institutionen tun noch heute ihren Dienst im weltweit agierenden zionistischen Interessensverband.
Gleichzeitig stand die Palästinensische Gesellschaft ohne eine solche strategische Institution dar. Das Ende der Osmanen hätte ihnen die geforderte Unabhängigkeit und ein eigenständiges Vorgehen gegen die beginnenden zionistischen Landkäufe verschaffen können.[71] Aber betrogen durch England und Frankreich im Zusammenhang mit dem Syke-Picot-Abkommen[72], der Balfour-Erklärung und der letzten Völkerbundentscheidung in Lausanne für die Errichtung von Mandatsgebieten in willkürlich gezogenen Grenzen, erwiesen sich die formierten oppositionellen Kräfte in Palästina als macht- und einflusslos.[73]
Die Palästinensische Nationalbewegung besaß vor allem aber keine internationalen Fürsprecher, war in Widersprüchen gefangen zwischen Tradition und Moderne, sowie einem noch gültigen Clanwesen auf der einen und demokratischem Nationalbewusstsein auf der anderen Seite.
Die räumliche Eroberung durch die Zionistische Bewegung konnte gezielt und zunächst relativ hindernisfrei ihren Lauf nehmen.

Diagramm 1 a, b

Palästina: Bevölkerungsverhältnis

a. um 1880 ca. 500.500 EW	**b. um 1918 ca. 750.000 EW**
palästinensisch ca. 99% (grün)	palästinensisch. ca. 90%
jüdisch ca. 1% (blau)	jüdisch ca. 10%

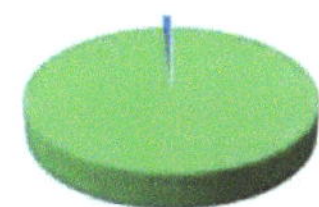

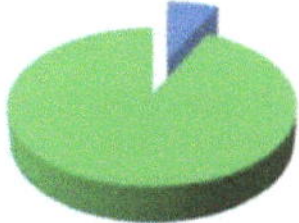

[71] 1908 bereits wenden sich die ersten unabhängigen Arabischen Zeitungen wie Al-Kamil aus Haifa gegen Landverkäufe an Zionisten. Siehe PASSIA Palestinian Academic Society for the Study of International Affairs 2001: Hundred Years of Palestinian History. A 20th Century Chronology. Jerusalem. S. 9.

[72] Im Syke-Picot-Abkommen teilen Frankreich und England den ‚Fruchtbaren Halbmond', also den Nahen Osten, unter sich auf, bei gleichzeitiger Erklärung, dass sie unabhängige Arabische Staaten oder Föderationen anerkennen und unterstützen werden; vollständiger Text und Karte Siehe Link: http://news.bbc.co.uk/2/hi/in_depth/middle_east/2001/israel_and_the_palestinians/key_documents/1681362.html.

[73] Im November 1918 wenden sich die muslimisch/christlichen Vereinigungen in Jaffa und später Jerusalem gegen die Errichtung einer ‚Jüdischen Heimstätte'; im Januar 1919 tritt der ‚Erste Palästinensische Kongress' zusammen und fordert die Eingliederung in Groß-Syrien. Siehe PASSIA 2001: S. 25.

Zu den Boden- und Bevölkerungsverhältnissen bis zur Mandatszeit:

Karte 3

Palästina am Ende des Osmanischen Reiches
Lage zentraler Städte und zionistischer Kolonien in der Region (in den späteren Mandatsgrenzen)

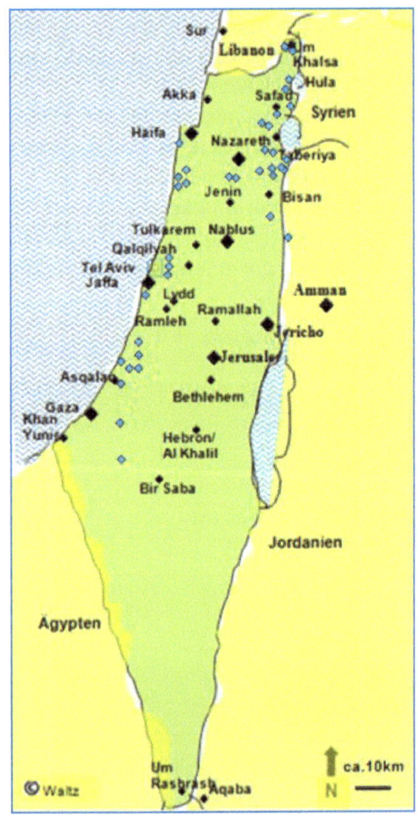

Quelle: eigene Darstellung
Die Lage der ca. 46 Kolonien seit 1880 wurde typisiert nach Wischnitzer 1935: Die Juden in der Welt. Teil 4, Reiss Verlag, Berlin

Diagramm 2 a, b

Palästina Bodenverteilung

a. um 1880
palästinensisch (grün) ca. 99%
jüdisch ca. < 1% (blau)

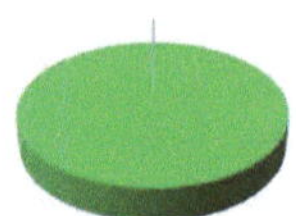

b. um 1918
palästinensisch. ca. 97,5%
jüdisch ca. 2,5%

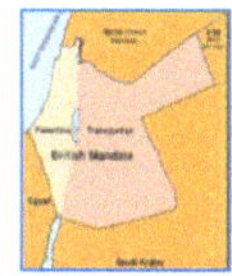

II Kolonisierung unter der Mandatsmacht England

Die Balfour-Erklärung war Inhalt der Mandatsregelung geworden, und die Zionistische Bewegung konnte sich von nun an der ‚charter'-Unterstützung Englands sicher sein. Der erste britische Gouverneur, Sir Herbert Samuel, war ein Zionist, er tat sein Bestes. Die jährlich an den Völkerbund gerichteten Berichte über die Situation der Mandatsgebiete sind ein Beleg für die generell positive Haltung der englischen Berichterstatter. Begeistert wurde von den Jüdischen Aufbauleistungen der 1920er und beginnenden 1930er Jahre gesprochen, der Zunahme an Ausfuhrgütern, wie zum Beispiel Zement, der in großen Mengen in den neu aufgebauten jüdischen Firmen hergestellt wurde (und direkt der Kolonialisierung diente), oder von neuen Zitrusplantagen im Küstengebiet.
Aber auch Konflikte wurden zunehmend vermerkt, etwa um die Bodenverkäufe, um erhöhte Steuern, das heißt um wirtschaftliche und soziale Probleme vor allem bei der palästinensischen Landbevölkerung. Schließlich führten die wachsenden Proteste der palästinensischen Bauern gegen die Zionistische Einwanderung und die bedrohlich werdenden Landkäufe zu heftigen Protesten.[74] In deren Folge kam es zu den sogenannten Weißbüchern zur Lage[75] bis zum endgültigen

---

[74] Bekannt sind die großen Streiks um 1936; aber bereits 1921 in den sogenannten Jaffa-Aufständen gab es eine Welle von Protesten, zu denen sich das Kolonial Büro Englands in Berichten an die englische Regierung äußern musste und worin deutlich wurde, dass die sogenannten antijüdischen, gewaltsamen Proteste schon damals etwas mit der Empörung über die Zionistische Einwanderung und die entsprechende englische Hilfs-Politik zu tun hatten. Siehe: The High Commissioner for Palestine to the Secretary of State for the Colonies 1921: Interim Report by the Commission of Inquiry on the Khedera Raid 6th May, 1921; sowie: Report by the Commission of inquiry into the Jaffa riot; ebenso: The Secretary of State for the Colonies to the High Commissioner for Palestine. His Majesty's Stationary Office London 1921: Palestine. Disturbances in May 1921. Report of the Commission of Inquiry. With Correspondence Relying Hitherto. Presented to Parliament by Command of His Majesty. October 1921. London Link:
http://www.archive.org/stream/palestinedisturb00grearich#page/n1/mode/2up.

[75] Weißbücher waren Grundsatzberichte, bzw. Erklärungen der Englischen Regierung zur Situation. Z.B. 1921 gab es das erste, benannt nach Haycraft; dem folgte 1922 das Churchill Weißbuch, das zwar die Unterstützung jüdischer Einwanderung bestätigte, aber wegen der Proteste erklärte, die Britische Regierung wünsche nicht, dass Palästina so „jüdisch werde, wie England englisch sei", sondern strebe eher die Gründung eines Zentrums an, „für das sich das gesamte Jüdische Volk aufgrund seiner Religion und Rasse interessiert, und worauf es stolz sein könne"; der Hope-Simpson Bericht von 1930 wurde aus ähnlichem Anlass verfasst, darin war die Situation der landlos gewordenen palästinensischen Bauern zentrales Thema; die Peel-Kommission von 1936/37 empfahl schließlich die Teilung Palästinas und – um Ausgewogenheit in der Bevölkerung im zukünftigen Jüdischen Staat bemüht –, schlug die Kommission sogar einen Bevölkerungstransfer vor; 1938/39 wurden weitere Kommissionen entsandt; schließlich plädierte die Woodhead Kom-

Rückzug Englands 1948 – ohne dass die Interessen der Palästinenser berücksichtigt, ihr Verlangen nach der versprochenen Souveränität und Unabhängigkeit erfüllt oder die entstandenen Probleme auch nur im entferntesten gelöst worden wären. Die Bodenfrage blieb der Kern der Auseinandersetzungen, weil dem Palästinensischen Widerstand schon damals klar war, dass es um eine widerrechtliche Aneignung ihres Landes ging.

Wollte man nun einen fremden Raum durch organisierten Landkauf zunächst ‚friedlich' erobern, dann musste man offensichtlich vor allem drei Dinge ‚beherrschen':

- Kenntnis des vorhandenen Bodenrechts[76],
- Kenntnis der vorhandenen Boden- und Eigentumsverhältnisse sowie der Bodennutzung, und
- Kenntnis der sozio-kulturellen Charakteristika der ‚Ureinwohner', also der Bevölkerungsverhältnisse und der Möglichkeiten, daneben eine eigene Bevölkerung anzusiedeln.

Die Instrumente dazu waren, wie oben dargestellt, bereits geschaffen.

Zum Bodenkauf

Bodenkauf und Besiedlung des Palästinensischen Landbesitzes waren keine einfache Sache. Die Ziele der zionistischen Käufer waren vielen Palästinensern bereits bekannt und wurden später sogar durch so genannte Fatwas[77] sanktioniert.

---

mission, die die Teilung Palästinas als undurchführbar verworfen hatte, für eine neue Vorgehensweise in Palästina; im anschließenden „MacDonald Weißbuch" von 1939 wurde die Gründung eines einheitlichen Palästinensischen Staates innerhalb eines Zeitraumes von zehn Jahren vorgeschlagen. Die Grenzen dieses Staates sollten das Mittelmeer und der Jordan sein, nach einem Fünfjahresplan für die Einwanderung sollten insgesamt noch 75.000 Juden einwandern können, weitere Einwanderungen sollten nur mit arabischer Zustimmung gestattet werden, 1940 beschränkte England in einer Grundsatzerklärung zusätzlich Landtransfer und Landkauf; nach dem Ende des Weltkrieges wurde die Einwanderung von 100.000 jüdischen Flüchtlingen aus Europa durch eine amerikanisch/englische Kommission zur Hauptfrage; 1946 schlug England noch einmal eine Teilungslösung in Kantone oder Föderationen vor; schließlich beschlossen die UN am 29. November 1947 den bis heute nicht widerrufenen Teilungsplan, und England entschied sich für die Rückgabe des Mandats bis zum 14. Mai 1948. Link:
http://www.jafi.org.il/JewishAgency/English/Jewish+Educa.tion/German/Israel+und+Zionismus/Konzepte/Britisches+Mandat/Britisches+Mandat.htm.

[76] Chaim Weizmann forderte schon im November 1918 England dringend auf, die bestehenden Landkataster zu schließen, um Preisspekulationen zu stoppen und forderte in einem Brief an Robert Cecil, damaliger Untersekretär im Außenministerium, unter anderem die Bildung einer Land Kommission, die sämtliche Eigentumsfragen an Böden studieren sollte; es ging ihm besonders um das Ermitteln von ‚Staatsland' und von ‚unbebautem Land', dessen Definition vage war. Schließlich wurden bis 1947 nur ca. 20% registriert und dies vor allem dort, wo der Jüdische Staat entstehen sollte; das übrige Land galt sowieso als arabisch. Siehe dazu Gavish, Don 2005: A Survey of Palestine under the British Mandate, 1920-1948. Routledge-Curzon, Oxford. S. 32-33, Fußnote 17.

[77] Der sogenannte Landkauf war zu einem großen Teil nur durch trickreiche Nutzung der Begriffe und Definitionen im Landkataser erworben worden; 1935 sprachen die versammelten muslimischen Vertreter in Jerusalem eine sog. ‚Fatwa' gegen den Ausverkauf von palästinensischem Land

Das bis dahin geltende Osmanische Bodenrecht ließ ebenfalls keinen großen Spielraum zu. Es war an historische, islamische Eigentumsvorstellungen geknüpft und nur zu Teilen und erst seit dem Ende des 19. Jahrhunderts europäisiert und damit säkularisiert worden. Erst durch den Land Code von 1856 und später den Code Civil von 1868 und eine seitdem langsam voranschreitende Modernisierung, bzw. Europäisierung des Bodenrechts bis zum Ende des Osmanischen Reiches, war es überhaupt möglich, dass nicht-osmanische Bürger, also Europäer, zumindest so genanntes Staatsland kaufen konnten. So genanntes Waqf-Land, Stiftungsland für religiöse und/oder soziale Zwecke, war und ist bis heute unveräußerbar und nur in Pacht und nur für einen bestimmten Zeitraum zu vergeben, was für christliche Einrichtungen, wie Kirchen, Schulen, Krankenhäuser oder Klöster galt, und von den interessierten europäischen Organisationen genutzt werden konnte.[78]
Vor allem galt das für Jerusalem, in dem im frühen 19. Jahrhundert nur die Altstadt dicht besiedelt war und wo es nach dem alten Recht bis heute keinen Privatbesitz gibt, sondern nur Waqf der heiligen Stätten (aller Religionen) und einen so genannten Familien Waqf in Verwaltung der großen, alten Jerusalemer Familien – beides war und ist nach diesem alten Recht, das nicht aufgehoben wurde, unveräußerbar.[79] Die genannten Reformen hatten partiell auch die Registrierung des Bodenbesitzes in einem Bodenkataster eingeführt; viele Palästinenser waren darin eingetragen und hatten entsprechende Eigentumsdokumente – aber längst nicht alle.[80]

---

aus, nach der den entsprechenden Personen religiöse Hilfe versagt und die Zusammenarbeit mit ihnen untersagt wurde. Siehe PASSIA 2001. S 52; siehe auch Link: http://unispal.un.org/UNISPAL.NSF/0/08E38A718201458B052565700072B358.

78 Dies betrifft bis heute Orte wie den Auguste Viktoria Komplex oder die Auferstehungskirche; diese wären demnach schon nicht mehr im Besitz der deutschen Pachtnehmer, weil die 100 Jahre längst vorbei sind; nur durch die Hilfe Israels und die Besatzung sind sie weiterhin Herren dieser Einrichtungen und des Bodens; eigentlich handelt es sich um Islam Waqf, der zurückgegebene werden müsste oder eine Pachtverlängerung erforderte, was bis heute nicht geschehen ist; daraus wird auch verständlich, warum diese Institutionen im Kern nicht gegen die Besatzung sind.

79 Ihre Aufgabe und Verpflichtung ist es nach dem Waqf Status, den Jerusalemer Boden zu verwalten mit der Verpflichtung, die religiösen Einrichtungen zu unterstützen, Pilger aufzunehmen, für Gasthäuser zu sorgen, Tee und Zucker zu reichen etc.... Ihsan Attiyeh, Forscherin am Orient House in Jerusalem, bestätigte dies in einem Gespräch 1986 im Orient House; sie begleitete als Kind ihren Vater bei diesen Aufgaben; z.B. gingen sie regelmäßig in das sogenannte AfrikanischeViertel, für dessen Versorgung ihre Familie die Verpflichtung übernommen hatte.

80 Im letzteren Falle galt das historische Recht auf den Boden, den eine Familie seit Generationen bearbeitet und bebaut hatte und die tatsächliche Nutzung des Bodens verlieh ihr im Rahmen von Landreformen schließlich auch das Recht der Vererbung oder Veräußerung; umgekehrt, verliehener Boden, also ursprünglich Staatsland, das über einen längeren Zeitraum (7 Jahre) nicht bebaut oder benutzt worden war, fiel als Staats-Land an die Vertreter der Macht zurück und konnte erst dann neuen Nutzern zugeführt werden. Wir werden noch sehen, dass diese alte Bestimmung später zur Enteignung der palästinensischen Bauern und Landbesitzer führte, vor allem auch deshalb, weil die Begriffe nicht so eindeutig waren und später ausgedehnt interpretiert worden sind. Siehe z.B. für den Fall der Beduinen bei Abu Sitta, Salman 2009: The denied inheritance. Palestinian Land Ownership in Beer Sheba. Paper presented to the international fact finding Mission

Es blieb also den zionistischen Organisationen, vor allem dem JNF, zunächst nur das so genannte Staatsland in Form von ‚Miri'- oder ‚Mewat'- und ‚Metruki'-Land.[81] Dies zu erwerben, war während der Mandatszeit eine zentrale Strategie, und die neue Mandatsmacht war dabei gemäß ihrer Erklärung auch behilflich, vor allem jene Vertreter, die bekannte und bekennende Zionisten waren wie der erste Gouverneur. Neue Verordnungen wurden im Laufe der Mandatszeit erlassen, die die urbane und ländliche Entwicklung zugunsten der Neusiedler aus Europa beeinflussten.

Die Nutzung der Bodengesetze

Grundgedanke der osmanisch/islamischen Bodenbesitzformen war und ist, dass Land im Prinzip Gottes Land ist; die weltlichen Herrscher sind nur Verwalter, aber sie können dieses Land zur erfolgreichen Nutzung als ‚Lehen' an ihre Untertanen weitergeben. Insofern ist Privateigentum kein fester Begriff in der Bodenpolitik jener Zeit; dies veränderte sich im osmanischen Herrschaftsgebiet erst durch die Reformen Mitte des 19ten Jahrhunderts analog zu europäischen Gesetzesformen. Zu den wichtigsten Formen und Reformen zur Bodengesetzgebung im Folgenden.

Mulk: der Osmanische Land Code von 1859 hatte mit der Vergabe von *Eigentumstiteln* auf bisher nur über lange Zeit privat genutzten, nicht besessenen, Boden als so genanntes *Mulk*-Land eine Kategorisierung von quasi privater Bodenaneignung geschaffen, und damit neue Möglichkeiten der Landnahme, die Einfluss auf die räumliche Entwicklung und Planung nahmen;

Miri: Land außerhalb des bebauten Landes der Dörfer und Städte und generell Staatsland; es war seit jeher vom Staat an Bauern zur Pacht und zur privaten Nutzung vergeben worden; der Land-Code von 1859 erweiterte geregelte Nutzungsrechte, die die landwirtschaftliche Produktion und damit das Steueraufkommen fördern sollten; wurde Miri nicht entsprechend genutzt, fiel es an den Staat als Eigentümer zurück; der Staat bzw. die Landbehörde konnte das Stück Land dann im Rahmen weiterer Verordnung in Auktionen an den meist Bietenden veräußern; auch diese Erweiterung konnte für ‚Neukäufer' genutzt werden;

Mewat: Land, Teil von Miri, das brach und (etwa 1,5 Meilen) entfernt von Dörfern und Städten lag, konnte durch die neuen Gesetze zunächst einfach genutzt werden und schließlich gegen Bezahlung rechtmäßig gepachtet und bearbeitet bzw. bebaut werden; nach erfolgreicher Nutzung konnte es zu *Mulk* werden, wurde also nutzbar wie Privatland; diese Möglichkeit des Landerwerbs wurde generell intensiv von allen Boden-Interessenten genutzt und führte auf dem Lande zu erhöhter landwirtschaftlicher Produktion und in den Städten zu ra-

11.6.2009, initiated by RCUV Regional Council of the Unrecognized Villages. Link: http://www.plands.org/store/pdf/BS%20Cte%20Paper.pdf.

81 Die Begriffe werden unterschiedlich geschrieben und die Unterschiede resultieren aus dem osmanischen türkisch in englischer Übertragung, siehe im Detail im folgenden Abschnitt.

schem Wachstum. In der englischen Verwaltungs- und Mandatszeit wurde die Nutzung von Mewat durch die ‚Mewat Land Anordnung' von 1921 an eine vorausgegangene Genehmigung geknüpft; die davor noch mögliche quasi Privatisierung durch schlichte Nutzung wurde als ungesetzlich verboten; dabei konnte es geschehen, dass die zionistischen Bodenkäufer unter den gegebenen Interessenlagen bei der Vergabe von Genehmigungen bevorzugt wurden.
Eine weitere Kategorie, *Metruki* Land, wurde erst seit der Reform für öffentliche Zwecke vorgehalten, für Straßenbau, freie Plätze, Heilige Stätten, Gemeindeweiden und Gemeindewald. Es konnte weder privatisiert noch in eine andere Kategorie verwandelt werden, es war quasi Staatsland.
Die Bodengesetze und -regeln der letzten Phase des Osmanischen Reiches hatten damit eine Entwicklung befördert, die dazu führte, dass

- mehr Eigentumstitel vergeben wurden,
- mehr Boden bebaut wurde,
- die landwirtschaftlich nutzbaren Flächen klar und ausschließend definiert waren und sowohl einer geplanten Raumentwicklung dienten als auch vorher mögliche ‚wilde' Nutzungen einschränkten,
- die besiedelten Flächen zunahmen mit der Folge beschleunigter Urbanisierung und Preissteigerungen, sowie
- die örtlichen Verwaltungen und Kommunen Boden für die räumliche, soziale und wirtschaftliche Entwicklung vorhalten sollten, Boden, der damit einer privaten Nutzung generell entzogen war.

Die Zionistische Bewegung war an einer konkreten Übersicht über die Bodenverhältnisse enorm interessiert und versuchte bereits, die englische Militärverwaltung nach 1918 von der Notwendigkeit eines ‚Land Survey' mit möglichst vielen Daten zu Bodennutzung, Bodenbesiedlung und den Eigentumsverhältnissen zu überzeugen. Zunächst konnte sie vor allem von Staatsland, also *Mewat* profitieren, wenn nicht privat verkauft wurde.[82] Privat verkauften in der ersten Zeit vor allem Großgrundbesitzer und dabei auch Land, auf dem Kleinbauern formell als Pächter Landwirtschaft betrieben, was diese häufig landlos machte.[83]
Die britische Verwaltung ergänzte und ersetzte zunehmend die Boden-Gesetzgebung so, dass die Bodenverwaltung durch verschiedene legale Verbindlichkeiten beeinflusst wurde und beförderte vor allem

- eine räumliche Organisation, also Regionalplanung auf Basis der ehemaligen Verwaltungsgrenzen Wilajets und Sancaks, sowie

---

[82] Siehe Simpson-Hope Bericht von 1930: "...The Jewish Agency and the Jewish community in general, are insistent in pressing their claim to all lands in the ownership of the government". Siehe Anmerkung 75 zur Rolle der Weißbücher und Berichte.

[83] Bis zu den 30er Jahren wurden Landverkäufe mit 60% vor allem von den Großgrundbesitzern getätigt. Siehe Granovski, Abraham 1952: The Land System in Palestine, History and Structure. Eyre and. Spottiswoode, London.

- eine Konzentration aller Entscheidungen über den Boden, wie die gesamte politische Macht, auf den Hohen Kommissar der englischen Krone, der über Gesetze, Verordnungen, Pläne und Land-Kataster allein entschied und so die räumliche Entwicklung zentralisiert steuern konnte.

Schließlich war in diesem Zusammenhang von großem Nutzen, dass die Balfour-Erklärung, das heißt die Unterstützung des Aufbaus einer ‚Jüdischen Heimstätte', offizieller Bestandteil der Mandatsregelung geworden war.
Dies zusammen genommen musste mit dem Mandatsauftrag, Palästina so lange zu verwalten, bis die Selbstverwaltung („self-government of an independent nation") möglich sein würde, in Konflikt geraten; dies vor allem gegenüber der in der Erklärung vorhandenen Aufforderung, die Errichtung der ‚Heimstätte' ohne Verletzung der Rechte der ‚bisherigen Bewohner' zu tätigen, was einen Widerspruch in sich bedeutete.

1920 wurde das Büro für Landregistrierung (vormals osmanisch) wiedereröffnet. Die Zuständigkeit für Landangelegenheiten fiel 1921 an einen englischen ‚Director of Lands', und die Städte erhielten ‚Town Planning Authorities', die für die Aufstellung von Masterplänen, also für Entwicklungs- und Bebauungsvorschriften verantwortlich wurden. Dies spielte deshalb eine Rolle für den Kolonisierungsprozess, weil Bauen auf eigenem Grund, wie es früher selbstverständlich war, nun an bestehende Masterpläne geknüpft war; ohne einen Masterplan gab es von da ab keine Baugenehmigung, und Bauen ohne Genehmigung oder auf dem nicht für Bebauung freigegebenes, weil für Landwirtschat definiertes Land, führte zum Status ‚illegal'.
Die englische Landpolitik war also von widersprüchlichen Regelungen geprägt und pendelte zwischen der Förderung des Zionistischen Landkaufs, seiner Einschränkung sobald es vor allem in den 1930er Jahren Konflikte gab, und der Sicherung der Existenz palästinensischer Kleinbauern zur Vermeidung von Revolten, die durch zionistische Bodenkäufe, die die Bodenpreise beeinflussten, Verkäufe der Landlords, Spekulation, Besteuerung und auch Naturkatastrophen verarmten.[84]
In diesem Sinne spielten zum Beispiel 1920/21 die ersten ‚Land-Transfer-Ordinances' eine doppelte Rolle: sie sollten Bodenkäufe überhaupt erleichtern, aber auch bei Verkäufen sichern, dass die Bauern genügend Land behielten, um die Existenz ihrer Familien nicht zu gefährden. Mehrfach wurden Verordnungen zur Korrektur der ‚Boden Register' erlassen (1920, 1925, 1928), wobei die Definition von ‚landlosen Bauern' stets eine Rolle spielte. Landlose und landlos gewordene Bauern forderten Darlehen zum Kauf von brachem Land, die Jüdische Agentur stemmte sich vehement dagegen und machte ihren Protest zumeist wirksam geltend.[85]

[84] Siehe Anmerkung 75.
[85] Dgl.

Das Gesetz über die ,Rechte von Landbesitzern' (,Land Ownership Rights Law' 1928), das eine erneute Bodenregulierung beabsichtigte, ging zum Beispiel eindeutig zu Lasten von Beduinen, von denen sich viele prinzipiell der Registrierung widersetzten und auf ihre historischen, ungeschriebenen Rechte verwiesen, nach denen das seit Generationen von ihnen als Weideland genutzt Land auch ihr unangefochtenes Eigentum war.[86]
Vor allem die neuen Bestimmungen zur Bodenregulierung dienten immer wieder der Neu-Verteilung von Staatsland zu Gunsten der zionistischen Käufer und zu Lasten der palästinensischen Kleinbauern. Dabei ging es vor allem um das brache Gemeindeland, ehemals Mewat-Land, das durch Nutzung zu Miri und schließlich zu Mulk, also zu Privatbesitz werden konnte. Eine weitere Folge der neuen Bodenregulierung war eine zunehmende Konzentration von palästinensischem Land in den Händen der großen Landlords, die für die einfachen Bauern so etwas wie Sprecher oder quasi Bürgermeister darstellten (Mukhtare). Sie hatten die Dörfer bereits gegenüber den Osmanischen Herrschern vertreten und regelten die wichtigsten Verwaltungsdinge für diese (Militär, Steuern, Abgaben), und sie waren zum Teil der Einfachheit halber als Besitzer in die Grundbücher eingetragen worden. Um 1930 fanden sich nach diesen ,Reformen' etwa 30 Prozent der kleinen Bauern nur noch als Pächter ihres eigenen Bodens wieder.[87]

Ein Netz von Bauern Kolonien über das Land spannen

Erste europäische Kolonien bauten ,Erweckungsbewegungen'[88] wie z.B. die Templer aus Württemberg – eine messianische evangelikale Sekte, die mit ihren dreigeschossigen Häusern und roten Ziegeldächern ein neues, fremdes Element in die arabische Umwelt brachten. Die ersten zionistischen Kolonien seit den 1880er Jahren wurden von osteuropäischen Siedlern errichtet und folgten diesem Baustil. Erst mit dem Beginn des organisierten zionistischen Großprojekts ,Jüdische Heimstätte in Palästina' entwickelte sich eine Diskussion um die Ausrichtung von Architektur und Planung im Sinne einer neuen lokalen Identität, deren prominentester Vertreter Alexander Baerwald war, der Gründer des Technion in Haifa. Es sollte demnach eine ,westeuropäische Insel' im ,kulturlosen Ozean' entstehen, aber es sollten auch die Bautraditionen des Orients studiert werden.[89]
Die Britische Mandatsregierung teilte diese Auffassung und unterstützte entsprechende Baugenehmigungen. Die ,Weiße Stadt' Tel Aviv ist dafür das be-

---

[86] Siehe Abu Sitta 2009; ähnliches gilt für die Wüstenregionen östlich der Westbank zum Jordantal.

[87] Diese Landlords lebten zum Teil gar nicht mehr in Palästina, sondern lebten von Handels- und Bankgeschäften in den großen Städten der Umgebung, Beirut, Kairo oder Bagdad. Sie waren es auch, die in der ersten Dekade Land an die zionistischen Institutionen verkauften. Siehe auch hierzu der Hope-Simpson Bericht, Anmerkung 75; siehe auch Granovski 1952.

[88] z.B. „Der friedlichen Kreuzzug" der deutsch-schweizerischen Pilger Mission 1799-1914; siehe z.B. in Romanform Lagerlöf, 1906.

[89] Shinar, Ami 2010: Identität Bauen. Die New Town Modi, in: der architekt, Heft 2, 2010_05.

kannteste Beispiel. Ergebnis dieses Prozesses war schließlich die Bevorzugung der englisch-deutschen Konzeption der ‚Gartenstadt', und diese prägte den Bau zionistischer Kolonien bis zur Staatsgründung und weit darüber hinaus. Viele ‚Bauhaus' Architekten waren von Beginn an bei der Gestaltung der neuen Orte dabei. Beton, Kanten und ein blendendes Weiß war die Formensprache Tel Avivs – auch nachdem Schüler und Aktivisten des von den Nationalsozialisten geschlossenen Bauhauses von Weimar in das Land kamen. Einer dieser Architekten, Richard Kaufmann, prägte diesen Stil in herausragender Weise: Städte wie Afula als Gartenstadt, nicht-urbane Siedlungen als geschlossene Einheit mit moderner Formensprache und die das neue komplexe Dorfleben im Kibbuz widerspiegeln sollten, wie z.B. die Kolonie Nahalal.
Berühmt wurde dieser Entwurf mit seinem kreisförmigen Grundriss – einem wendischen Dorf ähnelnd – eine neue landwirtschaftliche Gemeinde und Wehrdorf zugleich. Die Kolonien entstanden dort, wo es der Bodenbesitz erlaubte und wo die Institutionen der WZO eine strategische Platzierung empfahlen. Bis in die 1930er Jahre lag die Mehrzahl der kleinen Kolonien dennoch zumeist entlang der fruchtbaren Küstenebene zwischen Haifa und Jaffa und der Ebene zwischen Haifa und dem Jordantal bis zum Tiberias See, wo Gemeindeland vorherrschte. Erst als Teilungspläne diskutiert wurden und eine Zweistaatenlösung im Bereich der Möglichkeiten lag, nahmen Kolonisierungsaktivitäten auch in anderen Regionen zu: im Hulatal mit seinen reichen Wasservorkommen, in der Negev Region, der Gaza Region und in der ‚Passage' nach Jerusalem. Mit Zunahme des Palästinensischen Widerstands nahmen die Kolonien mehr und mehr den Charakter von Wehr- und Palisadensiedlungen an.[90]

Die Bedeutung von Plänen und Planungsverordnungen

Masterpläne galten bald für nahezu alle größeren Städte: Jerusalem, Jaffa, Haifa, Safad, Nablus… 1924 begann die Zionistische Bewegung im Rahmen solcher Pläne mit dem Aufbau einer jüdischen Infrastruktur, zum Beispiel mit dem Bau des Hadassah Krankenhaus und der Hebrew University auf dem Mt. Scopus in Jerusalem.
Masterpläne regelten die Art der erlaubten Bebauung (Zonierung), und Baugenehmigungen wurden nur auf der Basis vorhandener *Masterpläne* erteilt. Im Falle der landwirtschaftlichen Räume regelten *regionale Pläne* die zugelassene Bebauung. Das bedeutete, dass Bauern im ländlichen Raum für Bauen auf dem eigenen Land eine besondere Genehmigung der jeweils zuständigen Behörden für nicht landwirtschaftlich genutzte, feste Bauten benötigten. Zwei Regionalpläne

[90] ‚Stockade and tower' movement genannt; mit Beginn der großen Aufstände 1936 war dies zu einer Methode zionistischer Landbesetzung und -bebauung geworden; über 50 solcher ‚Übernachtsiedlungen' wurden bis 1924 errichtet; Übernachtsiedlungen entstanden auch durch trickreiche Anwendung alten, islamischen/osmanischen Bodenrechts, nach dem niemand vertrieben werden darf, der auf Staats- oder Gemeindeland über Nacht ein Dach über den Kopf baut – türkisch ‚gece kondu' – eine für türkische Städte noch heute verbreitete illegale Siedlungspraxis.

der 1940er Jahre sollten später noch eine dramatische Bedeutung erhalten: der J/15 und der SR/5 – die jeweils für die höher gelegenen (Berg-) Regionen Nord und Süd (heute große Teile der Westbank), die Nutzung als landwirtschaftliche Flächen festlegten, also eine städtische oder Wohn-Bebauung einschränkten und von einer besonderen Genehmigung abhängig machten. Was in dem einen Fall Entwicklungsmöglichkeiten für die jüdische Kolonisierung schaffte, etwa den Ausbau der neuen rein jüdischen Stadt Tel Aviv und diverser Kolonien, führte in dem anderen Fall zu Entwicklungshindernissen und zu Konflikten wie im Falle der Ebene Marj Ibn Amer[91] zwischen Haifa und dem Jordantal, oder im Verhältnis der Städte Tel Aviv zur viel älteren palästinensischen Stadt Jaffa.[92]

Trotz aller Aktionen, trotz aller englischen Unterstützung, gelang es der Zionistischen Bewegung nicht, einen bedeutenden Teil Palästinas als ‚Besitz' zu verzeichnen, sondern nur etwa sechs bis sieben Prozent und auch keinen großen Einfluss auf die Ausbreitung der jüdischen Besiedlung zu erreichen, die etwa nur zehn Prozent im Verhältnis zur besiedelten Fläche des ganzen Landes betrug.[93] Allerdings hatten die Strategen der Zionistischen Bewegung immer darauf zu achten versucht, dass zusammenhängende Flächen erworben wurden und sie auf bestimmte strategisch bedeutende Räume Zugriff bekamen, vor allem auf die Küste und den an Wasser reichen Norden sowie in den letzten Jahren der Mandatszeit auch auf die Stadt Jerusalem und ihr Umfeld. Wenn der tatsächliche Besitz eigentlich nur marginal an Größe war, umfasste er doch äußerst fruchtbare Gebiete wie die Ebene Marj Ibn Amer sowie Teile der Küstenebene und des Jordantals.
Dies war mit Hilfe des großen Apparates der WZO und der ausdrücklichen Unterstützung der Mandatsmacht möglich geworden. Für die Palästinensische Gesellschaft sah das anders aus.

Veränderungsprozesse in Politik, Wirtschaft, Gesellschaft – (Un-) Möglichkeiten der Selbstverwaltung und Souveränität

Die Zionistische Bewegung, die sich der Unterstützung durch die Mandatsgouverneure sicher war, trat zunehmend als starke politische Kraft auf. Parallel zu der Britischen Zivilverwaltung gründete sie 1920 ihren ersten Nationalrat. Dieser führte erste Wahlen durch, schuf jüdisch/zionistische Gemeinderäte und

---

91 Heute Yizreel Ebene.

92 z.B. wurde dem Großgrundbesitzer Sursuk, der in der Nordregion für eine ganze Ebene mit über 30 Dörfern sprach, eine Genehmigung zum Bau einer regionalen Eisenbahn verweigert, die zum Transport der reichen Weizen-Ernte dieser fruchtbaren Ebene Marj Ibn Amer (heute Yizrael Ebene) zum Hafen von Haifa für den Export wichtig gewesen wäre. Die Ebene war quasi die ‚Weizenkammer' Palästinas; diese Politik Englands führte u.a. zum Verkauf und zu Protest; insofern zieht auch das Argument, die Araber hätten ja verkauft, nicht, denn wirklich ‚freiwillig' waren die Verkäufe nicht; siehe auch Waltz/Zschiesche 1986.

93 Die Zahlenangaben schwanken je nach Quellen zwischen Mandats-, UN-, israelischen oder palästinensischen Quellen.

entwickelte eine eigene jüdische Infrastruktur in Bezug auf Ausbildung, Arbeit, Gesundheit, Handel oder Verkehr. Die zionistischen Institutionen unter Führung der WZO bauten langsam, aber stetig eine jüdische Parallelgesellschaft auf. 1929 wurde die Jüdische Agentur (JA) als politisches Organ zur Vermittlung zwischen den Interessen der jüdischen Gesellschaft in Palästina, der WZO und den internationalen für diese Interessen maßgeblichen Institutionen gegründet.

Die Palästinensische Gesellschaft dagegen war im Verhältnis dazu schwach und konnte dieser organisierten Invasion nur Protest entgegensetzen und erhielt zudem von der Mandatsregierung keine Unterstützung für den Aufbau eigener Strukturen, sondern es wurden ihr eher Hindernisse in den Weg gelegt. 1935 beklagte die Palästinensische Arbeiterpartei zum Beispiel, dass 75 Prozent der palästinensischen Bevölkerung nicht lesen könne und führte dies auf das Fehlen eines für alle gültigen ausreichenden Bildungssystems zurück. Die Palästinensische Gesellschaft befand sich seit dem Scheitern der King/Crane-Empfehlungen in einer Schocksituation und zudem in einer Orientierungsphase zwischen ‚panarabisch', muslimisch und national orientierten Kräften. Im Gegensatz zur Zionistischen Bewegung war die palästinensische Elite unter den gegebenen Bedingungen der Balfour-Erklärung auch nicht bereit, die Mandatsregierung anzuerkennen und mit ihr zusammenzuarbeiten. Einig waren sich die bestehenden Institutionen wie der Palästinensische Nationalkongress, der Palästinensisch-Arabische Kongress, die Muslimisch-Christliche Gesellschaft oder die National-Palästinensische Gesellschaft und andere relevante Organisationen nur in der Zurückweisung der Balfour-Erklärung und der Forderung nach einem freien souveränen Staat Palästina, wenn auch innerhalb eines Großsyrischen Reiches. Eine gemeinsame, von relevanten Kräften getragene Strategie zur Durchsetzung dieser Forderungen und notwendige Bündnispartner gab es praktisch nicht und jeder Versuch dazu wurde von England immer wieder verhindert.[94]
Die Britische Zivilverwaltung etablierte 1921 für die palästinensische Seite nichts weiter als den ‚Supreme Muslim Council' als eine Art anerkannter Selbstverwaltung. Der hatte aber nur die Aufgabe, die islamischen Rechtsangelegenheiten zu regeln und den islamischen Waqf zu verwalten, war aber kein Instrument, das die Souveränität des Palästinensischen Volkes gesichert und Vorbereitungen für die souveräne Staatsbildung hätte tätigen können. Oberhaupt dieses Muslim Courts war bis 1937 der Grand Mufti Haj Amin Husseini, der im Zweifelsfall der einzig offizielle Ansprechpartner für die Mandatsregierung in palästinensischen Angelegenheiten war. Eine zivile palästinensische Selbstver-

[94] Zunächst sind alle Kräfte bemüht, die Friedensverhandlungen in Versailles 1919 sowie die Völkerbund Konferenzen in San Remo und Sèvres 1920 und später dahingehend zu beeinflussen, die Forderung nach Souveränität durchzusetzen.

waltung entstand nicht, im Gegenteil: Aktionen in diese Richtung wurden unterbunden, entsprechend aktive Organisationen verboten.[95]
1921 teilte die Britische Regierung das Mandatsgebiet Palästina entlang der Jordan-Linie, trat den Golan an Frankreich ab und kreierte damit eine neue Region und erkannte, anders als das westlich des Jordan gelegene Palästina, Transjordanien als Nationalstaat unter Führung des Emir Abdullah an – ein Willkürakt, der der weiteren Spaltung diente. Diese generelle politische Missachtung der palästinensischen Forderungen brachte natürlich auch eine wirtschaftliche Benachteiligung mit sich.[96]

Wirtschaftliche und soziale Einschnitte – Widerstand

Durch die Zuwanderung europäischer Juden bei knappem Land stiegen Boden- und Immobilienpreise rasch in die Höhe. Steuern auf städtischen Grundbesitz wurden erhöht, Landwirte wurden neu pauschal versteuert. Die Verarmung vieler Kleinbauern ließen auch diese ohnmächtigen Landbesitzer Boden an die zionistischen Aufkäufer veräußern.[97] Steuererleichterungen auf Exportgüter nützten vor allem der im jüdischen Sektor stärker entwickelten Industrie.[98] Forderungen der palästinensischen Vertreter und der arabischen Nachbarn nach Bildung einer nationalen demokratischen Regierung unter proportionaler Beteiligung der Juden und der Palästinenser wurden während der gesamten Mandatszeit entgegen der Verpflichtung im Mandatsauftrag missachtet. Fortgesetzte Immigration europäischer Juden, weitere Bodenkäufe und zionistische Provokationen führten schließlich zu den militanten Auseinandersetzungen der 1930er Jahre.
1936 formierte sich das ‚Arab Higher Committee' als Sprecher der Nation[99]; es rief zum Generalstreik auf, wurde jedoch sofort von der Mandatsregierung für

[95] Proteste, Demonstrationen und Aufstände führten bereits 1922 zu einem ersten Weißbuch der Britischen Regierung, mit dessen Hilfe versucht wurde, die Gemüter mit der Behauptung abzukühlen, dass es keinen Jüdischen Staat anstelle Palästinas geben werde, und Prognosen auf Basis des ersten Zensus sahen für 1930 ‚nur' etwa 16% Jüdische Bevölkerung voraus. Siehe Anmerkungen 73/75.

[96] 1927 fanden zwar erstmalig Kommunalwahlen statt, aber eine nationale palästinensische oder eine gemeinsame Selbstverwaltung gab es bis zum Ende des Mandats nicht; 1927 war zudem ein Jahr der Dürre, der Erdbeben und zunehmender wirtschaftlicher Probleme, Probleme, die auch zur Forderung nach mehr und für alle Bürger gültige Unterstützung führten.

[97] Diese blieben aber in der Minderheit (um 20%) und klar war immer, dass die Verkäufe mit wirtschaftlichen und politischen Bedingungen zusammenhingen und durchaus nicht ‚freiwillig' zu nennen waren.

[98] Siehe die Berichte der Mandatsregierung an den Völkerbund oder die Berichte an die britische Regierung. Siehe Anmerkung 75.

[99] Am 8. May 1936 beschloss die Konferenz aller nationalen Komitees in Jerusalem eine Kampagne ‚no taxation without representation', und der Oberste Muslimische Rat verabschiedete eine entsprechende Resolution, nach der Steuerzahlungen so lange ausgesetzt werden sollten, bis England die weitere Immigration von Juden nach Palästina und den Landverkauf an Juden gestoppt haben würde. Inzwischen gab es verschiedene politische Parteien, aber immer noch keine nationale Vertretung, weil durch England untersagt.
Siehe PASSIA 2001: S. 54, 55.

Illegal erklärt und aufgelöst. 1937 wurden alle Palästinensischen Nationalen Komitees als ungesetzlich erklärt – Verhaftungen und Deportationen palästinensischer Führer folgten. Die Mandatsregierung verhandelte nach wie vor nicht über die Forderung nach Selbstregierung und einen demokratischen Staat aller Bürger, sondern favorisierte erste Teilungsvorschläge auf Drängen der Zionistischen Bewegung.[100] Die Auseinandersetzungen richteten sich zunehmend gegen die Englische Mandatsregierung – von beiden Seiten – und die Auseinandersetzungen zwischen zionistischen, jüdischen Siedlern und palästinensischen Bauern und Arbeitern nahmen an Härte zu.[101] In mehreren Weißbüchern wurde die Radikalisierung der Auseinandersetzungen gegenüber dem Völkerbund beklagt und auch mit Einwanderungsbeschränkungen reagiert, was wiederum Proteste und Attacken von beiden Seiten nach sich zog.[102] Schließlich zog sich England aus der Mandatsverpflichtung zurück und hinterließ eine Situation großer sozialer, wirtschaftlicher und vor allem politischer Instabilität – wobei die Zionistische Bewegung politisch, finanziell und militärisch in einer weitaus stärkeren Position als die Palästinensische Gesellschaft war.

Vor dem Ende der Mandatszeit

Der Baseler Kongress 1897 war der Auftakt zu einer umfassenden Strategie der Zionistischen Bewegung geworden, den Aufbau einer ‚Jüdischen Heimstätte' in Palästina zu erzwingen. England hatte schließlich als die favorisierte europäische Macht den Zuschlag für das Mandat für Palästina bekommen und konnte durch seine ‚Charter-Funktion' hoffen, seine imperialen Interessen am ehemaligen Osmanischen Reich durch das Zionistische Projekt befördern zu können. Die Zionistische Bewegung in Form der WZO nahm das Ende des Ersten Weltkrieges als Startschuss für die praktische Umsetzung, die erste Etappe. Die Institutionen waren bereits geschaffen, um die Transformation von Bevölkerung, Besiedlung und Bodenbesitz vorzubereiten. Das Versprechen der Englischen Regierung in Form der Balfour-Erklärung wurde in die Mandatsbestimmungen für Palästina wunschgemäß aufgenommen und bestimmte die Politik Englands in der folgenden Zeit weitgehend, wenn auch widersprüchlich. Dies drückte sich

---

[100] Als Reaktion auf diese Vorschläge traf sich Haj Amin Husseini sogar mit dem deutschen Konsul und bat um Hilfe aus dem nationalsozialistischen Deutschland gegen die Zionistische Kolonisierung; Ben Gurion sprach zur selben Zeit von einem ‚compulsory transfer', um ein von arabischer Bevölkerung befreites Galiläa zu bekommen, in: Ben Gurion, David 1937: Handwritten Diary entry 17 July 1937, siehe Ben Gurion Archives. S. 297-99; 1939 entsteht ein weiteres Weißbuch, in dem vorgeschlagen wird, die Immigration Jüdischer Einwanderer auf 75.000 pro Jahr zu reduzieren, siehe Anmerkungen 73/75.

[101] Während die Palästinensische Bevölkerung mit Streiks auf die Teilungspläne reagierte, begannen die zionistischen Milzen mit organisierten Angriffen auf Dörfer und Stadtteile; entsprechend militant wurden die Auseinandersetzungen auch auf Seiten der Palästinenser in Dörfern und Städten; es gab Angriffe auf Jüdische Bewohner in Hebron, Jaffa, Jerusalem u.a. Siehe Passia 2001: 58ff.

[102] Berühmt wurde das Bombenattentat auf das King David Hotel in Jerusalem am 22. Juli 1946, dem damaligen Sitz der Britischen Mandatsverwaltung, durch die zionistische Miliz Irgun.

vor allem in den Gesetzen zur Bodenpolitik, der Besteuerung, sowie der Einsetzung englischen Planungsrechtes aus. All dies führte auf palästinensischer Seite einerseits zur Konzentration des Bodenbesitzes in den Händen weniger Großgrundbesitzer, die oft nicht einmal mehr auf dem Boden lebten, sondern ihr Einkommen in den großen Städten der Region als Händler und Bankiers vermehrten – und zur Verarmung der einfachen Bauern andererseits. Dies führte gleichzeitig zur erleichterten Landnahme durch die zionistischen Organisationen, vor allem durch den Jüdischen National Fond.
Vor allem diese, durch die Mandatspolitik initiierten, politischen Faktoren, führten schließlich zum Bodenverkauf. Von freiwilliger Übergabe des Landes konnte nicht die Rede sein; die Ziele der Zionistischen Bewegung waren bekannt und entsprechend formierte sich Widerstand dagegen von Anbeginn. Man muss diese Epoche des organisierten, ‚friedlichen Landkaufs' durch die zionistischen Organisation also im Kern als Kriegserklärung und Landraub bewerten.
Entscheidend war jedoch die ablehnende Haltung Englands gegenüber den nationalen Interessen des Palästinensischen Volkes bei gleichzeitiger Tolerierung der Entwicklung einer organisierten Parallelgesellschaft auf der jüdisch-zionistischen Seite. Mit Verboten, Deportationen und Todesurteilen vereitelte England gleichzeitig die politische Organisierung der Palästinenser und das von den Eliten eingeforderte Recht auf Selbstbestimmung und einen souveränen Staat, den – trotz aller Zersplitterung – alle Palästinensischen Organisation und Parteien im Einklang mit dem Völkerrecht wiederholt eingeklagt hatten und weiterhin einklagten.

Am Vorabend des Rückzugs der Mandatsregierung war das Ergebnis beim zionistischen Bodenbesitz und der Besiedelung doch eher mager mit sechs bis sieben Prozent, wenn der Bodenbesitz auch gut verteilt lag. Allerdings konnte die Zionistische Bewegung einen enormen Bevölkerungszuwachs seit der erklärten Vernichtungspolitik des deutschen Naziregimes verbuchen, die die Jewish Agency in Palästina und ihre verbündeten zionistischen Organisationen in Deutschland noch zu nutzen wussten. Auf diesem gesamten Hintergrund – und nicht wegen moralischer Gefühle angesichts der nationalsozialistischen Verbrechen – hatte man sich gegenüber der UN durchsetzen können und schließlich einen Teilstaat zugesprochen bekommen, der um vieles den tatsächlichen Landbesitz übertraf, nämlich mehr als 55 Prozent gegenüber realen etwa sechs Prozent jüdisch-zionistischen Landbesitzes. Das Charter-Unternehmen hatte sich gelohnt.
Dennoch waren zum Ende der Mandatszeit weder die demographische Situation, also eine Bevölkerungsmehrheit, noch das Kräfteverhältnis zwischen den Zionisten und den Palästinensern, also auch die Machtfrage, entschieden. Genau darauf zielten die politisch führenden Kräfte in der Zionistischen Bewegung und bereiteten sich bereits Anfang der 1940er Jahre militärisch auf den nächsten Wendepunkt, den Beginn einer neuen Etappe, vor: das Ende der Mandatszeit

und die Besetzung von so viel Gebieten Palästinas wie möglich, um möglichst weitreichende Fakten für ein zukünftiges Staatsgebiet zu schaffen. Ziel war ein rein Jüdischer Staat in möglichst großen Grenzen des Mandatsgebietes. Um dies zu erreichen – so die Maxime David Ben Gurions, des damaligen Kopfes der Zionistischen Bewegung – sollte jedwede Gewalt ausgeübt und jede Gelegenheit, mehr Land zu erobern, beim Schopfe gepackt werden.[103]

Der Wendepunkt

Es ist inzwischen hinreichend dokumentiert, dass die Zionistischen Führer in der Endphase des Englischen Mandats, voran Ben Gurion, damals Vorsitzender der WZO, seit 1937 über die Vorbereitung militärischer Schritte berieten, als nämlich die ersten in ihrem Sinne unzureichenden Teilungspläne bekannt wurden. Notfalls sollte der Staat mit Gewalt errichtet werden, falls diplomatische Verhandlungen nicht zum gewünschten Erfolg führen würden. Englische Offiziere, voran Orde Charles Wingate, berieten die Siedler und trainierten die seit 1920 existierende Haganah, die erste paramilitärische jüdische Organisation. Es gab sie bereits in den Anfängen der Kolonisierung, um die jüdischen Enklaven inmitten einer großen palästinensischen Umgebung notfalls mit Gewalt zu halten und bei erwarteten Angriffen zu verteidigen. Die zunehmenden Auseinandersetzungen und Widerstände der Palästinenser ließen diese Reorganisierung angesichts der kommenden Staatsgründung umso notwendiger erscheinen. Wingate erreichte angesichts palästinensischer Angriffe einen Anschluss einiger Haganah Einheiten an Britische Kompanien, mit denen diese Angriffe auf palästinensische Dörfer führten und erste Kampfeinsätze gegen die Palästinenser erproben sollten.[104]

Die durch die Mandatsregierung schließlich angelegten ‚Village Files' wurden nun zu einem willkommenen Planungsinstrument, das die Führung mit Informationen über Stärke und Bodenbesitz der Dörfer versorgte. Ebenso klärten diese über die politischen Strukturen auf, über Leitungspersönlichkeiten und Konflikte innerhalb der Gemeinden – nützliche Informationen, um Spaltungen zu schüren, falsches Vertrauen zu wecken, Täuschungen und Hinterhalte zu organisieren, und unbequeme Personen gegebenenfalls direkt zu beseitigen.[105]

In hunderten militanter Aktionen wurde ein akribischer Plan der Vertreibung verfolgt. Im Fadenkreuz waren kampfbereite Dörfer und militante Führer. Ganze

---

[103] Siehe Pappé 2006: S. 24.

[104] 1938 wurde ein erster gemeinsamer Angriff auf ein palästinensisches Dorf an der libanesischen Grenze geführt. Siehe Pappé 2006: S. 16; bei Shahak 2009 gibt es auf S. 77 sogar den Hinweis auf einen englischen Plan von 1944, die Palästinenser aus Palästina zu vertreiben.

[105] In einem Interview mit dem Mukhtar von Majdal im Flüchtlingslager Rafah im Mai 1999 mit der Autorin, beklagte dieser die Doppelzüngigkeit ihrer damaligen jüdischen Nachbarn, mit denen sie lange Zeit in gutem Einvernehmen gelebt hatten und die dann plötzlich über Nacht zu Angreifern und Vertreibern wurden; nur wenige hatten sie gewarnt und ihnen empfohlen, ihr Land vorzeitig zu verlassen, am besten noch schnell zu verkaufen.

Dörfer wurden ausgelöscht, um Panik zu verbreiten und die Menschen zur Flucht zu bewegen. Zielsicher wurde versucht, die Palästinensischen Gebiete voneinander zu isolieren und schutzlos den Angriffen zionistischer Milizen und Brigaden auszuliefern. Der Befehl zur Aufnahme des Vertreibungskrieges startete mit der Entscheidung der Mandatsregierung, das Land zu verlassen. Die verbleibenden Monate zwischen dem UN-Teilungsbeschluss vom 29. November 1947 und dem Abzugstermin der Briten am 14. Mai 1948 – eine Zeit des politischen Vakuums – wurden genutzt zum tödlichen Kampf um Land, Grenzen und Bevölkerung. Dafür standen der Plan Dalet[106] und die Einsätze diverser Milizen, die Gemeinden, Dörfer und Städte mit Terror, Schrecken und Elend überzogen.
Ilan Pappé – dessen Verdienst es ist, nach Öffnung der Archive der Israelischen Armee IDF als Israeli das Bild des so genannten ‚Unabhängigkeitskrieges' zurechtzurücken – beschrieb diesen Prozess als organisierten Völkermord. Kedar beschrieb diesen Prozess als interessierter Beobachter des Wechsels im Raumgeschehen. Er dokumentierte diese erzwungene Änderungen der Landkarte deutlich über Luftaufnahmen (aerial views) aus den verschiedenen Epochen der Raumveränderungen vom 1. über den 2 Weltkrieg bis in die Ära Israel – und ließ die Ergebnisse zionistischer Kampfeinsätze dabei nicht aus.[107]
Das Ergebnis ist heute unumstritten, auch wenn die israelische Geschichtsschreibung die geplanten Massaker nach wie vor als einen heroischen Befreiungskampf umschreibt und das Argument des Völkermords weit von sich weist, allenfalls ‚kriegsbedingte Kollateralschäden' zugesteht.[108]
Über 500 Dörfer sind von der Bildfläche verschwunden und zerstört, über Zweidrittel der Palästinensischen Bevölkerung wurden vertrieben, Tausende getötet. Sie alle machen heute das Flüchtlingsproblem aus und stehen für die Forderung nach Rückkehr und Entschädigung. Große materielle Verluste kamen hinzu, Eigentum an Boden, Wohnhäusern, Industrien und persönlichen Gegenständen.[109]
Schließlich war besonders Ben Gurion empört und überrascht, dass trotz all dieser sorgfältig geplanten Kampfaktionen noch immer etwa 156.000 Palästinenser im Staatsgebiet Israels verblieben waren, neben den Beduinen im Negev die Mehrheit konzentriert in den großen Küstenstädten Jaffa, Akka und Haifa, dem so genannten Dreieck um Um el Fahem, sowie in Galiläa mit dem Zentrum Nazareth, das er gern ‚araberrein' gesehen hätte. Das schmälerte die Freude über

---

106 Plan Dalet Siehe Pappé 2006: S. 86ff.

107 Kedar Z., Benjamin 1999: The changing Land. Between the Jordan and the Sea; Aerial photographs from 1917 to the present. Jad Ben Zvi, Jerusalem; dort heißt es z.B. auf S. 78: "...The Qiryati Brigade's attack on Ramleh during the night of 10/11 July failed; but after the fall of nearby Ludd and the retreat of the Arab Legion detachment, Ramleh surrendered on 12 Jul 1948 and most of its remaining inhabitants were expelled. Soon thereafter Ramleh became a largely Jewish Town." Ludd wurde unter Moshe Dayan vom Bataillon 89 gestürmt und Yitzhak Rabin, der führende Offizier der Operation Dani, verfügte die vollständige Vertreibung der Bewohner Ludds. Siehe Kedar 1999: S. 82.

108 Nachzulesen zum Beispiel auf der Webseite der Zionistischen Propagandaorganisation ILI, I Like Israel, unter ‚Material zur Staatsgründung'.

109 Genaues dazu in den UN Berichten.

den Erfolg der Staatsverkündigung am 14. Mai 1948 direkt nach dem Abzug der englischen Mandatsmacht.
In den zentralen Aspekten der Kolonisierung war die Zionistische Bewegung jedoch zunächst nur um einiges vorangekommen. Nach den statistischen Informationen der ‚village statistic' von 1945 sah die Lage folgendermaßen aus:

- *Bodenbesitzverhältnisse*: von insgesamt 27.000.000 dunam[110] Land waren offizieller zionistischer Besitz 1.491.699 dunam, d.h. 5,7 Prozent;
- *Besiedlungsvolumen*: von insgesamt 1.303 Dörfern und Städten waren 138 Jüdische Kolonien, d.h. 10,6 Prozent;
- *Bevölkerungsanteil*: von insgesamt 1.796.537 Einwohnern waren 552.670 Juden, d.h. 30,7 Prozent.

Allerdings hat sich durch den Teilungsbeschluss und die Ergebnisse des darauf folgenden Eroberungskrieges bis zu den Waffenstillstandsabkommen mit Ägypten und Jordanien 1949 im ‚Green Line'[111]-Gebiet, Israel die Situation für die Zionistische Bewegung noch erheblich verbessert.

- *Bodenbesitz*: nach UN-Beschluss sollten 56,7 Prozent des gesamten Bodens jüdisch sein, nach 1949, also der kriegerischen Eroberung, im Gebiet Israel wurden daraus 20.770.000 dunam oder 76.9 Prozent von gesamt;
- *Bodenressourcen*: bezogen auf die Bodenressourcen hatte Israel nach 1949 die Kontrolle über einen wichtigen Teil der Wasserressourcen, das Hula-Tal und den Oberlauf des Jordans – allerdings lagen wichtige große Grundwasser-Reservoire (Aquifere) unterhalb der Westbank; mit der Kontrolle über den Negev hatte Israel Zugang zur Ausbeutung der dort vorgefundenen Mineralien, jedoch gehörte das Land noch den Beduinen; mit der ab dann genannten Yizreel Ebene[112] sowie der Küstenebene, hatte Israel Zugang zu den reichsten und einfach zu bewirtschaftenden landwirtschaftlichen, ebenen Flächen;
- *Besiedlungsvolumen*: von ca. 500 Dörfern und Städten im Gebiet Israel waren nach der Vertreibung im Gebiet Israel nur noch ca. 100 palästinensische vorhanden, d.h. jüdische Kolonien (138 in 1945) machten bezogen auf Israel innerhalb der ‚Grünen Grenze' mehr als 58 Prozent aus.
- *Bevölkerungsanteil*: von ca. 800.000 Palästinensern im Gebiet Israel waren noch etwa 156.000, etwa 20 Prozent verblieben, d.h. die Jüdische Bevölkerung machte dort mit 650.000 (1947) etwa 81 Prozent aus.[113]

---

[110] 1 dunum = 1.000 qm oder 10 dunam = 1 ha, 1 qkm = 100 ha 1 ha = 10.000 qm.

[111] Green Line = Ergebnis der Waffenstillstandslinie, also nicht als Landes- oder Staatgrenzen zu verstehen – und bis heute ein gängiger Begriff in Israel für die Grenze zwischen Israel und den 1967 besetzten Gebieten – mit Ausnahme Jerusalems, das entgegen internationalem Recht seit 1980 offiziell als Teil des Israelischen Staatsgebiet behandelt wird.

[112] Die Kornkammer Palästinas.

[113] Die Zahlen sind nicht exakt aus Gründen der damaligen unklaren Situation. Hier Zahlen in Link: UN.org, /mideastweb.org/ palestineremembered.org,; ebenso Siehe Waltz/Zschiesche 1986.

Der immer wieder heftig aufflammende Widerstand der Palästinensischen Gesellschaft gegen dieses von England gestützte gigantische Unternehmen war zunächst gebrochen, viele Führer und die politische Elite vertrieben. Ein eher verzweifelter Versuch, mit der deutschen Naziregierung zu verhandeln, um weitere Immigration zu stoppen, war fruchtlos. und erwies sich noch als Nachteil in der Zukunft für die anti-palästinensische Propaganda der zionistischen Führung.[114]
Die zentralen Institutionen der Zionistischen Bewegung für diesen Teil-Erfolg der Kolonisierung Palästinas waren die World Zionist Organisation als Zentrale, die Jüdische Agentur, ihr Zweig in Palästina und der Jüdische National Fond, beides Unterorganisationen der WZO. Charter-Verwalter war England unter Beihilfe des Völkerbundes bzw. der Vereinten Nationen. Zentrale Instrumente stellten die Bodengesetze der Osmanischen Regierungszeit und die Planungsgesetze der Englischen Mandatsregierungszeit dar.
Ein erster Abschnitt des Projektes Israel und der großen Reise war abgeschlossen, neue ‚Grenzen' in Sicht. Israel besaß nach 1949 über mehr als 75 Prozent Palästinas und war innerhalb der ‚Grünen Grenze' die politische sowie die räumliche und Gesetz gebende Macht. Räumliche Planung war ein wesentliches Element dieses Erfolges gewesen, die verbliebenen Palästinenser und ihre noch bestehenden Eigentumsrechte blieben ein weiter bestehendes Problem.[115]
Die zweite Etappe konnte erfolgreich abgeschlossen werden, eine zentrale Grenze, wenn auch vorerst als ‚Waffenstillstandslinie' war erreicht.

[114] Als Repräsentant dieser sich später als fatal herausstellenden Politik galt der Mufti von Jerusalem.

[115] Die vereinten arabischen Nachbarn reagierten zunächst noch mit Protest und auch mit dem Versuch gemeinsamer unabhängiger Politik, aber gefangen zwischen Ost und West, mit wechselnden Zugehörigkeiten, blieb dies verbal; schließlich einigten sich Israel mit Jordanien und Ägypten auf Waffenstillstandslinien; später ging es um die Zerstörung des Palästinensischen Widerstands, so z.B. im sog. ‚Schwarzen September' in Jordanien und schließlich folgten Friedensverträge mit Jordanien und Ägypten, ohne dass dies mit Konsequenzen für die Bildung einen Palästinensischen Staat verbunden worden wäre.

Karte 4

Palästina um 1947
ca. 6% zionistischer
Landbesitz

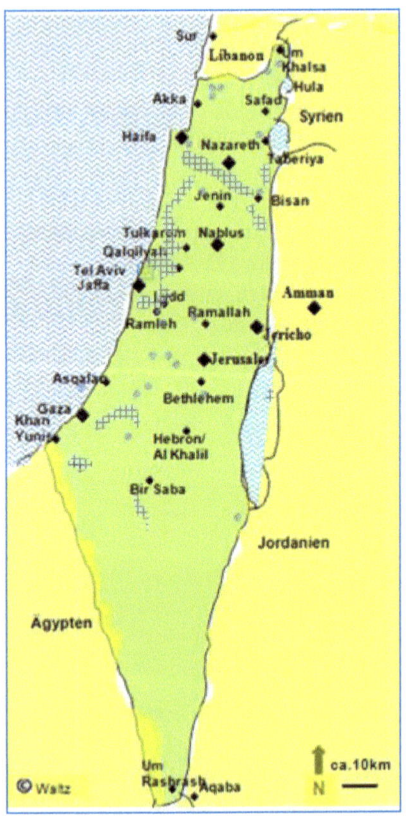

Karte 5

**Palästina nach UN Tei-
lungsplan Beschluss 181**
UN-(Ver)Teilungsplan auf
ca. 57% geplant der jüdische
Staat
auf 43% der arabische Staat

Karte 6

Palästina: Israel/WB/Gaza um 1950

Nach der ‚Nakbe'
auf ca. 76% entsteht der zion. Staat; 750.000 Palästinensern sind vertrieben, ca. 156.000 verbleiben im Negev und Galiläa; 22 Flüchtlingslager der UNWRA allein in der Westbank und im Gazastreifen (rot)

Karte 7

Routen von Flucht & Vertreibung

Diagramm 3 a, b

a. Palästina: Bodenverteilung um 1946
Palästinensisch ca. 94%
Jüdisch ca. 6%

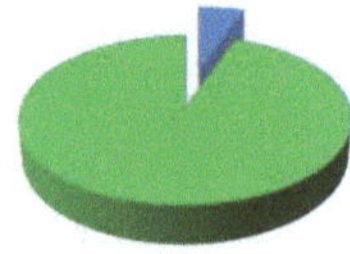

b. Palästina: Bevölkerungsverhältnis um 1946
Palästinensisch ca. 70%
Jüdisch ca. 30%

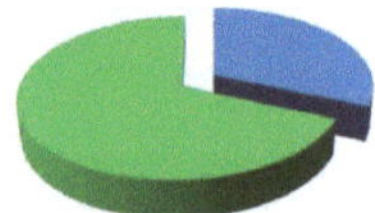

Diagramm 4

Palästina: Bodenverteilung nach UN Plan 181
Palästinensisch ca. 43%
Jüdisch ca. 57%

Diagramm 5 a, b

a. Palästina: Bodenverteilung um 1950 nach der ‚Nakbe'
Palästinensisch ca. 33%, davon 10% in Israel
Jüdisch ca. 67%, nur Israel

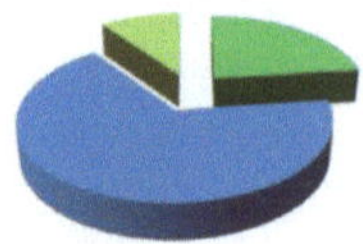

b. Palästina: Bevölkerungsverhältnis um 1950 nach der ‚Nakbe'
Palästinensisch ca. 55%, davon 8% In Israel
Jüdisch ca. 45%, nur Israel

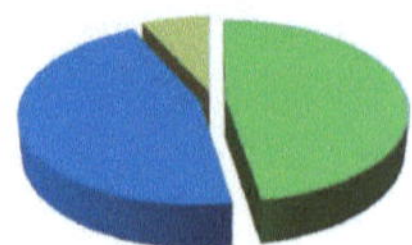

III Kolonisierung im Zionistischen Staat: Entwicklungsprogramme in Israel nach 1948 in den ‚Green Line'-Grenzen

Die Staatsgründung am 14. Mai 1948 – wenn auch unter den blutigen Umständen der ‚Nakbe'[116] – war der grundlegende Erfolg der bisherigen zionistischen Planung. Die Machtfrage war entschieden, jetzt ging es um die Details der ‚Grenzerweiterung' innerhalb des errichteten Raumes: Israel. Zunächst wurden die noch verbliebenen palästinensisch bewohnten Gebiete unter Militärgesetzgebung und Notverordnung gestellt, was von da an die Beziehung zwischen dem Zionistischen Staat und der autochthonen Bevölkerung als eine feindliche Beziehung charakterisieren sollte.[117]

Viel war erreicht, aber es war doch zunächst nur ein halber Erfolg:

- einerseits waren die ‚Grenzen'[118] des neuen Staates bis 1949 um erhebliche Prozente gegenüber der UN-Resolution erweitert worden, andererseits umfasste das neue ‚Staatsgebiet' nicht das ganze versprochene Mandatsgebiet von der Küste bis zum Jordan; in Ost-Jerusalem mit der Klagemauer und vor allem am ‚Templeberg' war man noch nicht angekommen und es gehörte (noch) nicht dazu; auch hatten die UN-Vertreter sich nicht dazu durchringen können, dem häufig gestellten Anspruch auf den Südlibanon mit den Wasserressourcen um den Litani Fluss[119] zu folgen; der Raum Israel blieb also ohne die gewünschten großen Wasserressourcen und musste sich in Hinblick auf die Wasserversorgung mit

---

[116] Nakba oder Nakbe ist der arabische Begriff für die organisierte Vertreibung der Palästinenser durch zionistische Kampftruppen um 1948 und bedeutet ‚Katastrophe' oder ‚Desaster'; siehe auch die Informationen dazu aus dem vorigen Kapitel.

[117] Nach dem, aus der Mandatszeit übernommenen, ‚Emergency Law' wurden 1948 die nach der Vertreibung von über 750.000 Menschen noch in den israelischen Grenzen, bzw. den Waffenstillstandslinien verbliebenen Gebiete mit überwiegend palästinensischer Bevölkerung einem Militärgouverneur unterstellt, und damit wurden den Palästinensern grundsätzliche Rechte verweigert: Bewegungsfreiheit, Meinungsfreiheit, Wahlrecht usw.

[118] Es handelt sich eben nicht um Grenzen, sondern um Waffenstillstandslinien als Ergebnis der zionistischen Eroberungen und der folgenden Waffenstillstandsverträge mit Libanon (23. März 1947), Jordanien (3. April), Syrien (20.7.) und Ägypten (22. Oktober).

[119] Amery, Hussein, A. /Wolf, Aron T. Hg. 2000: Water in the Middle East. A Geography of Peace. University of Texas Press, S. 233.

der Kontrolle über das nördliche Jordantal und das Hula-Gebiet begnügen;

- einerseits war die Jüdische Gesellschaft nach dem Ende des zweiten Weltkrieges auf mehr als eine halbe Million Menschen angewachsen, aber noch etwa 20 Prozent der Gesamtbevölkerung waren Palästinenser und in den neuen Grenzen verblieben;[120]
- zwar hatte die WZO mit Hilfe der Mandatsregierung ihr Möglichstes getan, um Landkäufe zu organisieren, Terrain zu sichern, aber noch waren nur etwa sechs Prozent des gesamten Palästina wirklich ‚Zionistisches Eigentum'.

Insofern war das Zionistische Projekt auch nicht als vollendet anzusehen, und die Aufgaben der WZO blieben nach zionistischer Denkweise bestehen. Bevor dies in eine rechtliche Form gegossen wurde, waren die Institutionen der WZO äußerst aktiv im Beschaffen neuer Zuwanderer aus allen Teilen der Welt. Denn weitere zentrale Aufgaben standen zur Lösung an:

- die Sicherung der Macht,
- der Aufbau und die Sicherung einer Jüdischen Bevölkerungsmehrheit,
- die Klärung der Bodenfrage und Bereinigung der Besitzverhältnisse zur Vergrößerung des Jüdischen Eigentums sowie
- die Fortsetzung der Jüdischen Besiedlung und Bodennutzung, eingeschlossen eine Lösung der Wasserfrage.

Zur Lösung dieser Aufgaben wurden wiederum Planungsinstrumente wirksam, ein Mix aus den von der Mandatsregierung hinterlassenen Regelungen, den dabei teilweise übernommenen oder noch wirksamen Regelungen des Osmanischen Reiches, sowie neu geschaffenen Planungsprogrammen und -gesetzen, die für die Entwicklung des Landes als Jüdisch-Zionistisches Territorium gebraucht wurden – angelehnt an die englische Planungserfahrung.[121] Dazu mehr in den folgenden Beiträgen.

1. Zur Machtfrage

In der *Gründungserklärung* zum Staat Israel vom 14. Mai 1948 hieß es „...er sichert all seinen Bürgern vollständige Gleichheit in sozialer und politischer Hinsicht zu ohne Unterschied des Glaubens, der Rasse und des Geschlechts; er

[120] Nach dem 1. Zensus im November 1948 machten die verbliebenen Palästinenser immerhin noch 16% in der Region Haifa, 63% in der Nordregion und sogar 72 % in der Südregion (Negev) aus. In: State of Israel, CBS 1962: Demographic Characteristics of the Population. Jerusalem.

[121] Die osmanischen Boden-Gesetz wurden nicht suspendiert, ebenso wenig die weitreichenden Emergency-Verordnungen der Mandatsregierung in ihrer letzten Phase; beide taten noch ihre Dienste in der ‚Quasi-Legalisierung' des auf ihnen beruhenden Bodenraubs an den Palästinensern; so konnte es erscheinen, als ob demokratische Verfahren der räumlichen Entwicklung zur Anwendung kamen.

wird die Freiheit des Gewissens, der Sprache, der Erziehung und der Kultur verbürgen; er wird die heiligen Stätten aller Religionen schützen und den Grundsätzen der Vereinten Nationen Treue wahren…". Die Entscheidung für eine Gründungserklärung statt einer Verfassung hatte seine spezielle Bedeutung und diese bis heute nicht verloren.[122]

Denn ganz im Gegensatz zu diesem öffentlichen Bekenntnis wurden die noch palästinensisch bewohnten Gebiete, Galiläa, das sogenannte Dreieck um die Kleinstadt Um El Fahem und der Negev, der seit Jahrtausenden bestehende Lebensraum der Beduinen, auf Basis des als weiterhin gültig erklärten *Emergency Law* der Mandatsregierung von 1945/1948 einem Militärgouverneur unterstellt und den dort lebenden Menschen wurden genau diese Grundrechte vorenthalten. Bewegungsfreiheit, Meinungsfreiheit und politische Freiheit waren beschnitten.[123]

Mit dem *Transition Act* zur Einberufung der Knesset – zugleich Legislative und Konstitutive anstatt einer Verfassung gebenden Versammlung – und dem Grundgesetz über die Knesset wurde die Festlegung auf den rein jüdischen Charakter des Staates bei angeblich gleichzeitiger ‚demokratischer' Verfasstheit zementiert und jegliches Rütteln daran mit Konsequenzen unter Strafe gestellt. Die Zulassung von Parteien zum Beispiel konnte und kann bis heute verweigert werden, wenn diese „… die Existenz des Staates Israel als Staat des Jüdischen Volkes oder ihre demokratische Natur negiert oder zu Rassismus aufstachelt…"[124]

Dies richtete sich gegen Regimekritiker, also etwa Nicht-Zionisten, aber vor allem, wenn auch nicht namentlich benannt, gegen die palästinensische Bevölkerung, die von nun an als feindliches Element im Staate Israel galt. Ben Gurion hatte schon in einem früheren Stadium der Kolonisierung vorausschauend angenommen, dass diese sich gegen den Vorgang der Usurpation ihres Landes ‚mit

[122] Original der Gründungserklärung in englisch; siehe Link: www.mfa.gov.il; Grundsatzerklärung (basic law) heißt: es gab keine Verfassung, und das gilt bis heute – Israel hat keine Verfassung, z.B. sind deshalb Grundrechte für die Bürger nicht einklagbar; es gibt kein Verfassungsgericht, sondern nur einen Obersten Gerichtshof für Zivilrecht und daneben religiöse Gerichte und Militärgerichte; dies ist in der Welt etwas einzigartiges; als Gründe wurden damals bis heute genannt: das Staatsgebiet sei noch ungeklärt, das Staatsvolk sei noch unvollständig; religiöse Einwände, Sicherheitsbelange…, vieles davon gilt also noch heute; die Knesset, das sog. Parlament aber, war und ist gleichzeitig Legislative und Konstitutive aus den gleichen Gründen; es ist deshalb in diesem Zusammenhang fraglich, ob Israel überhaupt eine vollständige Demokratie genannt werden darf; siehe Moyal, Yoram 1998: Israels Verfassungsverständnis und Verfassungsgerichtsbarkeit im internationalen Vergleich. Seminarbericht, Universität Trier, WS 1996/97.

[123] Siehe dazu mehr in dem folgenden Kapitel III 5.

[124] Damit sind Palästinenser ausgeschlossen aus dem quasi demokratischen System; Moyal argumentiert…: das erst 1992 verabschiedete sog. ‚Grundgesetz über die Würde und Freiheit des Menschen' lässt den Gleichheitsgrundsatz vermissen, ermöglicht Einschränkungen der Bürgerrechte mit ‚Verordnungen, die … den Charakter des Staates Israel (jüdisch und demokratisch) unterstützen und laut Rechtsprechung, wenn die Anordnungen die Sicherheit des Staates betreffen oder zum Schutz der öffentlichen Ordnung verfügt wurden'; auch dies belegt den undemokratischen, ethnokratischen Charakter des gesamten Staatsgebildes.

Recht und allen Mitteln wehren würde', weshalb für ihn nur die Unterdrückung der so genannten ‚Arabischen Minderheit' infrage kam.[125] Die Unterstellung der palästinensischen Gebiete unter Militärrecht war also zionistische, logische Konsequenz.

2. Zur Bevölkerungsfrage

Das 1950 von der Knesset verabschiedete *Einwanderungs-* und das *Rückkehrgesetz,* Gesetze, die bis heute Juden aus aller Welt die Einreise und die Staatsbürgerschaft sichern, aber nicht den Palästinensern, lieferten die sich legal gebende Basis für die Ausgestaltung des jüdischen Charakters des Staates und den Rahmen für eine immer währende, endlose Einwanderungspolitik von Juden aus aller Welt in dem fortwährenden Bemühen um demographische Mehrheiten. Auch diese Entscheidungen der ersten staatlichen Phase nach der ‚Nakbe' belegen den ethnokratischen, rassistischen und undemokratischen Charakter dieser Staatgründung – nach zionistischem Muster und Plan, und dies auf den Beschluss von 1897 zurückgehend und nicht erst auf die nationalsozialistische Verfolgung.

Die Jewish Agency – Agentur der Judaisierungspolitik durch Einwanderung

In der Gründungserklärung von 1948 hieß es zusätzlich: „Unser Ruf ergeht an das Jüdische Volk in allen Ländern der Diaspora, uns auf dem Gebiete der Einwanderung und des Aufbaus zu helfen und uns im Streben nach der Erfüllung des Traumes von Generationen – der *Erlösung Israels* (sic!) – beizustehen". Dieser ‚Ruf' signalisiert nicht nur die darauf folgenden Transferaktionen von Juden aus diversen Ländern, sondern impliziert vielmehr noch die unglaubliche Behauptung, dass Israel im Namen des gesamten ‚Jüdischen Volkes' spräche, und die Bildung des Staates Israel bereits als Beginn der göttlichen Verheißung, der ‚Erlösung Israel', anzusehen sei.[126] In diesem Kontext gelang es der Jüdischen Agentur (JA) im Laufe von nur drei Jahren mehr als 700.000 Juden nach

[125] Dazu Ben Gurion: "If I were an Arab leader, I would never sign an agreement with Israel. It is normal; we have taken their country. It is true God promised it to us, but how could that interest them? Our God is not theirs. There has been Anti-Semitism, the Nazis, Hitler, Auschwitz, but was that their fault? They see but one thing: we have come and we have stolen their country. Why would they accept that?" zitiert bei Goldman, Nahum 1999: Le Paradoxe Juif (The Jewish Paradox), edition MJR, Vesenaz. S. 121.

[126] Zum Beispiel erklärt Rabbi Abraham Jitzhak Kook 1921-1935, aschkenasischer Oberrabbiner von Palästina „Zuerst die Erlösung des Landes, dann die Erlösung des Volkes und zuletzt die Erlösung der Welt". Die Siedlerbewegung Gush Emunim bezieht sich auf ihn und glaubt, dass ihre Westbank Siedlungen Teil dieser Aufgabe seien und sehen sich als Avantgarde des Jüdischen Volkes und Träger seines geschichtlichen und endgeschichtlichen Erlösungswillens. Link: www.bornpower.de/isarel/gush.htm; wie weit das gehen kann wird in folgendem Artikel deutlich: Gerloff, Johannes 2010: Abtreibungen verhindern die Endlösung. Link: http://www.kath.net/detail.php?id=25131; im Januar 2014 forderten solche Gruppen Netanyahu etwas zu unternehmen, dass sein Sohn eine Beziehung wegen eben solcher ‚Reinhaltung' mit einer Europäerin aufgebe.

Israel zu schaffen, also etwa die gleiche Zahl wie die der aus dem jetzigen Staatsgebiet vertriebenen Palästinenser. 1949 waren dies zunächst die zumeist nach Zypern verbrachten Überlebenden der deutschen Vernichtungspolitik, etwa 239.000 Menschen. In der Operation ‚Magic Carpet' wurden 1949 fast 4.000 jemenitische Juden nach Israel verbracht. 1950 wurden etwa 340.000 osteuropäische und nordafrikanische Juden nach Israel umgesiedelt. 1951 gelang es, die ungeheure Zahl von 110.000 Juden in der Operation ‚Ezra und Nehemiah' aus dem Irak nach Israel zu verbringen. Dazu kamen 40.000 Juden aus der Türkei und 18.000 aus dem Iran. Spätere Kampagnen Ende der 50er und Anfang der 60er Jahre richteten sich noch einmal auf Osteuropa und Nordafrika; 9.000 Menschen wurden 1984 aus Äthiopien herbeigeschafft.[127]

In aller Kürze waren damit die Bevölkerungsmehrheiten zunächst geklärt: drei Jahre nach der Staatgründung zählte die Statistik fast 1.473.800 Millionen Israelische Juden, die Palästinensische Bevölkerung machte dabei nur noch etwa elf Prozent aus.[128]

Vertreibung, ethnische Säuberungen und die Zerstörung von Dörfern gingen auch nach der Staatgründung weiter.[129]

3. Zur Bodenfrage
Bodenpolitik – Enteignungspolitik mit völkischer Bindung

Die Enteignung fast des gesamten palästinensischen Bodenbesitzes geschah in nur wenigen Schritten und in relativ kurzer Zeit mit Hilfe militärischer Gewalt auf der einen Seite und einer Form legalisierten Landraubs auf der anderen.

Noch vor dem 15.May 1948 etablierte die zionistische Leitung sogenannte ‚Transfer Committees', die unter Josef Weitz zwischen 1948 und 1950 mit der einzigen Aufgabe betraut wurden, so viele Dörfer wie möglich militärisch zu zerstören, die palästinensischen Bauern davon abzuhalten zu pflanzen und zu ernten, und damit Raum für jüdische Siedler zu schaffen. Im Zuge dieser bis

---

127 Zahlen aus: Jewish Agency for Israel. Link: http://www.jafi.org.il/JewishAgency/English/About/History.

128 Zahlen aus: statista, Partner von IDF Allensbach. Link: http://de.statista.com/statistik/daten/studie/14038/umfrage/israel%3A-bevoelkerung-einwohner/; Siehe auch Paech, Norman 2005: Der Staat und die Zukunft Palästinas Anmerkungen zum 60. Jahrestag der Gründung Israels. Link: www.ag-friedensforschung.de/regionen/Israel/60jahre-paech.html.

129 So z.B. in folgenden Orten in 1948: Al-Qawasmeh, 9.7., Safsaf, 29.10.; 1949: Wadi Araba, 13.5.; 1949: Um Rash Rash (heute Eilat), 13.12.; 1950: Sharafat, 7.2.; 1951: Falameh, 2.4., Quibya, 14.10.; 1953: Nahalin, 28.3.; 1954: Gaza, 28.2.; 1955: Khan Yunis, 31.5., Khan Yunis, 31.8., Tiberia, 11.12., As-Sabha, 2.11., Gaza, 5.4.; 1956: Houssan, 25.9., Rafah, 16.8., Qalqilyah, 10.10., Ar-Rahwa, 12.9, Kufr Kassem, 29.10., Gharandal, 13.9., Gaza Strip, 1.11., Al-Tur, 28.5., 1957: Galbiniyeh, 27.3.; 1958: Rafah, 4.2.; 1959: Lake Tiberias, 31.1.; 1960 usw. … in: Abu Sitta 2004; es sei noch anzumerken, dass viele dieser Operationen von der Golani Brigade verübt wurden, der in dieser Zeit Ariel Sharon angehörte, Link: http://haolam.de/artikel_16143.html; zur Golani Brigade und ähnlichen Akteuren siehe auch Link: http://zionismus-israel-raumplanung.blogspot.de/2009/01/golani-brigade-soldaten-tten-in-alter.html.

zum Beginn der 1950er Jahre weiter geführten militärischen Übergriffe auf palästinensische Dörfer wurden durch den JNF strategisch gelegene Orte und Ländereien gewaltsam genommen und sofort deren Land enteignet. Bis 1950 verloren so 19 Dörfer allein fast 200.000 dunam, 20.000 ha, oder fast ein Drittel ihres landwirtschaftlich genutzten Bodens.[130]

Einmalig ist aber die Form der quasi legalen Aneignung. Diese vollzog sich unter Anwendung eines Mix aus Verboten und Verfügungen der verschiedenen vorangegangenen Epochen (Osmanisches Recht und ‚Mewat' – braches und Staatsland), Mandatsrecht (Town, Regional und Masterpläne), sowie neu geschaffenen Verordnungen und Gesetzen, die einzig dem Zweck dienten, die verbliebenen Palästinenser von ihrem Land zwangsweise fernzuhalten, ihr Land zu brachem Land zu erklären und es dann aus genau diesem Grund zu enteignen. Es wurden folgende Maßnahmen ergriffen:

- 1948: Erklärung von *Sperrgebieten* mit Bezug auf die englischen Notstandsverordnungen, nach denen diese weder betreten noch zu Erntezwecken o.a. bearbeitet werden durften (*Defence Regulations);*
- 1948: Erlassen eines *Ermächtigungsgesetzes* zur Landbeschlagnahme aus Sicherheitsgründen und für die Ansiedlung von Immigranten (*Emergency Land Requisition Law);*
- 1949: Erlassen einer Notstandsverordnung zur Enteignung von brachliegendem Land (Emergency Regulation of Waste Uncultivated Land).

Eine einzigartige Besonderheit und typisch für Israel stellt der Umgang mit so genanntem ‚Abwesendenland' dar. Im November 1948 führte das Nationale Statistik Büro (CBS Central Bureau of Statistics, später auch ICBS, Israel Central…) einen ersten Zensus durch. Nach einer Haushaltsbefragung wurde am Tag der Zählung, dem 8. November 1948, eine siebenstündige Ausgangssperre verhängt, um einen genauen Kenntnisstand über die im Lande anwesenden Bürger zu erhalten. In der entsprechenden Verordnung wurde ergänzend erklärt, dass, wer sich nicht ‚zu Hause' aufhielte, nicht gezählt und später gestellte Ansprüche auf Haus, Land oder sonstiges Eigentum nicht anerkannt würden – eine Feststellung, die nur auf die palästinensischen Flüchtlinge, und bezogen auf die Bürgerschaft in Israel, die internen palästinensischen Flüchtlinge zutreffen

[130] Benvenisti: „Der JNF führte militärische Aktionen durch, um das Land von palästinensischen Dörfern zu ergreifen; Die Dörfer Qumiya und Indur, das biblische Endor, wurden erobert und die Bewohner evakuiert; Ende Mai 1948 wurden drei weitere Dörfer gegenüber der Yizreel Ebene, Nuris, Mazar und Zir'in, genommen … Ziel der Eroberung dieser Dörfer im Süden der Ebene war deren fruchtbares, bewässertes Land von mehr als 41.000 dunam; besonderes Interesse galt Qumyia, das vollständig von JNF Land umgeben war und Zir'in (mit 22.000 dunam), wo den Juden 7% des Mush'a Landes gehörte." Benvenisti, Meron, 2002: Sacred Landscape. The Buried History of the Holy Land since 1948. University of California Press, S. 132; siehe auch Abu Sitta, Salman H. 1988: Atlas of Palestine. London 1988; ebenso: Morris, Benny 1986: Josef Weitz and the Transfer Committees, 1948-1949. In: Middle Eastern Studies, Vol. 22 No 4 Oct 1986, S. 255-261.

konnte. Mehr als die Hälfte der in Israel verbliebenen Palästinenser waren solche internen Flüchtlinge, etwa 81.000.[131] Nach dem Israelischen Zensus gab es am 8.Novermber 1948 712.000 Jüdische und nur 69.000 (physisch in ihrem Haus anwesende) ‚Arabische' Bewohner in Israel; es wurden z.B. etwa 13 bis 15.000 Beduinen nicht erfasst, ebenso etwa 5.000 Männer und Jungen im Militäralter, die in den POW[132] Lagern festgehalten worden waren und nur ungenügend die etwa 40.000 Bewohner Galiläas, das erst ein paar Tage vor der Zählung von zionistischen Milizen überfallen worden war und sich quasi noch im Kriegszustand befand.[133] Nur die physisch Anwesenden erhielten den Status Israelischer Einwohner, die übrigen Palästinenser wurden zu den ‚Anwesenden-Abwesenden' und sind es nach wie vor. Sie sind keine Vollbürger und erhalten keine staatlichen Leistungen, darunter z.B. auch keine Baugenehmigungen. Diesem einen großen Teil der Palästinensischen Bevölkerung wurden durch den Zensus Grundrechte vorenthalten, und ihre Enteignung erfolgte durch die neuen Gesetze und Verordnungen kurz darauf:

- 1948: Anordnung für sogenannte ‚*Verlassene Gebiete*', die zunächst einem neu geschaffenen Treuhänder für diese Gebiete unterstellt wurden (*Abandoned Areas Ordinance*);
- 1950: Gesetz zur *Entwicklungsverwaltung*; die Entwicklungsverwaltung managte bis 1960 neben dem JNF, der zuständig für die bis 1949 gekauften und zwangsweise enteigneten Ländereien war, das Land der Flüchtlinge (Abwesende und Anwesende-Abwesende) und das so genannte Staatsland, das aus der Mandatszeit verblieben war (*Development Authority Law*).

Es gingen so in kurzer Zeit 570.000 ha palästinensischen Bodens in zionistisch-jüdisches Eigentum, also israelisches Staatseigentum, über und damit vorerst etwa 30 Prozent des Bodens bezogen auf gesamt Palästina; davon waren 80 Prozent landwirtschaftlich zu nutzende Fläche und 20 Prozent städtisches Gebiet.[134] Die Enteignungen setzten sich fort durch:

---

[131] Leibler, Anat, Breslau, Daniel 2005: The Uncounted: Citizenship and Exclusion in the Israeli Census of 1948. In: ethnic and racial studies No 28., No. 5, 2005- S. 880-902, Routledge.

[132] POW = Prisoners of War; die Britische Mandatsregierung hatte Ende der 30er Jahre diverse Camps für illegal einreisende Jüdische Flüchtlinge eingerichtet, die zur Zeit der Zählung vom Staat Israel zur Festsetzung von palästinensischen Aktivisten dienten.

[133] Leibler, Anat 2005: Establishing Scientific Authority – Citizenship and Israels First Census. In: Journal of Ethnic and Racial Studies 28/5 2005. Link: http://www.sts-biu.org/images/file/Negotiating%20Methods.pdf.

[134] Zu den Zahlenangaben Siehe: Granovski (auch Granovsky, auch Granott) 1956; Granovski, Abraham 1929: Boden und Siedlung in Palästina. Jüd. Verlag. Berlin; Badi 1961, Orni, Ephraim 1972: Agrarian Reform and Social Progress in Israel. Jerusalem; Orni, Ephraim, Efrat, Elisha 1973: Geography of Israel. Jerusalem; Richter, Werner 1969: Historische Entwicklung und junger Wandel in der Agrargesellschaft Israels. Kölner Geographische Schriften. Heft 21; Lustick, Jan Steven 1980: Arabs in the Jewish State. London.

- 1953: Land *Beschaffungsgesetz*, durch das ‚Abwesendenland' dem JNF als Eigentum übertragen wurde (*Land Acquisition Law*); der JNF wurde damit als weiterhin im Staat Israel handelnde Organisation anerkannt;
- 1954: *Vertrag* zwischen dem Staat Israel und der *WZO*, der die JA, den JNF eingeschlossen, als Institutionen anerkannte, die wie ein Teil der Regierung behandelt werden sollten; endgültig und vertraglich wurden sie mit Aufgaben der *Immigration und Neulanderschließung* beauftragt; die JA und der JNF wurden also – und dies weiterhin als Arm der WZO mit Sitz in den USA – für die zukünftige Weiterentwicklung in der demographischen Frage und in der Bodenfrage verantwortlich;[135]
- 1960: ‚Grundgesetz – *Israel Land*', Israel Land Gesetz und Israel Land Verwaltungsgesetz reorganisierten die Bodenverwaltung; ILA Israel Land Administration verwaltete seitdem und tut dies bis heute den JNF Bodenbesitz, Staatsland und Land der Entwicklungsverwaltung; über 90 Prozent des ehemals palästinensischen Bodens wurden dadurch israelisiert oder besser judaisiert, denn die Weitergabe an Nicht-Juden war und ist nach Gesetzesaussagen und Auftrag dieser Institutionen ‚nur für Juden', d.h. die Palästinenser wurden für alle Zukunft vom Besitz dieses Bodens, der vormals ihnen gehörte, ausgeschlossen.[136]

Mit dieser formellen Transaktion des Bodenbesitzes wurde die Bindung des Bodens an eine völkische Definition ‚nur für Juden' abgeschlossen und stand nun einer vollkommen neuen Beplanung zur Verfügung, die beides veranlassen sollte: die vollständige ‚Judaisierung der Landkarte' bei gleichzeitiger Eliminierung und Zurückdrängung dessen, was einmal die palästinensische Landkarte ausgemacht hatte.[137]

---

[135] Der Zionistische Staat band sich also weiterhin an die Zionistische Welt Organisation mit Sitz in den USA, und an ihr Ziel: ‚ingathering of the exiles' und die ‚restoration of the Jewish people in the Land of Israel. Link: www.mfa.gov.MFA/Archive/2000_2009/2004/Herz+and+Zionism.html: volles Zitat über Ziel und Aufgaben sowie Geschichte der WZO und JA aus zionistischer Sicht Siehe Link: www.knesset.gov.il/lexicon/eng/wzo_eng.htm und kritisch: www.hic-mena.org/documents/JNF%factsheet.pdf; siehe auch Veröffentlichungen von Badil, Housing And Land Rights Network. Habitat International Coalition, Badil Resource Center for Palestinian Residency and Refugee Rights. Link: www.badil.org.

[136] Badi 1961.

[137] Das Gesetz besagt: "Prohibition of transfer of ownership 1. The ownership of Israel lands, being the lands in Israel of the State, the Development Authority or the Keren Kayemet Le-Israel, shall not be transferred either by sale or in any other manner. ..., 'lands' means land, houses, buildings and anything permanently fixed to land." Siehe auch Badi 1961; ‚Israel Land' darf also nur verpachtet werden, aber auch prinzipiell das nur an Juden. Siehe auch Lehn/Uri Davis 1988. Link: www.uridavis.info/jewish_national_fund_apartheid_israel.htm).

4. Zur Besiedlungsfrage

Was die jüdischen Neueinwanderer betraf, wurden die Jüdische Agentur und die Wohnungsbaugesellschaft Amidar aktiv, um diese einzugliedern und ihnen Wohnung und Arbeit zu verschaffen. Der Jüdische Nationalfonds betrieb dabei die Verwaltung des Bodens. Neben der Erklärung der (noch) palästinensischen Gebiete zu militärischen Verwaltungsgebieten, und bei fortgesetzten militärischen Übergriffen, wurden die bereits entvölkerten Regionen zu sogenannten Notstandgebieten erklärt, in denen die Besiedelung des palästinensischen, verlassenen Bodens durch Juden vorangetrieben werden sollte. Die JA errichtete in nur kurzer Zeit über 480 neue Dörfer mit Bewässerungsanlagen und ländlicher Infrastruktur, in die die Neubürger gezielt zum Aufbau der landwirtschaftlichen Produktion ‚eingezogen' wurden. Bis zum Ende der 1960er Jahre deckte diese nach eigenen Angaben bereits 70 Prozent des Bedarfs an landwirtschaftlichen Gütern des Landes. Amidar, die staatliche Wohnungsbaugesellschaft, bewirtschaftete die verlassenen palästinensischen Wohnungen in den Städten und baute in Ergänzung dazu allein bis 1955 etwa 200.000 neue Wohneinheiten – ebenfalls nur für jüdische Neubürger. Auch diese wurden von der JA finanziert. Der Jüdische Nationalfonds und später in Ergänzung die ILA (Israel Land Administration) bewirtschafteten den alten und neuen Bodenbesitz. Nach den ersten Notlösungen vor allem zur Unterbringung der Nachkriegsflüchtlinge aus Europa, ging es bereits seit den frühen 50er Jahren um Projektierung der zukünftigen, nationalen Entwicklung und Planung.

Raumplanung – ein Judaisierungsprogramm

Die Mehrheit der jüdischen Bevölkerung hatte sich bis 1948 an der Küste und in den großen Städten angesiedelt. Nach Übernahme der politischen und militärischen Macht konnte die zionistische Staatsverwaltung nun daran gehen, die Bevölkerungsverteilung und die Besiedelung nach Plan vorzunehmen. Dabei konnten Regierung, Verwaltung und die parastaatlichen zionistischen Organisationen JNF und JA Hand in Hand vorgehen. Die zentrale Frage des Bodeneigentums war kein Hindernis mehr; der Boden war staatlich, er konnte gezielt zur Nutzung z.B. an die Kibbuzim verpachtet und beplant werden.[138] Die Bevölkerungsfrage war zumindest in ihrer Hauptrichtung ebenfalls im zionistischen Sinne verändert, und die über die organisierten Immigrationswellen einströmende neue Bevölkerung konnte durch die JA gezielt in die vorgesehenen Räume dirigiert werden.

[138] Erika Spiegel beschreibt in ihrer Dissertation von 1966 ‚Neue Städte-New Towns' die Planungssituation und Israel quasi als Mekka der Planung, wo es keine beschränkenden Eigentumsprobleme gebe und man nur einen Stock in die Erde pflanzen müsse, um darum herum eine wie auch immer gestaltete Stadt gründen zu können. Siehe Spiegel, Erika 1966: Neue Städte – New Towns. Stuttgart/Bern.

Was bis dahin nur rudimentär vorhanden war, eine nationale Wirtschaftsbasis, sollte nun eine räumliche Verfasstheit erhalten. Das Personal für diese große Aufgabe war bereits da: Planer und Architekten, die vor und während der Vertreibung aus Deutschland eingewandert waren, darunter viele Vertreter eines modernen Städtebaus, und sie machten sich entsprechend an dieses große Werk. Die nationale Reise nahm Formen an.

4.1 Nationale Planung

Der Staatschef selbst, Ben Gurion, richtete zunächst die ‚Kommission für Stadt- und Regionalplanung' ein, die 1950 zur Planungsverwaltung im Innenministerium und ihm ebenfalls direkt unterstellt war. Dort wurde der erste ‚Nationalplan zur Neuverteilung der Bevölkerung und zum Aufbau ‚Neuer Städte' entworfen und so 1950 von der Knesset verabschiedet.[139] Der Titel offenbarte bereits die Absicht: Dezentralisierung der Bevölkerung, d.h. der jüdischen, und ihre systematische Verteilung auf neue Städte, die die neue Gestalt des Landes Palästinas innerhalb der ‚Grünen Grenze' formen sollten. Die ungleiche Verteilung der Bevölkerung weg von den Küstenzentren[140] sollte schnellstens erreicht und die jüdischen Neubürger auf das ‚Hinterland' in neue Wohn- und Produktionsstätten verteilt werden. Die Küstenstädte sollten gleichzeitig de-urbanisiert, Verkehr und Bebauung dort eingeschränkt werden und die Küstenzone hauptsächlich der Erholung und Freizeit vorbehalten sein.

Diese ‚innere Kolonisierung' oblag dem Bauhausschüler Arieh Sharon. Folgende regionale Ziele und Projekte sollte der 1. Nationalplan umsetzen:

- Jüdische Kolonisierung der ‚provisorischen Grenzen zu Libanon, Syrien und Jordanien'; das waren die Regionen Jordantal, Nord Galiläa und die angrenzende Region zu den Golanhöhen;
- Vorrang jüdischer Kolonisierung in den verbliebenen palästinensisch besiedelten Gebieten; das waren die Regionen Negev, das so genannte Dreieck und Galiläa, mit Zielvorgaben für das angestrebte Mehrheits-Verhältnis von Juden zu Nicht-Juden;
- Bau von 30 neuen Städten in 23 Regionalgebieten, geplant als Gartenstädte, als Zentren der neuen Bevölkerungsverteilung und Entwicklung im gesamten Land nach dem Prinzip Kristaller's der ‚Zentralen Orte'; sie stellten das städtische Pendent zum Kibbuz dar und galten als städtische ‚Pionier Zellen' der Judaisierung[141];

[139] Siehe Webseite Arieh Sharon; Link: http://www.ariehsharon.org/NewLand/TheNationalPlan/16369434_ckFPbF#!i=1242255490&k=zbdWcqz; ebenso Mayer, Elmar 1962: Die Wohnungsversorgung der Einwanderer als Sozialproblem des Staates Israel. Bonn.

[140] etwa dreiviertel aller bis dahin eingewanderten Juden.

[141] Das Modell ‚New Town' galt der De-Urbanisierung und war Bestandteil moderner Raumentwicklungspolitik in fast allen Kontinenten der Nachkriegszeit; in Deutschland gehörten dazu Städte wie Sennestadt, Wolfsburg, Wulfen; berühmt wurden weltweit auch Brasilia oder Canberra. Siehe

- Aufbau neuer Jüdischer landwirtschaftlicher Gebiete, also auch neuer Dörfer, im Zusammenhang mit den Neuen Städten, Kibbuzim und Moshavim;
- Aufbau neuer jüdischer industrieller Gebiete, ebenfalls im Zusammenhang mit den neuen Städten;
- Wasserbewirtschaftung in Form eines großräumigen Umleitungsnetzes von Norden (Ober-Galiläa) nach Süden (Negev); sowie
- Errichtung von Nationalparks zum ‚Schutz von historischen Stätten und Landschaft'.

Jeder dieser Programmpunkte brachte die Umkehrung der Landkarte einen entscheidenden Schritt näher: Städte entstanden anstelle oder zu Lasten ehemaliger palästinensischer Städte; Dörfer verschwanden, nachdem ihre Bewohner schon nicht mehr dort waren und jüdische Dörfer entstanden an ihrer Stelle; Regionen erhielten eine völlige neue Bestimmung und wurden zu 100 Prozent jüdisch, neue Namen veränderten die bisherige Geographie.
Jetzt erst konnte der Plan zum Aufbau eines systematischen, jüdischen Siedlungs-Netzwerkes, wie Oppenheimer ihn geschildert hatte, nach den neuesten Erkenntnissen der Stadt- und Regionalplanung Realität werden, der folgende Schritte umfasste:

- Zu den 134 Kibbuzim und 78 Moshavim der vorstaatlichen Zeit kamen durch diesen gezielten Aufbau weitere etwa 460 *landwirtschaftliche Gemeinden* hinzu und bildeten mit ihrem Netz an Verkehrs- und Handelsverbindungen die neue jüdische Besiedlungs-Realität;
- die Lakhish *Region*, eines der fruchtbaren Gebiete in Angrenzung an den Gazastreifen im Süden Palästinas, in der während der ethnischen Säuberung die palästinensische Besiedlung mit der Stadt Majdal und etwa 50 Dörfern vollständig ausgelöscht worden war, wurde als Beispiel- und Vorrangregion zur Wassergewinnung und Neulanderschließung behandelt; idealtypisch kam hier das Planungsmodell nach Christaller[142] zur Geltung;
- darin wurde Qiryat Gat, eine neue Stadt, zum Entwicklungszentrum mit Verwaltungen, Dienstleistungsangeboten und Verarbeitungsstätten für sechs Gruppen von Dörfern, den Moshavim; anstelle der palästinensischen Besiedelung entstanden etwa 40 neue jüdische Dörfer und die

dazu z.B. Portnov, A. Boris 2004: longterm growth and small towns in israel – does location matter? in: The Annals of regional science vol. 38, No 4, 627-653.

142 Der Geograph Walter Christaller entwickelte die Theorie eines Systems zentraler Orte in den dreißiger Jahren; nach diesem Modell soll sich in idealtypischen, homogenen Räumen eine Struktur zentraler Orte auf unterschiedlichen Hierarchiestufen entwickeln, wobei je nach Hierarchie unterschiedliche Ausstattungsmerkmale die zentralen Orte kennzeichnen, die damit z.B. Versorgungszentren für ihr ländliches Umfeld werden sollen; siehe Christaller, Walter 1933: Die zentralen Orte in Süddeutschland. Jena.

neue Stadt Ashqelon anstelle von Majdal; Bewässerung erhielt die Region aus dem großen *Wasserbewirtschaftungsprojekt* des Hula Gebietes;

- dem 1951 begonnenen Hula Projekt zur ‚Begrünung der Wüste' fielen 30 ehemals palästinensische Dörfer zum Opfer; es entstand eine völlig neue Landschaft mit 40 jüdischen, neuen Dörfern und einer neuen Stadt – kein Palästinensisches Dorf verblieb, und die kleine Stadt Khalsa war verschwunden, Kiryat Shmona wurde an ihrer Stelle errichtet; Haifa, Tel Aviv und Jerusalem wurden Oberzentren; die 30 neuen Städte teilten ihre Rolle in Mittelzentren und Unterzentren, mit jeweils verschiedenen wirtschaftlichen Aufgaben.[143]

Von den 30 New Towns waren 23 anstelle verlassener palästinensischer Orte errichtet worden. Einige gelten bis heute als gemischte Städte wie Nazareth, Akka und Jaffa, weil die neue jüdische Stadt konkurrierend neben der historischen palästinensischen Stadt entstand, die das Original inzwischen überformt und marginalisiert hat. Jaffa zum Beispiel ist heute im touristischen Sprachgebrauch zur ‚Altstadt' Tel Avivs geworden.
Für die Palästinensischen Regionen – unter Militärverwaltung gestellt und als ‚Feinde' politischem Druck ausgesetzt – gab es keine positive Planung. Weder wurden bis heute neue Dörfer oder Städte gebaut, noch gab es ein Wohnungsprogramm für sie, obwohl dies für die große Gruppe an internen Flüchtlingen dringend notwendig gewesen wäre, die nach dem Zensus nur noch als ‚Anwesende-Abwesende' registriert worden waren und teilweise in provisorisch errichteten Zeltanlagen und Behelfsbauten zu überleben versuchten. Für sie gab es keinerlei staatliche Zuwendung, sie fanden keine Berücksichtigung in den Entwicklungsplänen. Für sie wurden keine neuen Wohnungen gebaut oder zerstörte Häuser renoviert. Im Gegenteil – ein großer Teil der Neuzuwanderer wurde in den Häusern dieser vor der zionistischen Gewalt innerhalb des Landes und in die Nachbargebiete Geflüchteten untergebracht, der Austausch von Bewohnern direkt und gewollt unveränderbar vollzogen.

4.2 Ressource Wasser – lebensnotwendig und begrenzt

Um eine möglichst reiche Wasserversorgung zu sichern, hatten die zionistischen Experten schon von Anbeginn ihrer Planung ein Auge auf die Wasser des Litani Flusses geworfen, denn sie hielten die Ressourcen des Jordan für nicht ausreichend. 1905 gab es erste Vorschläge, den Fluss nach Süden umzuleiten. 1919 erhoben die zionistischen Sprecher Anspruch auf den Südlibanon und forderten einen entsprechenden Zuspruch durch die Lausanner Gebietsverhandlungen des

[143] Zur gesamten Planung siehe vor allem: Sharon, Arieh 1951: Physical Planning in Israel. Tel Aviv, hebr. mit engl. Kurzfassung; derselbe 1976: Kibbuz und Bauhaus. Krämer, Stuttgart; siehe auch Spiegel 1966; Richter 1969; Mayer, Egon 1969: Der Moshav Ovidim. Die Dorfkooperative in Israel 1958-1963. Basel; ebenso Waltz/Zschiesche 1986.

Völkerbundes. Dem wurde nicht entsprochen, der Litani wurde dem Libanon unter französischem Mandat zugesprochen und entsprechend beklagte sich Chaim Weizmann, damaliger Präsident der Zionistischen Welt Organisation (WZO), beim Britischen Außenministerium über die ‚schwarze Zukunft' der ‚Jüdischen Heimstätte', wenn der Litani Fluss (Libanon), die Quellgebiete des Jordan Flusses (Syrien und Libanon) und der Yarmouk Fluss (Jordanien) nicht zum zukünftigen Staatsgebiet gehören würden.[144] 1944 galt der Lowdermilk-Plan als die ‚Wasser-Verfassung' der Zionistischen Führung. In Hinblick auf die bevorstehende Teilung Palästinas und die Gründung des Staates Israels war darin noch einmal der Anspruch auf den Litani und Hasbani im Libanon, sowie die Flüsse Dan, Zarqa, Banias und Yarmouk in Jordanien manifestiert. Auch diesem Plan wurde durch die UN-Resolution nicht entsprochen.

Die enttäuschte Zionistische Führung erwog sogar eine militärische Besetzung Süd-Libanons, denn die Litani Gewässer galten als besonders reichhaltig und rein.[145] Israel musste sich also auf das Jordantal und die Hula Region konzentrieren, um die ‚Wüste zum Blühen' zu bringen. Das Hula-Gebiet war während der ethnischen Säuberung vollständig ‚entarabisiert', die 35 Palästinensischen Dörfer zerstört. Das Hula Projekt startete 1951. Das gesamte Gebiet wurde von der Hula Entwicklungs-Gesellschaft im Rahmen der Nationalplanung völlig verändert. Das ehemals Wasser- und Fischreiche Gebiet wurde drainiert, neues landwirtschaftlich nutzbares Land erschlossen, die Jordanzuflüsse umgelegt, ein neuer See geschaffen und die überschüssigen Gewässer in einem weitreichenden Kanalsystem nach Süden als Teil des Jordan-Negev-Projektes transportiert. Bis 1966 waren auf den neu gewonnenen landwirtschaftlichen Flächen 37 neue Jüdische Dörfer und Fischfarmen errichtet worden, die bis heute einen großen Teil des Fischbedarfs Israels decken und bedeutend für die Obst-und Gemüseversorgung sind. Insofern hatte auch das Hula Projekt große Bedeutung für die ‚Innere Kolonisierung'.[146] Da während dieses Prozesses auch Eingriffe in die demilitarisierte Zone zum Libanon und Syrien und damit auch in deren Wasserversorgung unternommen wurden, waren Konflikte mit den Nachbarn vorprogrammiert.

---

[144] Dolatyar, Mostafa; Gray, Tim S. 2000: Water Politics in the Middle East, New York, St. Martin's Press Inc.; Soffer, Arnon 1999: Rivers of Fire – The Conflict over Water in the Middle East. Rowman & Littlefield Publishers Inc., Oxford; Weisgal, Meir, W. Hg. 1977: The letters and papers of Chaim Weizmann, vol. 9. Israel Universities Press, Jerusalem; sowie Lonergan, Stepohan, C., Brooks, David B. (1995): Watershed. The Role of Fresh Water in the Israeli-Palestinian Conflict. International Development Research Center Canada.

[145] So Moshe Sharett, Premierminister Anfang der 50er Jahre über entsprechende Überlegungen von Ben Gurion und Moshe Dayan, der damals Verteidigungsminister war, in seinen Tagebüchern in: Rabinovich, Itamar 1985: The war for Lebanon, 1970-1985, Cornell University Press, Ithaca, N.Y.

[146] Siehe Waltz/Zschiesche 1996: S. 177ff; ebenso Orni, Elisha 1973: S. 42ff; Richter 1969: S. 176; Spiegel 1966: S. 96.

4.3 Masterpläne und Baugenehmigungen – zweierlei Maß

Auch nach der Aufhebung des Militärregimes in den palästinensischen Gebieten im Jahre 1966 änderte sich die Haupttendenz nicht: während die israelisch-jüdische Mehrheitsgesellschaft in Israel alle Entwicklungsmöglichkeiten, soweit sie durch Planen und Bauen bestimmt wurden, genoss, fehlte der palästinensischen Teilgesellschaft in Israel generell der Zugang zu den zentralen Bedingungen einer eigenständigen Entwicklungsmöglichkeit. Ihre Gemeinden und Orte erhielten keine Masterpläne und damit fehlte die Voraussetzung für Baugenehmigungen, und keine Beteiligung in den entscheidenden Planungsgremien, um überhaupt Einfluss auf die Planung nehmen zu können.[147]

Auch dieser Umstand war und ist auf das Zionistische Grundverständnis von (Jüdischem) Staat und (Jüdischer) Gesellschaft zurückzuführen und auf eine entsprechende Systematik – und nicht etwa auf eine offen ausgesprochene Diskriminierung dieses Teils der Israelischen Gesellschaft.

Das 1965 verabschiedete ‚neue' „Bau- und Planungsgesetz" von 1965, eine Neuauflage seines Vorgängers aus der Britischen Mandatszeit, machte jedwede Bau- und Planungsaktivität, vom Flughafen bis zum kleinsten Anbau an ein bestehendes Haus, von der Genehmigung einer der zuständigen Planungskommissionen abhängig – und dies gilt auch heute noch.

Sämtliche Planungskommissionen unterstanden und unterstehen damit generell der nationalen Planungsverwaltung, die wiederum dem Innenministerium untersteht, und sind – zumal die Planungshierarchie die WZO einschließt – damit dem Zionistischen Regime unterworfen.

Das *Planungssystem* unterscheidet zwei Stränge: die strategisch aktive Entwicklungsplanung und die prozessuale, regulative Verwaltungsseite der Planung. An der strategisch planenden Verwaltung sind die zentralen Zionistischen WZO-Organisationen JA, der JNF und die ILA beteiligt und auf staatlicher Seite das Verteidigungsministerium, das Ministerium für Bauen und Wohnen und das Ministerium für Industrie und Handel. Sie entscheiden über die räumliche Entwicklung des Landes, der Regionen, der Städte und Dörfer. Wenn es also auch im israelischen Planungsverständnis um die allseits gültigen Ziele einer nachhalti-

---

[147] Auch nach englischem und deutschem Planungsrecht sind Masterpläne, bzw. Flächennutzungs- und Bebauungspläne Voraussetzung für die Erteilung von Baugenehmigungen, da diese für die räumliche Entwicklung auf allen Ebenen die Rahmenbedingungen festsetzen; sie gelten jedoch generell für alle Bürger und schließen keine gesellschaftliche Gruppe aus; zu diesen Benachteiligungen kommen weitere wie fehlende finanzielle Unterstützung bei der Wohnungsversorgung, was insgesamt dazu führt, dass die Palästinensische Gesellschaft in Israel nicht an Wachstum und verbesserter Grundversorgung teilhat, obwohl die Palästinenser Bürger Israels sind; dies gilt und erst recht, wenn sie zu den sogenannten Abwesenden-Anwesenden gehören. Siehe dazu Egbaria, Kassem und Lockley, S. 2002: The influence of socio-cultural values on residential satisfaction in contemporary Arab settlements in Israel: the case of Tayibe. In: 2nd International Postgraduate Research Conference in the Built and Human Environment, 11-12 April, 2002, Slaford University, Blackwell Publishing, UK; ebenso Egbaria, Kassem 2003: Urban Planning Policies in Arab Settlements in Israel, unpublished PhD Thesis, School of Architecture, Planning and Landscape, University of Newcastle Upon Tyne.

gen Entwicklung, ausgeglichener Regionen und so fort geht, so geht es immer um die Entwicklung und den Erhalt der Jüdischen Gesellschaft per Definition dieser zionistischen Institutionen – die im Übrigen auch die finanzielle Absicherung von entsprechenden Projekten organisieren.

Wie in allen Planungssystemen binden die Nationalpläne die Planungen der unteren Ebenen, seien das regionale Entwicklungspläne, Stadtentwicklungspläne, Masterpläne und Flächennutzungspläne (district outline plans, zoning plans), oder Fachpläne für Verkehr, Technische Infrastruktur, Erholungsgebiete, Naturschutz, Denkmalschutz u.a. Eine demokratische Beteiligung auf unterer Ebene, der Kommunen oder gar von Individuen, an der Ausrichtung dieser komplexen Planungsgestaltung ist im israelischen Planungssystem nur minimal oder gar nicht vorgesehen.[148]

Nur zwei Städte, d.h. nur sechs Prozent der palästinensischen Gemeinden in Israel haben bis heute überhaupt lokale Planungskommissionen – entgegen 55 Prozent der jüdischen Gemeinden. Aber auch diese beiden unterliegen den Prinzipien der höheren Planungskonzeptionen und sind kaum ein Mittel, eigene notwendige räumliche Entwicklungen auf lokaler Ebene zu erwirken.

Die palästinensischen Gemeinden Israels haben also bis heute weder Zugang zur strategischen Entwicklungsplanung, noch können sie in irgendeiner Weise als Planungssubjekt mit eigenen Vertretern in den diversen Gremien für die Interessen der palästinensischen Gemeinde mitwirken. Sie sind deshalb nur Objekt der verwaltenden, regulierenden Planung, und ihr Einfluss auf die formelle (Entscheidungs-) Planung geht im Prinzip nur negativ, über Einspruchsverfahren, die allerdings nur von direkt betroffenen Personen eingeleitet werden können und nicht von den Gemeinden und selten erfolgreich sind.

Die geschilderte Systematik führte seit der Staatsgründung dazu, dass israelische Planung für die Palästinensische Teilgesellschaft vor allem als Kontroll- und Bußinstrument wirksam wurde und bis heute dazu dient, eine palästinensische gesellschaftliche Entwicklung und die räumliche Ausdehnung weitest möglich zu ver-

[148] Siehe Egbaria, Kassem 2010: The Impact of Israeli Urban Policies on the Development of Indigenous Bedouin Community in the Negev Area – the Unrecognised Villages; sowie Egbaria, Kassem 2010: Two Spatial Systems for one Land: Spatial Inequality in the Development of Palestinian Communities and the Actual Need for Equity. In: Waltz, Viktoria, Isaac, Jad Hg. 2010: The fabrication of Israel. About the Usurpation and Destruction of Palestine through Zionist Spatial Planning, A unique Planning Issue. Eigenverlag, Dortmund. Link: http://zionismus-israel-raumplanung.blogspot.com/2011/02/waltzisaac-fabrica.tion-of-israel-unique.html. Danach gibt es im Rat des Nationalen Planungskomitees nur einen Palästinensischen Vertreter, im Rat der ILA kein Mitglied, es gibt nur ein palästinensisches Mitglied in nur einem der Distrikt Bauen und Planen Komitees, es gibt z.B. auch keinen palästinensischen Vertreter im Komitee für den Schutz des landwirtschaftlichen Landes, ebenso wenig gibt es palästinensische Vertreter in sogenannten Sonderkomitees, wie das Kuberski Komitee und das Markowitz Komitee – beide beschäftigen sich mit den palästinensischen, nicht anerkannten Orten; hinzukommt, dass es auch keine palästinensischen Fachkräfte in den diversen Planungsverwaltungen gibt.

hindern und zu begrenzen.[149] Dieser Umstand gilt bis heute – ausgedehnt auf Teile der 1967 illegal okkupierten Gebiete, die Israel bereits offiziell als israelisches Gebiet per Knesset Gesetz eingemeindet hat, wie die Golan Höhen und das immer noch palästinensische Ost-Jerusalem; das Jordantal soll, so die neueren israelischen und auch der amerikanischen Verlautbarungen, hinzukommen. Die Kolonien haben sich mittlerweile bis in die palästinensischen Städte eingepflanzt, vor allem in Hebron und in Ost-Jerusalem. Ein Ende dieses Prozesses ist nicht abzusehen, wie am Umgang mit den Beduinen des Negev zu zeigen ist.

Zum Planungssystem:

Bild 1

Israelisches Planungssystem regional
Zentrale Orte als Struktur
Das Beispiel Qiryat Gat

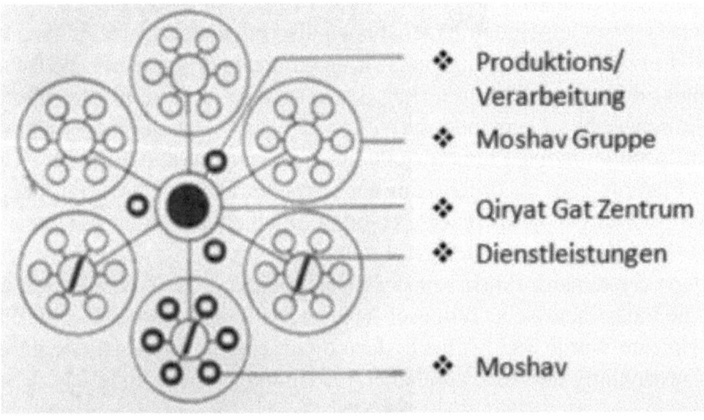

Quelle: Waltz/Zschiesche 1986 nach Spiegel 1960

[149] Deshalb sprechen z.B. israelische Planungstheoretiker von einem ethnokratischen Planungssystem; siehe z.B. Khamaisi, Rassem 2004: Barriers to the Planning of Arab Localities in Israel, The Floersheimer Institute for Policy Studies, Jerusalem; Alterman, Rachelle 1994: The theoretical bases for planning and its implementations in defining plan's objectives and goals. In: Master Plan for Israel – 2020.Tel Aviv (hebrew), S. 99-113; Yiftachel, Oren 1995: Planning as control: Policy and resistance in a deeply divided society. In: Progress in Planning, Vol. 44. S. 115-84; Alfasi, Nurit 2003: Is Public Participation Making Urban Planning More Democratic? The Israeli Experience; in: Planning Theory and Practice, VOL 4; Part 2. S. 185-204. Routledge Taylor and Francis Group.

Bild 2

Israelisches Planungssystem national

Zionistische Kontrolle auf den Entscheidungsebenen über Land und Besiedlung und von oben nach unten

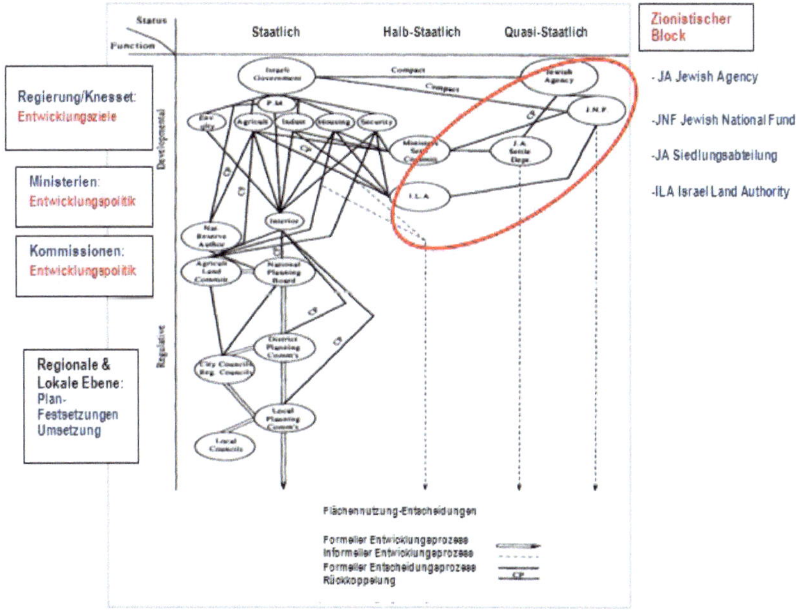

Quelle: Egbaria 2003 nach Yiftachel

Zur Nationalplanung:

Karte 8

Palästina: Israel um 1949
Ergebnisse des 1. Zensus: Verbliebene Palästinenser nach Distrikten: Nord (Galiläa) 63%, Haifa (Dreieck) 16% und Süd (Negev) 72% (schwarz) – jüdische Mehrheiten in den Städten und an der Küste

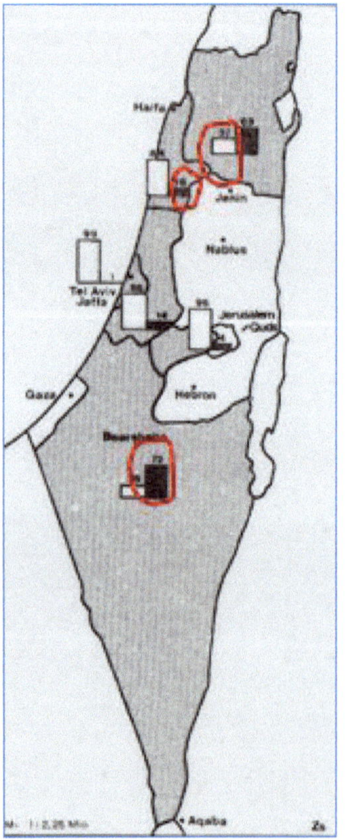

Karte 9

Palästina: Israel National Plan 1950
Plan der Verteilung der Bevölkerung: Von der Küste in die ländlichen Regionen, Schaffung neuer Ober-Zentren, Mittelzentren mit Industrie, ländliche Zentren:

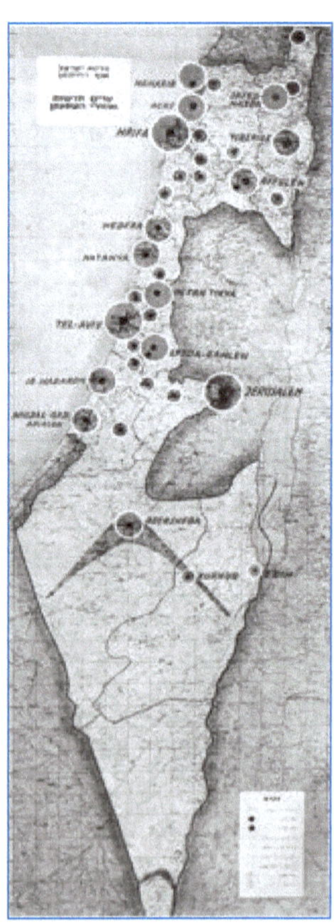

Karte 10

Palästina: Israel/WB/Gaza um 1966

nach dem Nationalplan von 1950
30 Neue Städte, Akka, Haifa, Nazareth
‚Mixed Cities'
Palästinensische Regionen unter Militärregime: Galiläa, Dreieck, sowie Negev/Siyaq. (hellgrün mit Pfeil)

Zum Wasserversorgungssystem:

Karte 11

Palästina: Zentrale Wasserreservoire
Küsten-Aquifer (hell)
Berg-Aquifer Ost (hellgrün)
Berg-Aquifer West (beige)
Negev (dunkelrosa)
West Galiläa (hell-lila)

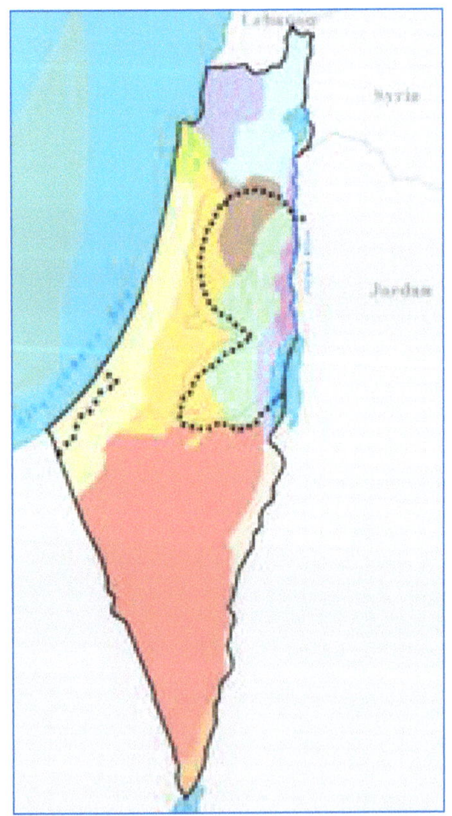

Quelle: Ma'an, Arij 2013

Karte 12

Palästina: Israels ‚Water Carrier' Projekt
Nationale Planung vom Hula-Tal bis in den Negev – kanalisierte und offene Wasserführung (rot)

Quelle: Lonergan/Brooks 1995

Karte 13

Zentrale Wasserläufe der Nord-Region:
Zuflüsse des Jordan, Yarmuk, Jordan und östliche Zuflüsse (Details)

5. Die Beduinen und die ‚nicht anerkannten' Palästinensischen Orte

Ein direkter Angriff auf die Existenzbedingungen eines Teiles der Palästinensischen Gesellschaft in Israel betraf und betrifft bis heute die Beduinen im Negev Gebiet und all jene Orte, in denen die sogenannten ‚Anwesenden-Abwesenden' sich nach der ‚Nakbe' unfreiwillig niedergelassen hatten.

5.1 Beduinen

Die Negev Region macht etwa Zweidrittel des Landes aus, heute besiedelt von 7,4 Millionen Menschen, und damit von nur 9% der Gesamtbevölkerung, darunter etwas mehr als 150.000 Beduinen. Der Negev, die Südregion Israels, ist ein geostrategisches Gebiet mit seiner Verbindung zu Ägypten, dem angrenzenden Roten Meer, dem Zugang zu Afrika und nicht zuletzt wegen seiner Rohstoffvorkommen, vor allem an Phosphaten und keramischen Rohstoffen, sowie geringen Mengen an Erdöl, Erdgas und Eisen. Die Stadt Dimona ist heute bekannt als Ort nuklearer Waffenproduktion und nicht nur als Kernforschungszentrum.[150] Beer Sheba, Arabisch Bir Saba, wurde im Rahmen der Nationalen Planung Zentraler Ort dieser Süd Region.

Vor 1948 lebten in diesem Gebiet 80- bis 90.000 Beduinen, die über 10-12.000 qkm Land regelmäßig beweideten und dies seit Jahrhunderten als ihr Eigentum ansahen.[151]

Auch in der Negevwüste wurde im Zuge der ethnischen Säuberung um 1948 die Beduinen Bevölkerung weitreichend vertrieben, sodass nur 13-15.000 Beduinen während des Zensus im Staat Israel wahrgenommen wurden. Die übrigen Beduinen waren entweder nach Jordanien oder Ägypten geflohen oder befanden sich in anderen Teilen Palästinas (Israel, Gaza und Westbank) und wurden in Israel zu einem Teil der ‚Anwesenden-Abwesenden'. Heute werden etwa 190.000 Beduinen statistisch erfasst, 13 Prozent der Palästinensischen Bevölkerung Israels. Etwa 170.000 von ihnen leben im Süden, die übrige Gruppe in Galiläa, im Norden Israels.

Im Zuge der Enteignung des so genannten ‚Abwesenden Landes' und mit Hilfe der Klassifizierung des Beduinen-Landes als unkultiviertes Land, ‚Mewat'[152],

---

[150] Die Existenz des bis dahin geheim gehaltenen Nuklearforschungsprogrammes Israels und damit die faktische atomare Bewaffnung des Landes wurde zuerst von dem bekannten israelischen Nukleartechniker Mordechai Vanunu 1985 aufgedeckt, der dafür mehrere Jahre im Gefängnis einsaß.

[151] Yiftachel, Oren 2003: Bedouin Arabs And The Israeli Settler State: Land Policies and Indigenous Resistance. In: Abu-Saad, Ismael, Champagne, Duane Hg. 2003: indigenous people between autonomy and globalization; Los Angeles California Press Los Angeles. S. 31; 31; siehe auch Ben David, Y 1991: The Condition for the Negev Bedouins. Jerusalem Institute for Israel Studies.

[152] Wie bereits beschrieben, nach dem Osmanischen Land Code von 1958 und infolge der ‚Mewat Ordinance' aus der Mandatszeit von 1921; auch wenn das Beduinen Land im Zuge der Boden-Registrierung nie in die offiziellen Karten über Privateigentum aufgenommen worden war, anerkannten die damaligen Mandatsbehörden jedoch die in Dokumenten zwischen den Stämmen festgehaltenen oder durch mündliche Überlieferung klaren Besitzverhältnisse am Beduinenland und

wurde den Beduinen 98 Prozent ihres vormaligen Landbesitzes im Negev genommen und schließlich in Israelisches Staatsland umdefiniert. Spätere Klagen haben dazu geführt, dass den Beduinen bis heute nur etwa 30.000 dunam, 3.000 ha, als Eigentum rück-anerkannt wurden.
Die verbliebenen Beduinen wurden bereits in den ersten Jahren auf ein Gebiet von nur etwa 1.000 qkm im wenig fruchtbaren Teil des nördlichen Negev, dem Siyaq, nordöstlich von Beer Sheva, quasi eingesperrt. Die Kolonisierung des Negev wurde vom JNF und der ersten Regierung als besondere Herausforderung und Aufgabe für eine ‚erfolgreiche' Judaisierung des Landes angesehen.[153]

Beer Sheva wurde im Programm der 30 Neuen Städte zu einem Beispiel des modernen jüdischen Städtebaus ausgebaut, als ‚Frontstadt-Ikone' der Judaisierung der ‚Inneren Grenzen'. Vor allem Neueinwanderer aus den arabischen und afrikanischen Ländern wurden hier angesiedelt.[154] Beer Sheva wurde Zentrum einer Reihe von kleineren jüdischen Städten und Dörfern. Der Siyaq, in den zwölf Stämme zu den dort bereits lebenden sechs Beduinen-Stämmen zwangsweise umgesiedelt worden waren, war Teil dieses Gebietes, blieb aber bei der Beer-Sheva-Planung unberücksichtigt und war bis 1966 der Militärverwaltung unterstellt. Waren die Beduinen über Jahrtausende ein nur halbansässiges Volk, wurden sie durch diese Umstände, vor allem durch den Verlust des Weidelandes, mehr und mehr von städtischer Infrastruktur abhängig. Sie blieben jedoch unberücksichtigt von der staatlichen Planung. Ihr Gebiet wurde im Rahmen des Bau- und Planungsgesetzes von 1965 als Agrarland definiert, Bauen also von besonderen Genehmigungen abhängig gemacht. Ihnen war das Bauen in Stein oder Beton untersagt – sodass sie bei wachsender Bevölkerung notgedrungen gezwungen waren, neue kleine Ansiedlungen aus Zelten und Wellblechhäusern zu errichten – diese galten als illegal und sind noch heute und beständig von Abriss bedroht.

Mitte der 1960er Jahre entstanden erste Pläne, die Beduinen des Negev in neuen, permanenten Siedlungen zu konzentrieren – im Siyaq und auch in Städten wie

---

stellten die traditionelle Form des Beduinenlandbesitzes niemals infrage. Siehe Abu Sitta, Suleiman 2005.

153 Ben Gurion „… The people of Israel will be tested by the Negev… only by settling and developing the Negev can Israel…rise to the challenge that history put before us." zitiert in Gradus, Yehuda 1984: The Emergence of Regionalism in a Centralised System. The Case of Israel. Environment and Planning, D: Society and Space. S. 87-100; Yossef Weitz, Vorsitzender des JNF, forderte am 19. Januar 1948, „The Hebrew state will have to embark on a wide settlement strategy in its first three years… big part of it in the Negev … In the Negev we'll be able to implement immediately our development laws, according to which we shall expropriate land according to a well designed plan". Weitz, Yossef, 1952: The Struggle for the Land. Tebersky, Tel Aviv: (Hebrew). S. 367; zitiert in: Yiftachel, Oren 2003: Bedouin Arabs And The Israeli Settler State: Land Policies and Indigenous Resistance. In: Abu-Saad, Ismael, Champagne, Duane Hg. 2003: indigenous people between autonomy and globalization, Los Angeles California Press Los Angeles. S. 29.

154 Yiftachel, Oren 2003: S. 30.

Lod, Ramle und Tel Aviv. Ende der 1960er Jahre wurde die erste Beduinenstadt Tel Sheva errichtet, zwischen 1970 und 1980 sechs weiter Städte: Rahat, Laqiya, Hura, Kseifa, Arara und Segev-Shalom. Es war damit aber folgender Deal verbunden: Die Annahme eines registrierten und im Plan enthaltenen Grundstücks mit Anschluss an Wasser und Elektrizität in einer dieser neuen Städte löschte alle Ansprüche auf ehemals besessenes Land; bei Verbleib in einem als illegal erklärten Ort, blieb die Bewohnerschaft ohne Serviceanspruch und unter der permanenten Bedrohung, dass die dort errichteten Gebäude zerstört und für illegales Bauen hohe Strafen erlassen würden. Die neuen Städte mit eigenem Stadtrat wuchsen unter diesen Umständen zwar schnell, aber sie blieben isolierte Orte in der judaisierten, geförderten und entwickelten Umgebung von Beer Sheva, und sie gelten heute als suburbane Ghettos mit hoher Arbeitslosigkeit[155], sozialer Abhängigkeit, Kriminalität und sozialen Spannungen.[156] Etwa 110.000 von den etwa170.000 bis 180.000 Beduinen des Südens leben heute in den anerkannten Städten und Dörfern des Siyaq auf etwa 11.000 dunam.[157] Daneben existieren noch immer etwa 40 ‚nicht anerkannte‘ von den Beduinen besiedelte Orte mit insgesamt 70.000 Menschen. Manche dieser Orte sind historische Beduinen-Ansiedlungen, die bereits lange vor der israelischen Staatsgründung existiert haben wie al-Araqib, das 2009 völlig zerstört wurde.[158] Um die Bewohner der nicht anerkannten Dörfer in die permanenten Städte zu zwingen, wurden und werden weitere ‚Taktiken‘ der Planung angewandt:

- Strikte Nichtanerkennung aller Ansiedlungen außerhalb der geplanten Städte, einschließlich der Verweigerung infrastruktureller Versorgung, also mit Wasser, Strom, Telefon, Gesundheitseinrichtungen, öffentlichen Diensten und Ausbildungseinrichtungen;
- Intensivierung strafrechtlicher Verfolgung gegenüber ‚nicht anerkannten‘ Behausungen;
- Hauszerstörungen – seit den 70er Jahren sind tausende Wohnhäuser der Negev Beduinen zerstört worden und z.B. in 2007 allein 2.000[159];

[155] Dies, obwohl die Beduinen neben den Drusen, anders als die übrigen israelischen Palästinenser sogar Zugang zur Armee und Polizei haben – eine weitere ausgrenzende Politik Israels mit Hilfe von ‚teile und herrsche‘; jedoch nicht jede Familie lässt sich auf diesen Deal ein.

[156] Siehe Lithwick, Harvey 2000: An Urban development strategy for the Negev's Bedouin Community. Negev center for regional development and the center for Beduin culture, Beer-Sheva.

[157] Zahlen von 2007 in OHCHR Office of the High Commissioner for Human Rights 2009: Link: www2.ochr.org/english/.../Negev_Coexistence_Forum_Civil_Equality.pdf; siehe auch http://www.cbs.gov.il/shnaton60/st02_06x.pdf.

[158] Zu Al-Araqib siehe: human right watch 2008: Off the map. Land and housing rights violations in Israels unrecognized Bedouin villages; in: hrw report Vol 20. No 5, 30. March 2008.

[159] "Rights group demands gov't stop demolishing Bedouin homes. Human Rights Watch report demands probe into housing ministry policies disadvantaging Negev nomads." In: Ha'aretz 13. Juli 2001.

- regelmäßige Erteilung von Zwangsräumungsanordnungen und Strafmandaten, um die ‚Arabischen Invasoren' vom ‚Staatsland' zu vertreiben;
- Verzögerung der Vorgänge zur Landanerkennung, manchmal über drei Jahrzehnte, um den Palästinensern jede Hoffnung auf Rückgewinnung ihres Landes zu nehmen;
- Erlass von scharfen Einschränkungen, was das Weiden angeht; Ergreifen der Tiere und Zerstörung der meisten Herden der Beduinen aus so genannten Umweltschutzgründen[160];
- Vergiftung von Feldern, die auf ‚umstrittenem' Land angelegt wurden, sowie
- forciertes Vorgehen der staatlichen Steuerbehörde gegenüber ‚problematischen' Beduinen.[161]

Yiftachel geht davon aus, dass neben der generellen Judaisierungspolitik weitere Gründe Motiv für die scharfe Kontrolle gegenüber den Beduinenvölkern und ihre Umsiedlung in andere Regionen sind: die Befürchtung, dass die Beduinen bei räumlicher Ausbreitung quasi eine Brücke zum Gazastreifen darstellen könnten[162], und dass ihr Anwachsen eine demographische Bedrohung darstelle für den Süden, sowie schließlich, dass es hohe Kosten verursachen würde, sie alle zu versorgen.
Die prekäre Lage der Beduinen bis heute galt und gilt jedoch nicht nur für sie, sondern auch andere Regionen und Gruppen waren und sind von dem bedrohlichen Status der ‚nicht anerkannten Orte' betroffen.

5.2 ‚Nicht anerkannte Orte'

Die Summe der nicht anerkannten Orte soll heute mehr als 100 betragen und über 100.000 nicht jüdische, palästinensische Israelis betreffen. Der Begriff ‚nicht anerkannt' gilt generell für alle Ortschaften in Israel, die vor 1948 bestanden, nicht in die offiziellen Pläne aufgenommen wurden und deshalb in Bezug auf Planung und Genehmigungsverfahren nicht anerkannt wurden und werden

---

160 Die ‚Green patrols' sind nur dem Schein nach eine Umwelt NGO, sondern eine gefürchtete zionistische, militante Truppe; sie verfolgt akribisch die Herden der Beduinen, tötet und jagt die Herdentiere und sorgt für hohe Bestrafungen, wenn Beduinen außerhalb des ihnen zugewiesenen Landes an ihren traditionellen Weidegewohnheiten festhalten. Aus Gesprächen mit Beduinen im Wohnungsministerium Ramallah August 1999.

161 Yiftachel, Oren 2003: S. 37.

162 Es gibt bis heute den Status des ‚Bir Saba'-Landes, so definiert seit Osmanischen Zeiten und von der Britischen Mandatsregierung als solches nicht angetastet, und das z.B. im Falle einer Palästinensischen Staatsgründung Gegenstand von Raumansprüchen sein könnte, denn Bir Saba Land reicht von Bir Saba bis in den Gazastreifen hinein und ist historisch Eigentum der Beduinen; Israel hat seit Beginn der Staatsgründung gerade dies angezweifelt und das Beduinenland als ‚wild' genutzt und daher Mewat, schließlich Staatsland formal enteignet; siehe dazu auch Abu Sitta Salman, Al-Araqib: All of Palestine, Jan 2011 auf www.plands.org.

und all diese deshalb vom Staat in keiner Weise Unterstützung erhalten. Das hat dazu geführt, dass diese Ortschaften mit 500 bis manchmal 5.000 Bewohnern keine ‚Masterpläne'[163], also Flächennutzungs- und Bebauungspläne, erhalten und somit über kein Instrument verfügen, um irgendeine Baugenehmigung für irgendeine Baumaßnahme zu erwirken. Nach dem Bau- und Planungsgesetz von 1965 wurden die Flächen, auf denen dennoch ‚illegal' Häuser stehen und neue errichtet wurden, als ‚landwirtschaftliche Flächen' ausgewiesen, eine Planungskategorie, die keine Wohnbauten oder andere als landwirtschaftliche Nutzbauten erlaubt. Israelische Kritiker geht davon aus, dass es inzwischen 22.000 solcher nicht genehmigten Bauten gibt, und die Entwicklung der Anzahl der darin lebenden Menschen wird für 2020 auf 200.000 geschätzt – die Mehrheit davon im Siyaq.
Das Bau- und Planungsgesetz von 1965 verbot und verbietet darüber hinaus, solche nicht genehmigten Bauten mit grundlegender Infrastruktur wie Wasser, Strom, Telefon und Straßen und auch nicht mit medizinischer und schulischer Infrastruktur zu versorgen. Dagegen haben sich immer wieder Gruppen gewendet und die Anerkennung einzuklagen versucht, was aber selten zum Erfolg geführt hat.[164]

Mehrere staatliche Komitees sollten sich in den letzten Jahrzehnten der Frage der nicht anerkannten Orte widmen und Lösungen vorschlagen. Das 1976 eingerichtete sogenannte Kubarsky-Komitee und das Markovitz-Komitee von 1985 kamen nach ihrer Analyse zu dem Ergebnis, dass die meisten Bauten der Beduinen so genannte Behelfsbauten seien, die in den Plänen der Mandatsregierung genannt und geduldet waren und nicht illegal seien.
Nach Empfehlungen der Komitees wurden diese Gebiete jedoch als ‚Lösung' generell zu ‚Grauzonen' erklärt, ‚Gebiete mit ungeklärtem Status', die nicht versorgt werden müssen. Außerdem wurde empfohlen, diejenigen Örtlichkeiten, die

163 Der Masterplan stellt im deutschen Planungsmilieu eine Mischung aus ideellem Entwicklungskonzept und Strategien zur Umsetzung bis zu konkreten Schritten, z.B. Projekten dar; in Anlehnung an englisches Planungsrecht muss er hier eher als rechtsetzendes Instrument für die Festlegung von Entwicklungsinhalten und Nutzungsvorgaben einer Region, einer Stadt und von Dörfern verstanden werden.

164 Siehe den Fall Ein Hud bei Haifa im Carmel; Ein Hud's Bewohner wurden 1948 im Zuge der ethnischen Säuberung aus ihrem Dorf vertrieben; während die verbliebenen Bewohner auf einem dem Dorf gegenüberliegenden Hügel ihre Zelte aufschlugen, wurde das historische und einmalig schön gelegene Dorf von Jüdischen Neueinwanderern, zumeist Künstler, übernommen und ist noch heute als ‚Israelisches Künstlerdorf' bekannt; die originale Ein Hud Bevölkerung und ihre Nachkommen leben bis heute, immer wieder von Verdrängung und Zerstörung bedroht, an dem Platz, zu dem sie damals geflüchtet waren – ohne Strom, ohne Wasser, ohne Straßenzugang; sie ließen nicht locker, bekamen internationale Unterstützung und gewannen schließlich einen Prozess um die Anerkennung ihres jetzigen Ortes – zurück konnten sie allerdings nie; nach 60 Jahren ‚illegalem' Überleben im Staate Israel floss in Ein Hud's Wohnungen 2007 zum ersten Mal Strom über die Stromversorgung ihres früheren, seit 1948 judaisierten Dorfes; siehe Ha'aretz 31.7.2007; bekannt wurde die Story durch einen Studentenwettbewerb 2005, in dem ein Masterplan für Ein Hud entwickelt werden sollte. Link: http://www.onelandtwosystems.com/article-201.3624-en.html.

in der Nähe von jüdischen ‚legalen' Orten lägen, unter deren Rechtsaufsicht zu stellen und die übrigen zu zerstören. Im Jahre 2000 schlug das neu errichtete staatliche ‚Sub-Komitee für Beduinen Angelegenheiten' vor, 16-18 der größeren Orte rechtlich anzuerkennen und in einen gesonderten Regionalplan aufzunehmen, und dies in Abstimmung mit dem schließlich anerkannten Regionalrat der bestehenden beduinischen Dörfer. Daraus wurde allerdings nie etwas, sondern es wurde ein so genannter Sechs-Jahres-Sharon-Plan von der Regierung angenommen, nachdem die Bewohner der ‚nicht anerkannten' Dörfer in die inzwischen bestehenden sieben Beduinenstädte und weitere sieben Neue Städte mit denselben Bedingungen umgesiedelt werden sollten. Der Kampf der Beduinen ging jedoch weiter – und inzwischen wurden acht der nicht anerkannten Dörfer zu offiziellen Dörfern, nämlich Kassar Alsar, Moladah, Makhol, Darijat, Abu Qrenat, Um Batin, Bir Hadaj und Tarabin. Dieses Zugeständnis hat allerdings nichts an der weiteren Zerstörungspolitik geändert, und weitere Proteste und Unruhen waren die Antwort. 2008 gab es erneute Empfehlungen einer ‚Goldberg'-Kommission für mehr Anerkennung von Dörfern und Städten und der Kompensation von Verlusten. Da dies für die Regierung mit dem Beer Sheva ‚Metroplis Plan' nicht in Einklang zu bringen war, blieb und bleibt es bis heute dabei, dass Hauszerstörungen und Vertreibungen bis hinein in die künstlich geschaffenen ‚Beduinen Städte' an der Tagesordnung sind.[165]

Über 100.000 Menschen palästinensischer Identität leben immer noch ohne offizielle Anerkennung im staatlichen Plan, also ohne Versorgung. Sie müssen Wasser vom Staat kaufen und beziehen ihren Strom aus eigenen Dieselmotoren, was hohe Kosten verursacht.

Das betrifft zumeist ländliche Orte; aber auch Städte sind betroffen, denn auch in vielen historischen palästinensischen Städten gibt es den Status der Illegalität und die Bedrohung durch Abriss.[166]

[165] Siehe UNHCR, The UN Refugee Agency 2011: State of the World's Minorities and Indigenous Peoples 2011 – Israel and the Occupied Palestinian Territory (OPT). Link: http://www.unhcr.org/refworld/docid/4e16d36ec.html.

[166] In Um El Fahem, im sogenannten Dreieck mit seinen etwa 40.000 Einwohnern, sind heute wegen fehlender Masterpläne 70% des Wohnbestandes ‚illegal' und von Abriss bedroht, weil sie bei wachsender Bevölkerung und Wohnungsdruck schließlich nur ohne Baugenehmigung errichtet werden konnten – so Kassem Egbaria, Stadtplaner in Um El Fahem, aus einem Gespräch an der Birzeit Universität September 2009.

Planung im Siyaq:

Karte 14

Sub-District Bersheba um 1947
Mandatskarte: große Dichte der Beduinen-Orte Juni 1947, vor der Nakbe und der Staatsgründung (Ausschnitt)

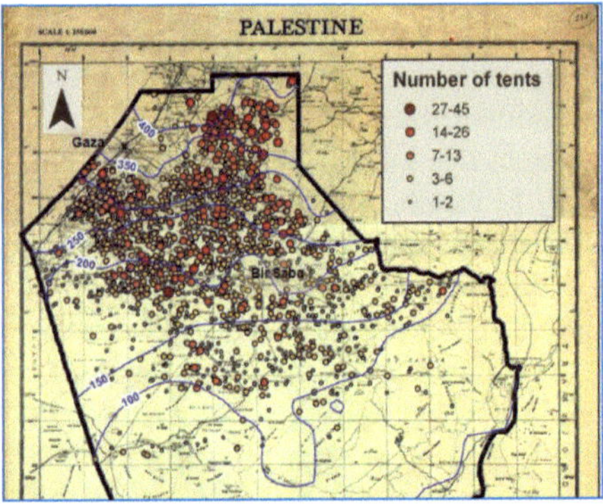

Quelle: Abu Sitta, 2011

Karte 15

Palästina: Lage des Siyaq
Lage in Israel

Karte 16

Plangebiet Siyaq um 2010
Jüdische Planungsgebiete (blau) mit ‚New Towns‘ (Bersheva, Domina, Arad)
Neue Beduinenorte (grün)
Nicht anerkannte Orte (grün, rund)
Zerstörte Beduinen Orte (Punkte)

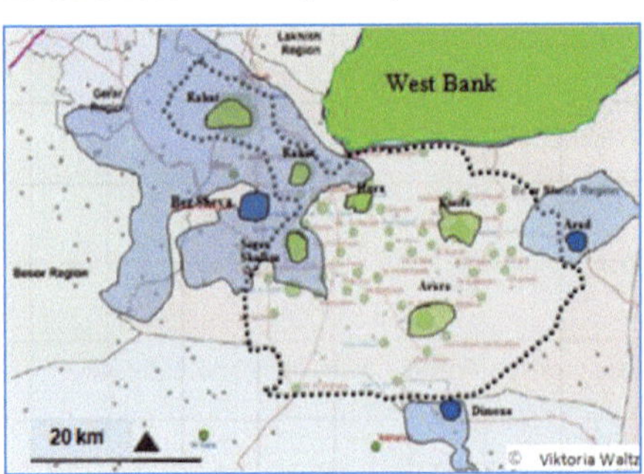

6. Judaisierung der Städte – die ‚Mixed Cities'

Als ‚gemischte Städte' wurden und werden die Städte bezeichnet, die von alters her palästinensisch waren und die im Rahmen des Programms der ‚30 Neuen Städte' eine israelisch/jüdische Nachbarschaft erhielten, und die schließlich in die israelische/jüdische Stadt eingemeindet wurden. Es ist zu reden von Städten wie Haifa, Jaffa, Lod, Safad, Tiberias, Akka oder Nazareth, die jede ein anderes Schicksal und ein anderes Programm der Judaisierung erfahren haben.[167] Alle haben aber das Muster von Vertreibungen, Hauszerstörungen und Enteignungen von Land erlitten.

Nazareth, das christliche Zentrum in Galiläa, das immer noch überwiegend palästinensisch geblieben war, erfuhr den Bau einer völlig neuen großen Stadt in direkter Nachbarschaft, ‚Neu Nazareth', auf dem gegenüberliegenden Hügel der Region – und ohne Entwicklungs- und Erweiterungsmöglichkeiten für die historische Stadt Nazareth. Nach Protesten gegen zunehmende Landenteignung im Jahre 1976, bei denen die Israelische Armee sechs Menschen tötete, ging von hier die Bewegung ‚Tag des Bodens' (Land Day) aus, ein Tag, der seitdem jährlich trotz militärischen Drucks von den Palästinensischen Gemeinden in Israel begangen wird. In den letzten Jahrzehnten wurde in Nazareth eine Politik der inneren Zersetzung verfolgt, das Schüren von Konflikten zwischen den Christen und den Muslimen der Stadt um Land und Baugenehmigungen.[168]

Akka war nach 1948 zwar noch vollständig palästinensisch, aber die Bewohner waren nach Norden, zum Teil in den Libanon geflüchtet und/oder ‚abwesend', und die zur Zeit der Zählung angetroffenen Bewohner waren zumeist Flüchtlinge aus dem Süden, die nicht als Eigentümer registriert wurden. Wie diese wurden auch die rückkehrenden tatsächlichen Eigentümer nach der Zählung ‚Nicht Anwesende' und sind bis heute zumeist nur Mieter und der Willkür der staatlichen Wohnungsbaugesellschaft AMIDAR ausgesetzt, die das ‚Abwesenden-Eigentum' übertragen bekam.[169] In direkter Nachbarschaft wurde ebenfalls im Rahmen des Programms der ‚30 Neuen Städte' Akko, eine völlig neue Stadt nach dem Modell Gartenstadt errichtet. In jüngster Zeit kam Akka in die

---

[167] Der ‚Urbizid', analog zu Geozid und Genozid verwendet, die militärische Offensive zur De-Arabisierung der Städte, begann im April 1948 mit Tiberias; es folgten Haifa, Safad, Jerusalem, Akka, Baysan und Jaffa. Siehe Pappé, 2006: S. 91.

[168] So wurde zur Jahrtausendwende bewusst ein Streit um die Nutzung eines Grundstücks neben der Geburtskirche in Nazareth zwischen Christen und Muslimen geschürt, der wochenlang durch die israelische Presse ging. Siehe auch: Strickert, Fred 2000: Conflict in Nazareth Continues over Mosque Construction. In: Washington Report on Middle East Affairs, March 2002, S. 82.

[169] Die Vertreibung der Bewohner Akkas lief unter der Operation Ben Ami; siehe Pappé 2006: S. 100ff.

Schlagzeilen, als jüdische Jugendliche aus Akko palästinensische Jugendliche aus Akka angriffen und es zu heftigen Auseinandersetzungen kam.[170]

Jaffa, besonders die historische Altstadt, hatten die meisten Bewohner im Zuge der ethnischen Säuberung bereits verlassen, und viele von ihnen hatten in den verbliebenen umliegenden Dörfern oder in der Neustadt Jaffas Schutz gesucht, wenn sie nicht über den Hafen das Land ganz verlassen hatten und in Gaza oder z.B. in Ägypten, gelandet waren.[171] *Jaffa,* in unmittelbarer Nachbarschaft zur rein Jüdischen Stadt Tel Aviv und seit der Gründung ein Dorn im Auge der Zionistischen Führung, wurde zur ‚Altstadt' von Tel Aviv, die ehemaligen Altstadt-Bewohner vollständig vertrieben und diejenigen, die in der ‚Neustadt' Jaffas Zuflucht gesucht hatten, wurden Opfer einer Wohnungspolitik der Wohnungsbaugesellschaft AMIDAR, die einst zum Schutz von Mietern gegründet wurde, aber, wie sich heute herausstellt, auch dies nur für ‚Jüdische Mieter'.[172]
Ganz andere Entwicklungen nahmen die palästinensischen Städte, die entweder ganz von der Landkarte verschwunden sind, wie die Küstenstädte Majdal, das heutige Ashqelon oder Ramle, Städte die im Grunde nur als israelische Städte bekannt sind und nur noch einen kleinen palästinensischen, dazu noch illegalisierten Stadtteil besitzen; Safed, die historische palästinensische Stadt Safad, wurde nach der Vertreibung seiner Bewohner vollständig judaisiert, wie auch Tiberias und andere historische palästinensische Städte, die einfach mit ihrer gesamten historischen Struktur übernommen wurden, nachdem die ehemalige autochthone Bevölkerung vollständig vertrieben worden war.[173]
Ihr Schicksal ist sehr klar und deutlich über Luftaufnahmen der verschiedenen Etappen der Zerstörung und Vertreibung belegt und von Benjamin Z. Kader mit britischen Luftaufnahmen dokumentiert worden.[174]

---

170 Es begann am 8. Oktober 2008 am Jom Kippur Tag: eine palästinensische Familie wurde von israelischen Jugendlichen angegriffen und verfolgt; als das Gerücht umging, dass jemand getötet worden sei, gingen hunderte palästinensische Jugendliche auf die Straße und der scheinbare Friede in der sogenannten ‚Mixed City' brach auf, denn anschließend stürmten hunderte Israelis die arabischen Viertel, Fenster wurden eingeschlagen, Läden und Häuser niedergebrannt – und seitdem ist es vorbei mit der sogenannten friedlichen Nachbarschaft. Link: http://www.merip.org/mero/mero111508.

171 Einer befreundeten, heute in Deutschland lebenden Arzt-Familie erging es so: nur die Mutter, Großmutter meines Freundes, schaffte es mit ihren Kindern auf ein Schiff, der Kontakt zu ihrem Mann ging verloren; sie landete in Beirut; dort fand ihr Bruder sie in einem Flüchtlingslager, der inzwischen wusste, dass ihr Mann in Jordanien gelandet war; so wurden sie Jordanier und mein Freund wurde dort geboren, aber auch er versteht sich als Palästinenser und besteht auf seinem Recht auf Rückkehr.

172 Siehe das folgende Kapitel.

173 Die Übernahme palästinensischen Eigentums seit 1948 wurde durch die neuen Bewohner sogleich mit an den Häusern angebrachten Tafeln zum jüdischen Besitz erklärt, um dies für spätere Zeiten zu dokumentieren – eine beliebte Methode oder besser Politik, Altes auszulöschen und jüdisches an die Stelle zu setzen, die auch in Jerusalem in der Altstadt von den zionistischen Siedlern praktiziert wird.

174 Siehe Kedar 1999.

An dieser Stelle soll Jaffa als das herausragende Beispiel eines urbanen und kulturellen Genozids[175] gelten – beispielhaft für das zukünftige Schicksal Akkas oder Nazareths in Israel oder der Altstadt von Jerusalem und Hebron in der Westbank, wenn es nach manchen Aktivisten unter den orthodoxen Siedlergruppen ginge.[176]

6.1 Jaffa – ,Braut des Mittelmeeres'

Jaffa hat eine Jahrtausende alte, bis auf die Bronzezeit zurückgehende Geschichte und war seit Jahrhunderten prominenter Hafen und See-Verbindung nach Europa. In moderner Zeit entwickelte sich Jaffa zu einem blühenden Zentrum diverser Industrien und war bekannt wegen seiner Baumwoll- und Lederprodukte, Zigaretten, Textilien und edler Holzschachteln. Weltoffen und kulturell lebendig, gab es in Jaffa internationale Schulen, diverse weiterführende Ausbildungsinstitute, und viele politische Zeitungen und Journale wurden in Jaffa herausgegeben. Jaffa war wegen seiner kulturellen Vielfalt ein häufiger Auftrittsort berühmter Künstler der Arabischen Welt, so z.B. war Um Koulthoum hier oftmals zu Gast.

Jaffa war auch ein Ort der Zuwanderung, beliebt wegen seines Flairs und seiner gesellschaftlichen Möglichkeiten. Seit dem Zionistischen Plan war der Hafen von Jaffa Ankunftsort der meisten jüdischen Neueinwanderer, und der Jaffa umgebende fruchtbare Küstenstreifen wurde ein Zentrum der Zionistischen Kolonisation. Landkäufe in und um die zu Jaffa gehörenden umliegenden Dörfer bildeten den Beginn der späteren Hegemonie über Jaffa. Das benachbarte Tel Aviv, eine rein jüdische Gründung in direkter Nachbarschaft zu Jaffa, erhielt 1921unter der englischen Verwaltung Stadtrecht und eine eigene Stadtverwaltung. Seitdem gab es ein Auf und Ab von Zusammenarbeit, wo es nötig erschien, etwa bei Infrastrukturfragen, und Widersprüchen sowie Konflikten um

---

175 Genozid bedeutet systematische Zerstörung oder Vernichtung und wird heute im Zusammenhang von systematischer Vertreibung und nachhaltiger Vernichtungsplanung von Minderheiten, sei das in Afrika, Asien, Lateinamerika oder Europa gebraucht; Oxford Dictionary definiert: "...the deliberate killing of a large group of people, especially those of a particular nation or ethnic group..."; siehe auch Pappé 2006 im israelisch/palästinensischen Kontext. Ähnlich wird der Begriff ,Holocaust' im internationalen Diskurs aus der exklusiven Bedeutung für die Vernichtungspolitik gegenüber den Juden Europas durch das Nationalsozialistische Regime genommen und für ähnliche Konstellationen verwendet; so spricht man vom ,kulturellen Holocaust', oder vom ,geographischen Holocaust', wo es um die Vernichtung der kulturellen, nationalen oder auch geographischen Identität eines Volkes geht; in ,Webster's Encyclopaedia' wird ,Holocaust' als ,eine sehr große oder vollständige Verwüstung oder Zerstörung' beschrieben, ein ,systematisches Abschlachten' oder eine ,irgendwie geartete rücksichtslose Zerstörung von Leben' (eigene Übersetzung).

176 *ateret cohanim* zum Beispiel, die aktivste Siedlergruppe in der Altstadt von Jerusalem, die palästinensische Häuser besetzt, mit Hintermännern Käufe fingiert und mehrere Torah Schulen und Gebetsräume unterhält; zu ihrer eigenen, definierten Bestimmung: "To have Torah learning and yeshiva students on the outskirts of the Temple Mount shows that the centuries-old Zionist dream is ongoing, as is the process of redemption."

Einflusssphären, Stadtgrenzen und Boden- bzw. Eigentumsfragen, wenn es um zionistische Interessen ging.[177]

Zur Zeit der ersten großen Revolte im Jahre 1936 gegen die zunehmende jüdische Einwanderung und ihre offensichtliche Unterstützung durch die britische Mandatsregierung, war Jaffa ein Zentrum der Revolte und heftigen Angriffen durch das englische Militär ausgesetzt. Es gab Tote, Verletzte und Hauszerstörungen. Um die engen Viertel besser kontrollieren zu können, wandten die Engländer eine bekannte Planungsstrategie[178] an: sie brachen neue Straßen durch die verwinkelten Gassen der Neustadtviertel, die die historische Altstadt umgaben, um die Bewohner effektiver kontrollieren zu können und den Zugang von Jeeps und Militärpatrouillen zu erleichtern.

Nach den Teilungsplänen der UN in der Resolution 181 von 1947 sollte Jaffa wegen seines eindeutig palästinensischen Charakters eine kleine palästinensische Insel[179] inmitten des Gebietes sein, das den Zionistischen Vertretern zugesprochen werden sollte. Dies schien wie ein Angebot an sie, es ganz einzunehmen. Seit dem UN-Beschluss nahmen tatsächlich die Übergriffe einzelner zionistischer Banden, im Rahmen des Plan D, auf die Umgebung von Jaffa und die Dörfer zu. Die verheerende militärische Offensive ereilte Jaffa am 13. Mai. Obwohl Jaffas Bewohner sich mit heroischem Mut verteidigten, erlag die Stadt nach drei Wochen Belagerung den Angriffen der 5.000 Mann starken zionistisch-jüdischen Truppen.[180]

Etwa 60.000 bis 70.000 Menschen mussten Jaffa verlassen. Die Altstadt und der nahe an Tel Aviv gelegene Stadtteil Manshiye wurden gänzlich entvölkert. Die 4.000 verbliebenen Bewohner Jaffas wurden in den noch verbliebenen, ärmsten Stadtteilen, dem südlich der Altstadt gelegenen Ajami und dem nördlich gelegenen Jabaliyah zusammengetrieben und blieben unter Belagerung, umgeben von Stacheldrahtzäunen und Kontrollposten. Sie wurden nach Aufhebung des Belagerungszustandes 1950 wie die anderen palästinensischen Gebiete in Israel bis 1966 unter Militärkontrolle gestellt. Die Stadt Jaffa verlor damit ihre Selbständigkeit und ist bis heute als Tel Aviv-Yafo der Stadtverwaltung von Tel Aviv unterstellt und wird als die ‚Altstadt Tel Avivs' vermarktet.

---

177 LeVine, Mark 2005: Overthrowing Geography. Jaffa, Tel Aviv and the struggle for Palestine 1880-1948. University of California Press. Berkeley, Los Angeles, London; siehe auch Palmer F. 1923: Plan of Jaffa. SICAM Project. London.

178 Bekannter ist die Methode ‚Hausman' für Paris; Georges-Eugène Hausman war Präfekt und Planer im Paris des 19ten Jahrhundert; unter dem Logo der Modernisierung wurden großzügige Boulevards auf Kosten von den alten, dicht bewohnten Arbeitervierteln errichtet, und damit der Polizei nach ihrer Zerstörung ein einfacherer Zugang zu den kampfbereiten Pariser Arbeitern und ihre Kontrolle ermöglicht.

179 Text der Resolution 181 siehe unter unispal.un.org.nsf; 1945 zählte die Bevölkerungsstatistik der Mandatsregierung 101.580 EW, davon 53.930 Muslime, 16.800 Christen, also Palästinenser, sowie 30.830 Juden, wobei Tel Aviv 1947 bereits über 150.000 (jüdische) EW zählte, nach Supplement to a Survey of Palestine, einem Bericht der britischen Mandatsverwaltung an die UNO von 1947, S. 4, Ausgabe 50942.

180 Pappé 2006: 102ff.

Jaffas Transformation unter israelischer Planung

Mit Gründung des Staates Israels und der faktischen Übernahme Jaffas in die Hoheit Tel Avivs, begann ein gründlicher Judaisierungsprozess, der die Bevölkerungszusammensetzung und die Landkarte praktisch neu erschuf. Die meisten umliegenden palästinensischen Dörfer waren entvölkert worden, ebenso die Altstadt und Neustadt Jaffas fast vollständig, und eine neue ‚Kultur' überzog diese historischen Stätten des alten Palästinas. Wie andere ‚schöne' entvölkerte Orte, z.B. Ein Hud im Norden, besetzten jüdische Künstler, zumeist Flüchtlinge aus Europa, die historische Altstadt. Sie renovierten, bauten um und ergänzten, richteten Ateliers und Kunsthandwerkstätten ein, schufen Cafés und Restaurants in ehemals islamischen Einrichtungen und brachten Tafeln mit jüdischen Namen und jüdischer Zeitrechnung an, um jüdisches Besitzrecht zu dokumentieren. Nachdem 1965 der seit 3.000 bestehende Hafen als Handelshafen geschlossen und Ashdot stattdessen ausgebaut worden war, entwickelte sich Jaffa endgültig zu dem, was es heute mit dem bekannten Flohmarkt und den Fischrestaurants ist: ein attraktives israelisches Ausgeh- und Künstlerviertel, ein Treffpunkt der Tel Aviver und der Touristen mit unvergleichlichem Flair. Den ehemaligen ‚Besatzern' wurden für ihre ‚bewundernswürdige Renovierungstätigkeit' Nutzungsrechte vergeben, sodass diese sich heute als die eigentlichen Eigentümer der historischen palästinensischen Häuser verstehen können.
Die umliegenden Neustadtviertel wurden je nach den Umständen neu besiedelt, umgebaut, oder es wurden darin neue Projekte errichtet. Etwa 45.000 Flüchtlinge aus Europa wurden in Jaffas ‚verlassenen Häusern' untergebracht.[181]

Das Schicksal derer, die das Land nicht bereits vor der Belagerung verlassen hatten und in den verbliebenen Dörfern, bei Verwandten oder in Ajami oder Jabaliyah ausharren mussten, wurde durch den Zensus von 1948 besiegelt: sie waren zu Anwesenden-Abwesenden geworden. Auch ihr Eigentum war entsprechend konfisziert worden, und wer trotz aller Widrigkeiten nach 1950 in sein altes Haus zurückgekehrt war, wurde zum Mieter seines Eigentums, da es bereits dem ‚Kustos des Verlassenen Eigentums' und später der Zionistischen Wohnungsbaugesellschaft Amidar, ein Zweig der ILO (Israel Land Organisation), übertragen worden war.[182]
Amidar war gegründet worden, um den nötigen Wohnraum für die anstehenden 700.000 Neueinwanderer zu beschaffen – entweder durch Neubau, oder durch Bewirtschaftung des verlassenen palästinensischen Eigentums.
Während Amidar sich um die Unterbringung jüdischer Einwanderer kümmerte, palästinensische Wohnungen plünderte, renovierte oder umbaute und Neubau-

[181] Humphries, Isabelle 2008: The Nakba Continious: Ethnic cleansing of Jaffas Ajami Neighbourhood. In: Washington Report in Middle East Affairs. S. 14-15.

[182] Tarek, Ibrahim 2008: Unprotected Citizens. Amidar, public housing company threatens to evict 497 Palestinian families in Jaffa-Tel Aviv. HRA Arab Association for Human Rights, S. 9ff.

pläne entwarf, gab es auch hier für die verbliebenen Palästinenser weder finanzielle Unterstützung noch Entwicklungsmöglichkeiten. Das ehemalige Manshiye Viertel, das fast vollständig zerstört worden war, wurde zu einem Park. In den beiden Vierteln Ajami und Jabaliyah war den palästinensischen ‚Mietern' jedwede Veränderung und Verbesserung untersagt, und beide Viertel wurden zu armen und vernachlässigten Gebieten des Stadtgebietes Jaffa-Tel Aviv. Enteignung und Zerstörung nahmen kein Ende – im Jahre 1973 gab es noch 3.176 Wohneinheiten in den Nachbarschaften Ajami und Jabaliyah, in denen palästinensische Familien wohnten, 1990 nur noch 1.608. Palästinensische Quellen besagen, dass etwa 3.200 Häuser in den letzten 30 Jahren von den israelischen Behörden zerstört wurden.[183]

Mitte der 1980er Jahre erfuhren Jaffas palästinensische Bewohner einen neuen Angriff auf ihre schon prekäre Eigentums- und Wohnsituation. Die Tel Aviver Stadtverwaltung präsentierte einen sogenannten Jaffa Erneuerungsplan, der der ‚physischen und sozioökonomischen Rehabilitierung' dienen sollte.[184] Bekanntermaßen dienen solche Pläne, verbunden mit Privatisierung und Bauzwang vor allem der Vertreibung der vorhandenen ‚armen' Bevölkerung, und eine gewollte ‚Gentrifizierung[185]' setzt ein: die Altmieter werden durch besser verdienende Familien ersetzt, um das Gebiet aufzuwerten. Die besonders attraktive Lage Jaffas und seiner direkten Nachbarschaften an der Küste war seit längerem für Investoren von großem Interesse, und die Tel Aviver Stadtplaner lieferten die entsprechende Planung zur Realisierung solcher Interessen. Dieser Erneuerungsplan bezog sich auch und besonders auf Ajami und Jabaliyah, Gebiete, die als Slums bezeichnet wurden, die dringend aufgewertet werden müssten. Das Programm sah folgendes vor:

- Erstellung rechtsverbindlicher Pläne,
- Aufnahme Jaffas in das Regierungsprogramm für Erneuerung, um staatliche Gelder zu erhalten,
- Vertrag mit der ILA, der staatlichen Besitzerin der Grundstücke und Gebäude, der dafür sorgen sollte, dass Profite aus Landverkäufen in die Verbesserung der Infrastruktur investiert werden, und
- Fundraising innerhalb der weltweiten Jüdischen Gemeinde.[186]

[183] Tarek 2008: S. 16.

[184] Tarek 2008: S. 18.

[185] Gentrifizierung ist ein bekannter Begriff der Stadtsoziologie und meint die Aufwertung eines Viertels durch Planungs- und Baumaßnahmen zugunsten einer neuen, wohlhabenderen Mieter- und Käuferschicht, während die bisherigen Bewohner ‚gentrifiziert', d.h. aus ihrem angestammten Viertel durch höhere Mieten etc. herausgedrängt werden.

[186] Montrescue, Daniel, The Palestinian Community in Jaffa: A social planning-report. Shatil – Mixed Cities Project, March 2007. S. 10 (Hebrew); in Tarek 2008: S. 18.

Zunächst wurden einige historische Gebäude, Kirchen, Moscheen, z.B. die Mina Moschee am Küstenboulevard, und auch Monumente der Bauhaus Ära wie das Alhambra Kino im Rahmen dieser Planung renoviert – allerdings auch ein 1983 muslimischer Friedhof durch radikale Gruppen zerstört. Jaffa erfuhr durch die Erneuerungspläne eine gewisse Verbesserung im Äußeren und auch einen kleinen wirtschaftlichen Aufschwung, sodass auch die palästinensischen Bewohner davon profitierten.

Die erste Intifada 1987/88 in der Westbank und im Gaza Streifen erweckte allerdings das Nationalgefühl der palästinensischen Israelis, und Proteste gegen die jahrzehntelang ertragene Diskriminierung und Unterdrückung wurden auch in Jaffa laut geäußert.

Das Thema der ‚Mixed Cities' kam auf die Agenda Israelischer Planungs- und Kolonisierungspolitik. Eine Antwort war die Bildung einer Extra- oder Nebenverwaltung für Jaffa, deren Aufgabe es sein sollte, für die Zentralverwaltung in Tel Aviv die Umsetzung der anstehenden Pläne voranzutreiben und die Kontrolle über das Vorhaben zu behalten. Folgende Entwicklungsaspekte waren danach für Jaffa vorgesehen:

- Tourismus und Geschäftsleben,
- Infrastruktur,
- Ausbau zu einem qualifizierten Ausbildungszentrum mit einem akademischen Campus,
- Aufwertung des Stadtbildes (Boulevards, Parks),
- Ausbildung, Kultur und Community Bildung sowie
- Kultur und Kunst.

Im Zentrum stand seit Jahren das Projekt ‚Jaffa Slope' oder ‚Jaffa-Hang', eine ehemalige Abfalldeponie, direkt an der Küste vor einem Wohngebiet gelegen, über die sich seit Jahren die palästinensischen Anwohner wegen des Gestanks und Unrats beschwert hatten, und die ihnen darüber hinaus den Zugang zum Meer versperrt hatte. Dieser ‚Schandfleck' sollte nun verschwinden – nicht wegen der Proteste, sondern um das Land teuer für den luxuriösen Wohnkomplex ‚Andromeda Hill', im Zusammenhang mit Parks, Promenaden und Beach-Leben, zu nutzen. Zusätzlich wurden anliegende Grundstücke und Häuser eingeplant und durch Amidar verkauft, alte Bewohner hatten nun mit individuellen Nutzungsansprüchen zu tun, mussten ihre Wohnungen verlassen, und viele Häuser wurden zur Zerstörung freigegeben.

Was als ein typisches Erneuerungsprogramm mit den üblichen Folgen für die alteingesessene Bewohnerschaft daherkam, hatte allerdings dieselben Effekte wie die vorangegangenen Planungsstrategien: die Vertreibung der Palästinenser aus Jaffa, nun der Neustadt und ihren verbliebenen Vierteln. Amidar, die als staatlicher Verwalter aller Gebäude auftrat, brachte 2007 einen entsprechenden, ‚sachdienlichen Bericht' für die Knesset, unter der Leitung eines Innenminister

Komitees, heraus unter dem Titel: ‚Überprüfung des Bestandes an besetztem Eigentum in Jaffa', in dem insgesamt 497 Häuser als besetztes staatliches Eigentum identifiziert wurden, die Amidar verwaltete. Alle Bewohner dieser Häuser erhielten danach Anordnungen, die Häuser zu verlassen.
Amidar, die Wohnungsverwaltung, die unter anderem auch gegründet worden war, um Mieterrechte zu schützen, jüdische damals gegenüber palästinensischen Ansprüchen, hätte nun eigentlich für den Schutz der Bewohner vor Evakuierung oder Vertreibung eintreten müssen. Das Gegenteil geschah unter Anwendung anderer ‚Verordnungen': solch ein Schutz konnte nur geltend gemacht werden, wenn die Mieter nicht gegen das Gesetz verstoßen hatten. Das aber hatten die palästinensischen Bewohner von Ajami und Jabaliyah nach zionistischer Auslegung. Sie hatten nämlich in ihren oftmals eigenen Häusern begonnen, Balkons, Terrassen oder Anbauten anzubringen, um für die wachsenden Familien mehr Wohnraum zu schaffen – aber nie eine Baugenehmigung beantragt, denn als Mieter hätten sie diese gar nicht bekommen. Unter diesen Umständen wurde die Evakuierung von hunderten Familien während der letzen Jahre quasi legal.[187]

Zum Veränderungsprozess von Jaffa seit den 20er Jahren

Karte 17

Palästina: Israel.
Jaffa um 1923

Nach Palmer 1923

Karte 18

Jaffa/Tel Aviv um 1930
Geteilte Städte, Stadtgrenze rot

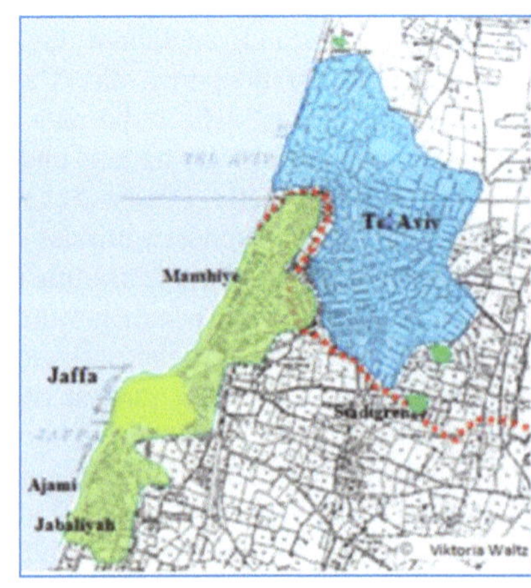

[187] Siehe Tarek 2008.

Karte 19

Tel Aviv Distrikt Entwicklungsplan 1950:
Vororte verschwinden, Jaffa wird Yafo

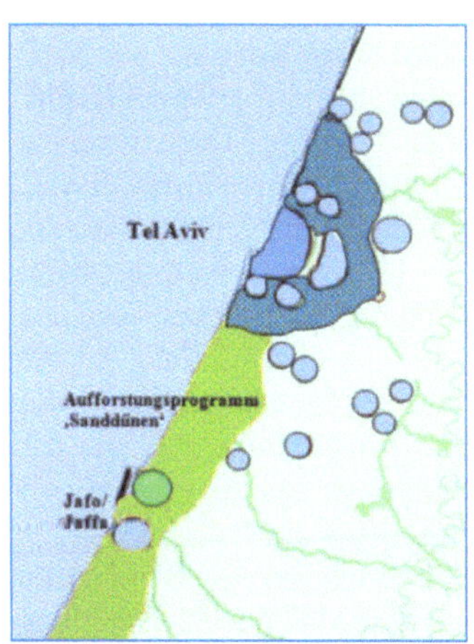

Die Gentrifizierungspolitik in Jaffa entpuppte sich so als Judaisierungsprogramm mit Hilfe städtischer Erneuerungs-, Entwicklungs- und Wohnungspolitik, gepaart mit staatlicher Förderpolitik und finanzieller und organisatorischer Unterstützung durch die zionistischen Organisationen WZO, JA und ILA. Auch hier entstand zwangsweise eine neue Landkarte und eine neue demographische Struktur – die ehemals typische arabische, palästinensische Baukultur wurde zum hübschen Beiwerk einer neuen jüdischen Welt.
Solange aber noch palästinensische Bewohner den erwünschten rein jüdischen Charakter des Staates Israel und historische Stätten mit ihren historischen bekannten Namen das Bild störten, fehlte noch etwas an der Vollendung des zionistischen Programms. Auch dafür war eine Lösung vorgesehen: die schlichte Änderung der Namen.[188]

7. Die Hebräisierung der Landkarte

Die Schaffung neuer Landkarten ist und war eine der typischen intellektuellen Waffen im Kolonisierungsprozess – nicht nur im Projekt Israel.[189] Landkarten

---

[188] Siehe Benvenisti 2002.

[189] B. Harley, "maps are never value-free images… cartography can be 'a form of knowledge and a form of power'" in: Harley, J. B. 1988. Maps, knowledge and power. In: Cosgrove, E. Denis and Stephen Daniels, Stephen Hg. 1988: The Iconography of Landscape: Essays on the Symbolic Representation, Design, and Use of Past Environments. Cambridge University Press, Cambridge, England; New York. S. 277-312.

können so etwas wie ‚wissenschaftliche Objektivität' suggerieren, etwas, das die Zionistische Bewegung dringend für ihre Landnahme gebrauchen konnte. Schon in der Mandatszeit war die ‚Society for the Reclamation of Antiquities', später die ‚Israel Exploration Society', tätig, um den Anspruch auf das ‚Land Israel' mit historischen, geographischen und antiquarischen Forschungen zu untermauern und auf die offizielle Landkarte Einfluss zu nehmen.[190]

Im Juli 1949 beauftragte die Regierung unter Ben Gurion ein Komitee, das NNC (Negev Names Committee), aus einer Forschergruppe eben dieser Israel Exploration Society (IES), mit der Aufgabe, „allen Orten – Berge, Täler, Quellen, Straßen und so weiter –, in der Negev Region hebräische Namen zuzuweisen". Dies stellte quasi einen Akt zur Schaffung neuer Eigentumsverhältnisse, zur Dokumentierung eines ‚Jüdischen Eigentumsrechts' über ein Gebiet, das mehr als die Hälfte Israels ausmachte. Für die Mitglieder der IES war dieses Ansinnen nicht neu – bereits unter der Mandatsregierung hatte das IES Einfluss auf die Namensgebung in den offiziellen Karten der Britischen Mandatsregierung für Palästina zu nehmen versucht. In einer inoffiziellen hebräischen Karte hatte das IES bereits eigene biblische Namen angeblich hebräischer Siedlungen entworfen, die zum Beispiel von der Haganah bei ihren Angriffen auf Palästinensische Dörfer verwendet worden war. In einem Brief des Premierministers Ben Gurion an den Vorsitzenden dieses Komitees hieß es: „Aus Gründen der Staatsbildung müssen wir die arabischen Namen entfernen. Ebenso wenig wie wir das politische Eigentum der Araber auf dieses Land anerkennen, werden wir auch nicht das geistige Eigentum an ihren Namen anerkennen."[191]

Die Basis der Kommission waren englische Karten, auf der die arabischen Namen oft nur vom Hören in englische Phonetik übertragen worden waren, diese also zumeist nicht dem Original entsprachen. Das Komitee kam so zu Namen, die entweder in ihrer ‚Bedeutung' aus dem englischen ins hebräische übersetzt wurden, oder zu klanglich entsprechenden Namen. Von 533 neuen Namen bezogen sich deshalb allein 333 auf das arabische Original, also die große Mehrheit.[192] Diese Namen wurden deformiert, ihre Bedeutung geändert, verkürzt auf hebräische Wörter – aber hebräische Wurzeln hatten sie keineswegs. In anderen Fällen ersetzten pseudo-biblische Namen den arabischen Namen – in den seltensten Fällen lag der Namensgebung eine alte biblische Quelle zugrunde. Es blieb aber auch dann das Problem, der Quelle einen ganz konkreten Ort zuweisen zu können – auch dafür wurde eine ‚Lösung' gefunden: „Die Liste... beinhaltet historische Namen, deren konkreter Ort nicht identifizierbar war, aber die Namen wurden auf der Karte als Basis für die geographische Identifizierung vermerkt."[193] In welch absurder Weise und gänzlich unwissenschaftlich der Prozess

[190] Siehe Link: Israelexplorationsociety.huji.ac.il.

[191] Benvenisti 2002: S. 14.

[192] Benvenisti 2002: S. 17.

[193] Golan, Arnon 1993 The New Settlement Map. phd diss. Hebrew University, S. 376-77 in: Benvenisti 2002: S. 20.

der Namensgebung erfolgte, ist den bei Benvenisti zitierten Sitzungsnotizen des Komitees zu entnehmen.[194] Schließlich wurden die 533 Namen folgendermaßen vergeben: 120 fußten auf historischen Namen, 50 Namen waren biblischen Personen gewidmet, 175 Namen waren Übersetzungen aus dem Arabischen, 150 Namen waren in Anlehnung an den arabischen Klang gewählt worden, 30 waren ‚modernisierte' Namen, 8 Namen waren unverändert übernommen worden. Mit den Namen von den vor 1948 existierenden 17 jüdischen Gemeinden wurden auf der 1951 veröffentlichten 1:250.000 Karte des südlichen Israels 560 weitere hebräisierte Namen amtlich.[195]
Im März 1951 wurde die Arbeit des Komitees auf ganz Israel erweitert und mit dem seit 1925 bestehenden Namengebungskomitee des JNF zusammengeführt, dessen Namen von der Mandatsregierung nur für die zionistischen Siedlungen zwecks Anerkennung in der Planung übernommen worden waren, immerhin 400. Für die Zionistische Führung hatten diese Namen jedoch eine größere Bedeutung als nur die der offiziellen Anerkennung: basierend auf historischen hebräischen Namen sollten diese zu Zeugen des jahrtausendealten Anspruchs der Juden auf das Land werden.[196]

8. Israel vor dem nächsten Krieg 1967

Am Vorabend der Besetzung weiterer Räume des versprochenen Mandatsgebietes Palästinas und nach nur 20 Jahren Israelischer Existenz konnte sich die Kolonialisierungs-Bilanz – zumindest im israelischen Raum – sehen lassen:

- Die *Machtfrage* schien völlig geklärt, die Palästinensische Teilgesellschaft war marginalisiert und isoliert; bis 1966 konnte sie sich, trotz diverser Versuche, keine politische Vertretung oder Partei schaffen[197] – sie wurde 1966 aus der Militärbesetzung entlassen, die ‚Heimatfront' galt als ‚befriedet';
- die *Bevölkerungsfrage*, also die demographischen Verhältnisse, waren nach weiteren Einwanderungswellen gefestigt, wenn auch nicht ganz gelöst; bei einer inzwischen auf 2.657 Millionen[198] gewachsenen Bevölkerung machte die ‚arabische'[199], also die palästinensische Bevölkerung, etwa 400.000, etwa 15 Prozent aus;
- die *Bodenfrage* war fast absolut geklärt, nicht einmal acht Prozent des Landes waren nach den Enteignungen von so genanntem Abwesenden,

[194] Benvenisti 2002: S. 22.
[195] In Ha'aretz vom 6. September 1966.
[196] Ussishkin in Benvenisti 2002: 27; Ussishkin, Abraham war Leiter des JNF Direktoriums 1923-1941; zitiert in Morris, Benny 1987: The birth of the Palestinian Refugee Problem. Middle East Library, Cambridge. S. 230.
[197] Die Bewegung ‚al Ard', ‚der Boden', wurde verboten.
[198] Siehe Ministry of Foreign Affairs Mfa, annual report 1967 Link: Mfa.gov.il statistics.
[199] Israel benennt in der Statistik die Palästinenser, also Christen, Muslime und Drusen, entweder ‚nicht-Jüdische' oder ‚Arabische' Bevölkerung.

Staatsland und Land für Planungszwecke noch in palästinensischem Besitz und perspektivlos für die Palästinenser, was die Nutzung anging, weil Masterpläne zumeist fehlten;

- die *Besiedlungsfrage* war erfolgreich gelöst worden, wie es einst vorgeschlagen worden war: ein Netz von etwa 700 neuen Jüdischen Bauernkolonien war über den palästinensischen Boden gezogen worden, 30 Neue Städte waren entstanden – neben einer palästinensischen Besiedlung, die seit 1949 keine Erweiterung erfahren hatte; die spontan aus der Not entstandene Siedlungserweiterung in dem begrenzt zur Verfügung stehenden Raum war größtenteils illegalisiert worden, weil entweder ohne Baugenehmigungen im eigenen Gebiet errichtet, oder im Ergebnis der Nakbe zu ‚nicht anerkannten' Orten definiert;
- auch die natürlichen *Ressourcen* waren weitgehend unter zionistischer Kontrolle: der Boden sowieso, ebenso die Wasserquellen; mit Hilfe des großen Wasserprojekts aus dem Hula Gebiet leistete sich Israel sogar den für die Region untypischen Anbau von ‚Wasser fressender' Baumwolle und produzierte in Plantagenanbauweise für den europäischen Markt Früchte und Gemüse; im Negev wurden Mineralien abgebaut, und mit Dimona entstand eine eigenständige Nuklearindustrie.[200]

Die Palästinensische Teilgesellschaft war zudem durch das auch für sie gültige zionistische Erziehungs- und Ausbildungswesen von ihrer eigenen Geschichte abgekoppelt, politisch ausgehebelt und unbedeutsam geworden. Sie wurde um jahrhundertealte Tradition, Kultur, um Namen von Dörfern, Städten und Landschaften gebracht, ihrer Identität beraubt.[201] Dies alles geschah nach Plan und mit Hilfe eines komplexen Konzerts an Gesetzen, Verordnungen und vor allem Planungsmaßnahmen, die den Palästinensern insgesamt die Kontrolle und Souveränität über ihr eigenes Land entrissen hatten. Sie sind zu Bürgern dritter Klasse gemacht worden, diskriminiert, bestohlen, und sie waren und sind immer noch von Vertreibung und Genozid bedroht.

An der Vorgehensweise israelischer Regierungen, und zwar aller unabhängig von ihrer politischen Ausrichtung, gegenüber der Gruppe der Beduinen im Negev und den anderen so genannten ‚nicht anerkannten' Menschen und Orten wird der Charakter der israelischen, zionistischen Raumplanung besonders deutlich. Es dienen in Israel alle Instrumente räumlicher Planung, Bodenpolitik,

---

200 Siehe die Karten am Ende von Kapitel 4.

201 In dem Dokumentarfilm ‚Route 181' wird deutlich, dass z.B. palästinensische Schüler in Israel die Bedeutung eines Denkmals für gefallene Märtyrer und deren Geschichte nicht mehr kennen und auch keine sichere Antwort geben können auf die Frage, als was sie sich definieren würden, Araber, Palästinenser oder Israelis; während israelische Schüler einer benachbarten Stadt sehr wohl um die Bedeutung und Hintergründe eines vergleichbaren Denkmals in ihrer Stadt wissen. Khleifi, Michel, Sivan, Eyal 1983: Route 181 – Fragmente einer Reise. Palästina-Israel. http://www.mecfilm-shop.com/index.php?id=14&tx_ttproducts_pi1%5BbackPID%5D=14&tx_ttproducts_pi1%5Bproduct%5D=49&cHash=f82f63f872.

Entwicklungsprogramme, Stadt- und Regionalpläne, Kulturpolitik, Umweltplanung usw. ... im Zusammenspiel diverser Institutionen, wie den Planungskomitees auf allen Ebenen, Umweltorganisationen, der ILA, dem JNF, und außerdem noch unter Berufung auf osmanische, Mandats- und in Israel neu geschaffene Gesetze und Verordnungen, zielgerichtet nur einem Zionistischen Zweck: Zerstörung der Spuren der Jahrhunderte alten Gesellschaft vor Israel und der Marginalisierung bis zur Zerstörung der noch vorhandenen autochthonen Bevölkerung Palästinas – zu Gunsten einer möglichst vollständigen, zumindest übermächtigen, jüdischen Besiedelung und Bevölkerungsmehrheit an deren Stelle. Das ist nicht nur Kolonialismus, sondern Rassismus – und setzt sich, wie man noch sehen wird, anschließend fort in den 1967 besetzten Gebieten Palästinas.
Es begann mit einer radikalen militärisch organisierten Vertreibung und nicht mit einem so genannten Befreiungs- oder Unabhängigkeitskampf. Es begann unter den Augen und unter Mitwisserschaft der gesamten politisch organisierten Welt.

Auch der Charakter der Charter-Gesellschaft hatte sich nicht verändert. Der staatliche Aufbau war nicht ohne äußere finanzielle Hilfe möglich, die ‚Nehmerhaltung' setzte sich fort. Der Holocaust war zwar nicht ursächlich für die Gründung des Zionistischen Staates verantwortlich, aber doch ein bis heute genutztes Argument, um diese Hilfe zu erhalten. Deutschland, mit seiner speziellen Vergangenheit zahlte, damals die Bundesrepublik, als sogenannte Widergutmachung in den 13 Jahren nach dem Luxemburger Abkommen von 1952, 3,0 Milliarden Mark an den Staat Israel als Sachmittel, wurde also sozusagen direkt am Aufbau Israels und der Vertreibung der autochthonen Bevölkerung beteiligt.[202] Hinzu kamen die Zuwendungen an militärischer ‚Hilfe' durch die USA.[203]
Wichtig blieb die internationale politische Unterstützung, um die Vertreibung und Enteignung der Palästinensischen Gesellschaft innerhalb Israels überhaupt unwidersprochen und mit radikaler Härte fortsetzen zu können. Zwar fehlte nun die direkte Schutzmacht England im Lande – und Israel war, relativ gesehen, auf eigene Füße gestellt – aber die Billigung der Enteignungs- und Vertreibungspolitik der westlichen Mächte blieb trotz aller UN-Resolutionen bestehen, eine

[202] Das Luxemburger Abkommen wurde am 10. September 1952 auf Druck der USA zwischen der Bundesrepublik Deutschland, dem Staat Israel und der Jewish Claim Conference JCC geschlossen, und darin verpflichtete sich Deutschland zu Zahlungen in Form von Exportgütern und Dienstleistungen an Israel im Wert von 3,0 Milliarden Mark, um die Eingliederung mittelloser jüdischer Flüchtlinge zu unterstützen, und weitere 0,5 Milliarden an die JCC – alles innerhalb von 13 Jahren. Konkret wurde in Israel damit vor allem das landesweite Kommunikationsnetz aufgebaut. Siehe Lewan, Kenneth M. 1984: Sühne oder neue Schuld? Deutsche Nahostpolitik im Kielwasser der USA. Das Arabische Buch Berlin.

[203] Die imperialistische Einflussnahme auf strategisch bedeutsame Regionen ging über Entwicklungs- und direkte Militärhilfe, so auch in den Nahen Osten, wobei Israel an vorderster Stelle stand; diese Form der Außenpolitik hat sich bis heute auf eine jährliche 3 Billionen US Dollar Zuwendung an Israel weiter entwickelt.

neue Schutzmacht, die USA, traten an die Stelle Englands. Die arabischen Nachbarn von Libyen über Ägypten bis Syrien, versuchten zwar verschiedentlich, sich unabhängig von der Übermacht der westlichen Länder auf dem internationalen Terrain zu machen und diverse Bündnisse zu schließen – auch in der Israel-Palästina-Frage einen gemeinsamen pro-palästinensischen Standpunkt einzunehmen – jedoch erfolglos.

Das ‚Expropriationswerk', wie es Herzl genannt hatte, konnte also unbeschadet, nun ‚sanft', nämlich mit ‚legalen Mitteln' fortgesetzt, in einer einmaligen, perfiden Weise der Ausnutzung diverser Rechtssysteme, die noch oder wieder Geltung bekamen, so wie es gerade von Nutzen schien. Denn die seit der Mandatszeit bestehenden zionistischen Organisationen waren bestens auf sämtliche Schritte der militärischen und zivilen Judaisierung vorbereitet: auf die Sammlung von Aufbauspenden in aller Welt, die Sammlung der europäischen Flüchtlinge nach Israel, die forcierte Einwanderung aus den europäischen und den arabischen Ländern, die Verteilung der Neueinwanderer nach strategischen Gesichtspunkten in das so genannte Hinterland, ihre Unterbringung im palästinensischen, entleerten Wohnbestand oder in schnell errichteten Behelfsbauten, die Aufstellung und Umsetzung von Nationalplänen zur räumlichen Umgestaltung mit neuen Städten, Dörfern und Wohnungsbauprogrammen, sogar mit einer Namensgebungskommission für die Judaisierung der Landkarte.
Am Vorabend des nächsten Krieges hatte Israel die sichere Kontrolle über fast 70 Prozent des gesamten Palästinas erreicht und eine stabile Jüdische Gesellschaft errichtet – ein kleiner Schritt, eine kurze Reise nur war nötig, um den Rest unter Israelische Kontrolle zu bringen. Israel konnte sich der internationalen Unterstützung dieses nächsten Schrittes sicher sein, solange es gegenüber den Weltmächten Sicherheitsbedürfnisse anführen würde. UN Resolutionen zum Rückkehrrecht der Flüchtlinge sprachen zwar eine deutliche Sprache, blieben aber ohne Konsequenzen. Sicherheitsängste waren einfach zu begründen: Israel hatte seit Bestehen nicht nachgelassen, auf palästinensische Dörfer im Gazastreifen und der Westbank Angriffe zu führen und in die Grenzgebiete von Jordanien, Ägypten, Libanon und Syrien bewaffnet einzudringen, Projekte anzugreifen und Menschen zu töten. Seit 1964 schwelte der Konflikt zwischen den arabischen Staaten und Israel um die Wasserressourcen des Jordan Yarmouk und Litani, die Israel einseitig für sich zu nutzten beanspruchte und einseitig auszubauen plante.

Israel hatte zwar die Anerkennung vieler Staaten erreicht, aber nicht die der arabischen Nachbarn. 1964 war die PLO gegründet worden und die gemeinsam agierende Arabische Liga unterstütze die Forderung der PLO nach ihrem Staat auf ihrem Land Palästina. Bewaffnete Überfälle gingen nun auch von Syrien, Jordanien und dem Libanon auf Israel aus, das musste erst durchbrochen werden. Im Frühjahr 1967 kündigte die Jordanische Regierung die Beziehungen mit der PLO auf und schloss alle Büros der PLO; die bis dahin im Gazastreifen stationierten UN Truppen zogen im Mai auf Bitten der ägyptischen Regierung, die sich auf einen Angriff Israels vorzubereiten begann, aus dem Gazastreifen ab. Dem Israelischen Großangriff gingen also viele kleine Attacken auf die Nachbarn voraus.

Am 5. Juni 1967 attackierte die Israelische Armee zunächst Ägypten und besetzte dann in einem kurzen Krieg den Sinai, den Gazastreifen, die Westbank mit Ost-Jerusalem und die Golanhöhen. Erneut wurden viele Menschen vertrieben, manche zum zweiten Mal, etwa 400.000 Menschen flüchteten. Am 12. Juni erklärte die Israelische Regierung, dass sie solange nicht mehr zu den Waffenstillstandslinien von 1949 zurückkehren würde, bis es direkte Friedensverhandlungen gäbe.[204] Syrien, Ägypten und Jordanien gaben sich am 6. Tag geschlagen und waren zu einem Waffenstillstand bereit. Eine wichtige Grenzüberschreitung war unbeschadet gelungen.

Zu den Boden- und Bevölkerungsverhältnissen vor dem Krieg 1967:

Diagramm 6 a, b

a. Palästina: Bodenverteilung in um 1966
Ergebnisse von Enteignungen und Nationalplanung
Palästinensisch ca. 31%, davon 8%
in Israel (hellgrün)
jüdisch ca. 69%

b. Palästina: Bevölkerungsverhältnis um 1966
nach Migrationswellen und Planung
Palästinensisch ca. 45%, davon 10%
in Israel, Galiläa, Dreieck, Negev
(hellgrün)
Jüdisch ca. 55%, nur Israel

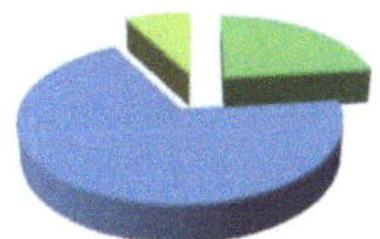

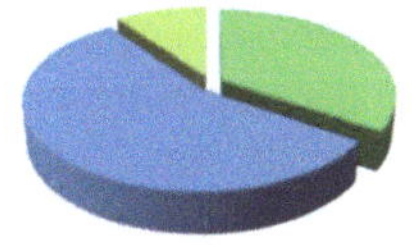

[204] Siehe PASSIA 2001: S. 113ff.

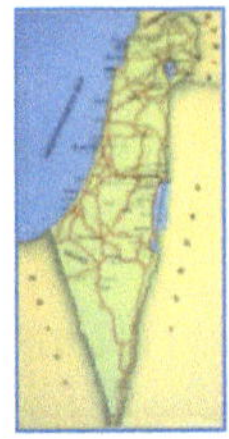

IV Kolonisierung der Westbank und des Gaza-Streifens unter Zionistischer Besatzung: nach internationalem Recht illegal

Fremdherrschaft und Ausbeutung bestimmten das Überleben in der Westbank und im Gaza Streifen auch nach der Besatzung der Gebiete durch das Israelische Militär und der Errichtung einer Militärherrschaft.

1. Westbank und Gaza – nicht einfach zu pflücken

Seit den Waffenstillstandsvereinbarungen von 1949 und 1950, waren die beiden Restgebiete Palästinas, der Gazastreifen und die Westbank mit Ost-Jerusalem unter fremder Herrschaft.[205]

Im *Gazastreifen* lebten am Vorabend der Nakbe, um 1945, etwa 70.000 Menschen in 15 kleinen Dörfern und Ortschaften und zwei Städten, Gaza und Khan Yunis, von einer sehr fruchtbaren Landwirtschaft, vor allem dem Export von Datteln und Zitrusfrüchten, etwa 1.200 Brunnen sorgten für eine ausreichende Bewässerung.[206] Nach der Vertreibung der Palästinenser in der Küstenebene durch die zionistischen Milizen wurde der Gazastreifen zu dem, wofür er heute traurige Berühmtheit erlangt hat, zum größten Flüchtlingslager der Welt, mit immer noch acht Flüchtlingslagern, in denen bis heute noch immer mehr als die Hälfte aller Gaza-Flüchtlinge leben. 1948 musste der Gazastreifen bereits die doppelte Anzahl an Menschen, Flüchtlingen der Nakbe, verkraften. Die fortgesetzten Angriffe auf weitere Küstenstädte und Dörfer ließ die Bevölkerungszahl in Kürze auf das Doppelte ansteigen. Für die Notunterbringung von tausenden Flüchtlingen hatten die Vereinten Nationen Ende 1948 eine besondere Agentur, die UNWRA, United Nation World Relief Agency for Palestine Refugees in the Near East, gegründet, die damit beauftragt wurde, den 1948 vertriebenen palästinensischen Flüchtlingen ‚Nothilfe und Schutz zu leisten und die menschliche Entwicklung zu fördern‘.[207] Nach dem Sinai-Krieg im Jahre 1956 war die Be-

[205] Der ebenfalls seit 1967 besetzte Golan wird in diesem Zusammenhang nicht behandelt.

[206] Siehe Efrat, Elisha 1984: Urbanization in Israel, Jerusalem. in Waltz/Zschiesche 1986: S. 209ff.

[207] Definition der UNWRA: „Palästina Flüchtlinge sind Menschen, deren ständiger Wohnsitz zwischen Juni 1946 und 1948 Palästina war und die sowohl ihren Wohnsitz als auch ihre Lebengrund-

völkerungszahl durch neue Flüchtlingsströme bereits auf 400.000 Menschen angewachsen, und mit 850 Menschen pro qkm wies der Gazastreifen eine der höchsten Bevölkerungsdichten der Welt auf.[208] Bis 1967 waren Blauhelm-Truppen im Rahmen der UNCEF-Mission im Gazastreifen stationiert.
Die ägyptische Regierung annektierte den Gazastreifen nicht, überließ die Verwaltung mehr oder weniger den palästinensischen Institutionen selbst, allerdings galten die Gaza-Einwohner dadurch und seitdem als ‚staatenlos'. Es gab eine nächtliche Ausgangssperre und die Ausreise nach Ägypten war für die ‚Staatenlosen' sehr begrenzt.
Bis zur Besetzung durch Israelische Truppen 1967 hatte sich zwar die Wirtschaft über die Handelsbeziehungen mit Ägypten durch Bewässerung des fruchtbaren Sandbodens, wenn auch bescheiden, entwickelt, Zitrusfrüchte und Datteln wurden wieder in die arabischen Länder exportiert. Dennoch war die Arbeitslosenrate hoch und Zweidrittel der Bevölkerung hingen von den Zuwendungen der UNWRA ab – ein unhaltbarer Zustand, der viele Menschen in die Arbeitsmigration nach Ägypten, Jordanien und die Golfstaaten trieb. Vor allem durch diese unwürdigen sozialen und ökonomischen Verhältnisse erstarkte besonders im Gazastreifen die Widerstandsbewegung gegen diese aufgezwungene Situation. 1956 wurde hier die Fatah-Bewegung gegründet. Grundsätzlich blieb der Gazastreifen isoliert, und die Einwohner wurden von Ägypten kontrolliert. Nach den damaligen ägyptischen Angaben lebten im Gazastreifen vor der Besetzung im Jahre 1966 etwa 450.000 Palästinenser, mit einer durchschnittlichen Wachstumsrate von etwa 40 Prozent.[209]

Die *Westbank* wurde seit 1948 von Jordanien wie ein Teil Jordaniens betrachtet und der jordanischen Verwaltung unterstellt. Das Jordanische Königreich, mit der Hauptstadt Amman, bestand überhaupt erst seit der vollständigen durch einen Vertrag mit der Mandatsmacht England im Mai 1946 besiegelten ‚Unabhängigkeit' ‚Transjordaniens'. Jordanien ist also ein Kunstprodukt des Kolonialismus. Der 1921 von England eingesetzte Emir Abdullah I. wurde mit diesem Vertrag 1946 zum König erhoben und diese gerade erst entstandene Monarchie wurde nach dem Waffenstillstand mit Israel in das ‚Haschemitische Königreich von Jordanien' umbenannt. Das Königreich Jordanien machte damit seine Abstammung von Hashem, dem Vater des Propheten Mohammed geltend, womit auch eine besondere Verantwortung für die ‚Muslimischen Heiligen Stätten' in

---

lage infolge des Arabisch-Israelischen Konflikts 1948 verloren haben… Nachfahren der Palästina Flüchtlinge können sich ebenfalls registrieren lassen". Link: www.unrwa.org/publication/de.

208 UNWRA 1980; sowie Probst, W.D. 1968: Die Arabischen Palästinaflüchtlinge. In: Münchener Studien zur Sozial- und Wirtschaftsgeographie, Bd. 3, zitiert in Waltz/Zschiesche 1986: Seite 211.

209 UN UNCTAD Report 1994: united nations conference on trade and development. population and demographic developments in the Westbank and Gaza Strip until 1990. Autor: Dr. Wael R. Ennab. Link: Unctad.org/en/docs/poecdcseud1/en.pdf; siehe auch Schölch, Alexander 1986: Palästina im Umbruch: 1856-1882. Untersuchungen zur wirtschaftlichen und sozio-politischen Entwicklung. Franz Steiner Wiesbaden, Stuttgart.

Jerusalem begründet wurde. Die Palästinensische Bevölkerung der Westbank erhielt den Status jordanischer Bürger und damit auch jordanische Pässe.
Die Voraussetzungen für eine wirtschaftliche und soziale Entwicklung waren damit anders gegeben als im Gazastreifen. Die Westbank war bis 1949 mit 21 Städten und über 300 Dörfern das größte zusammenhängende Siedlungsgebiet der Palästinensischen Bevölkerung gewesen. Noch unter der Mandatsregierung erwirtschaftete die Region Exportüberschüsse in der Landwirtschaft, vor allem bei Weizen, Wein und Olivenöl, fertigte im arabischen Raum begehrtes Holz- und Metallhandwerk an, und die Steinbrüche der Westbank produzierten den im ganzen Nahem Osten berühmten Jerusalem-Stein, der seit der Mandatszeit obligatorische Verblendung für alle Bauten in Palästina und Transjordanien geworden war.[210]
Nach der Nakbe und dem Waffenstillstand zwischen Jordanien und Israel gab es zwei Erschwernisse: das Abgeschnittensein von den zentralen Häfen Palästinas und der Küste; darüber hinaus musste die Westbank etwa 200.000 Flüchtlinge verkraften. Bis heute bestehen die damals von der UNWRA eingerichteten 20 Flüchtlingslager in der Nähe der großen Städte Jenin, Nablus, Tulkarem, Ramallah, Jericho, Jerusalem, Bethlehem und Hebron. Nicht nur diese Belastung beeinträchtigte die weitere Entwicklung der Westbank. Jordanien sah die Westbank vor allem als einfach auszubeutende Obst-, Korn- und Gemüsekammer an und war an einer Förderung der Westbank nur wenig interessiert. Die Westbank machte nach der Annexion ein Viertel der landwirtschaftlich nutzbaren Fläche Jordaniens aus, war durch die beiden Wasserbassins unterhalb der Westbank gut mit Wasser versorgt und stellte für Jordanien 80 Prozent der Obstproduktion, 45 Prozent des Gemüseanbaus und 25 Prozent des Getreideanbaus her. Fast 50 Prozent aller handwerklichen und Kleinbetriebe Jordaniens produzierten in der Westbank. Da das Ausbildungswesen traditionell einen hohen Stellenwert in der Palästinensischen Gesellschaft eingenommen hatte, versorgte die Westbank Jordanien über die Landwirtschaft hinaus auch noch mit Lehrern und Ingenieuren, die schließlich wesentlich zu dem Aufbau Jordaniens nach 1946 beitrugen. Dennoch blieb auch die Westbank ein Armenhaus, mit hoher Arbeitslosigkeit und hoher Arbeitsmigration.[211] Am Vorabend der Besatzung betrug die Bevölkerung der Westbank etwa 934.000 Menschen mit einem Bevölkerungswachstum von durchschnittlich 38,5/1000 Einwohner (Jerusalem 37,9).[212]

---

210 Nach dem Geddes/Ashbee Plan von 1922 für Jerusalem. In: Kendall, Henry 1948: Jerusalem City Plan: Preservation and development during the British Mandate 1918-1948. HMSO, London.

211 Zahlen und Informationen siehe Orni, Efraim, 1966: Boden, seine Erhaltung und Urbarmachung. Jerusalem. S. 24; sowie dslb. 1972: Agrarian Reform and Social Progress in Israel. Jerusalem. S. 81ff; zur Migration bezogen auf die Städte Hebron, Jerusalem und Nablus siehe die jordanische Studie des Jordan Department of Statistics 1967: Study of international migration and full enumeration for Amman, Jerusalem, Zarka, Irbid and other cities. S 10; danach gingen allein 17.000 Arbeitsmigranten nach Jordanien. Siehe darin auch Tabelle 1.5, S. 59; siehe auch UNCTAD Bericht 1994. Link: www.unctad.org/en/docs/poecdcseud1.en.pdf.

212 Dsl.

Ökonomisch blieben also bis 1967 die Westbank und der Gaza Streifen relativ schwach entwickelt, Straßen, Infrastruktur, Wohnungsbau und die historischen Stätten blieben vernachlässigt. Die Teilung des Landes, das Abgeschnittensein von traditionellen Arbeitsmöglichkeiten in den fluktuierenden Hafenstädten der Vor-Israelzeit und die Bedingungen unter fremder Verwaltung ließen keine grundlegenden Erneuerungen und Modernisierungen der Strukturen zu. Eine Studie des PLO Forschungszentrums in Beirut kam zu dem Schluss, dass die Wirtschaft und damit die soziale Lage in der Westbank und im Gazastreifen zwischen 1948 und 1967 regelrecht erstickt worden seien. Es blieben Selbsthilfe, die Gründung von eigenen Institutionen, etwa von Ausbildungseinrichtungen, Geldtransfers aus den Ländern der Arbeitsmigranten und die finanzielle Unterstützung durch arabische, muslimische und christliche Wohlfahrtsorganisationen. UNWRA-Leistungen sicherten vor allem Im Gazastreifen in hohem Maße das Überleben unter diesen Bedingungen. Gleichzeitig verlor die Gesellschaft ihre besten Köpfe und Arbeitskräfte an die Nachbarländer, vor allem die Golfstaaten. Politisch waren die Palästinenser vom Wohlwollen und der Unterstützung der Nachbarn abhängig, was immer wieder zu Spaltungen innerhalb der Nationalbewegung führte, je nachdem wo die PLO und ihre Gruppen ‚Unterschlupf' fanden. Nur unfreiwillig waren sie zu dieser ‚Reise' gezwungen.

2. Krieg und Besatzungsstatus – Rahmenbedingungen der fortschreitenden Kolonisierung Palästinas

Anders als 1948 wurden in dem sechs Tage währenden militärischen Überfall mit Ausnahme der drei Dörfer Umwas, Jalu und Beit Nuba in der Latrun-Enklave und der Flüchtlingslager im Jordantal, deren 50.000 Einwohner sofort vertrieben und evakuiert wurden, zunächst keine Städte und Dörfer zerstört. Dennoch wurden etwa 250.000 bis 300.000 Menschen in Folge des kurzen Krieges erneut zu Flüchtlingen. Die Zerstörung und Enteignung Palästinensischen Bodens wurde damit eingeleitet.

Anders als 1948 hatte es das zionistische Militärregime nicht mit einer in Panik versetzten, entwurzelten und desorganisierten Bevölkerung zu tun, sondern mit einer relativ gefestigten Gesellschaft, die inzwischen trotz aller Hindernisse ihre eigenen kulturellen, sozialen, wirtschaftlichen und politischen Institutionen geschaffen hatte. Entgegen der relativ beschränkten Möglichkeiten unter jordanischer Kontrolle und ägyptischer Vernachlässigung gab es eine Selbstverwaltung, eine ausreichende Versorgung und ein entwickeltes soziales und kulturelles Leben, sowie lebendige Beziehungen zur Diaspora in aller Welt. Die PLO war dabei eine lebendige Kraft und bildete die Basis für den Zusammenhalt. Das Zionistische Militär hatte deshalb auch mit dem Widerstand der diversen Untergruppierungen der PLO im Lande zu rechnen. Diese Strukturen zu zerstören würde länger dauern. Entsprechende Erfahrungen hatten die israelischen Regierungen bereits gesammelt: militärischer Druck, Repressalien, Drohungen, Enteignungen, Vorenthalten von Baugenehmigungen, Hauszerstörungen – das hatte man schon nach 1949 in den palästinensisch bewohnten Gebieten Israels erfolgreich praktiziert. Es ging aber vor allem zunächst darum, die Machtfrage zu sichern.

Anders als 1948 hatte Israel nun nach internationalem Recht den Status einer Besatzungsmacht in einem besetzten Gebiet – von einer ‚legalen' Veränderung der demographischen und der Bodenfrage konnte die zionistische Regierung also nicht ausgehen. Israel hatte ein fremdes Territorium militärisch angegriffen und wurde entsprechend von der UNO und der internationalen Weltgemeinschaft in der Resolution 242[213] verurteilt und aufgefordert, die Armee sofort zurückzuziehen. In vielen weiteren Resolutionen wurde Israel aufgefordert, die IV. Genfer Konventionen und die Bedingungen für besetzte Gebiete einzuhalten und keine strukturellen, vor allem keine demographischen und räumlichen Veränderungen, sowie Änderungen der Besitzverhältnisse bei den Besetzten vorzunehmen. Auch das Recht auf Rückkehr der Vertriebenen seit 1947 wurde in diesen Resolutionen bekräftigt, und die Herstellung einer staatlichen Souveränität, wie damals durch die UN Resolution 181 vorgesehen, war nicht infrage gestellt.

Da allerdings all diesen Beschlussfassungen keine Repressionen folgten, begann die israelische Regierung ihr systematisches Judaisierungsprogramm nach der Sicherung der militärischen Kontrolle nun auch für die besetzten Gebiete rücksichtslos umzusetzen. Auch 1967 waren die Maßnahmen bereits geplant und wurden zügig umgesetzt. Dafür wurde beim Innenministerium ein ‚Planungs-Komitee für die Besiedlung der Besetzten Gebiete' gebildet.

Sämtliche Regierungen setzten sich in der Folgezeit über die internationalen Beschlüsse, Aufforderungen und auch die Bedingungen der IV. Genfer Konvention hinweg – ohne konkrete Repressionen oder Sanktionen zu erfahren. Ungestraft bereiteten die zionistischen Planer aller Fraktionen die sukzessive Annexion der Westbank vor. Sie galt als das ‚Herzstück' zukünftiger Entwicklungen und ökonomischer Ausbeutung. Als ‚Samaria und Judäa' galt es vor allem den orthodoxen zionistischen Kreisen als die Region zur ‚Wiedererlangung' des antiken ‚Königsreichs Israel' und der ‚Erlösung', sowie Jerusalem, dem eigentlichen Ziel dieser ‚Reisenden'.

---

[213] Siehe Resolution des UN Sicherheitsrat UNSCR 242 von 1967, aus der sich auch das Rückkehrrecht der Palästinenser begründet, weil darin noch einmal von einer ‚gerechten Lösung des Flüchtlingsproblems' gesprochen wird. Vor allem zum Status von Jerusalem heißt es z.B. in Resolution UNSCR 252 von 1968 erneut: "The Security Council considers that all legislative measures by Israel including expropriation of land and properties thereon, which tend to change the legal status of Jerusalem are invalid and cannot change that status". Link: http://www.un.org/Depts/dhl/resguide/scsess.htm.

Die verschiedenen politischen Voraussetzungen für eine Kolonisierung wurden bereits zu Beginn der Besetzung Schlag auf Schlag durch zentrale Militärverordnungen geschaffen, die Machtfrage ‚legal' an Israels Militärs übergeben – und dies trotz internationaler Proteste und unter Verletzung der Genfer Konvention:

1. Juni: Militärverordnung No. 1: Israel hat die volle Kontrolle und Verantwortung zur Aufrechterhaltung von Sicherheit und Ordnung übernommen;

2. Juni: Militärverordnung No. 2: die alleinige Legislative und Exekutive liegt in den Händen des Militärgouverneurs – unter Aufhebung aller lokalen Gesetze; die Wasser-Ressourcen werden zu Staatseigentum Israels erklärt;

18. Juni: Verordnung No. 25 untersagt jegliche Transaktionen von Immobilien oder Grundstücken, jede Aktion bedarf behördlicher Zustimmung;

19. Juni: Die Regierung erklärt, dass Israel die besetzten Palästinensischen Gebiete nur im Falle eines Friedensvertrages aufgegeben werde;

27. Juni: Inkraftsetzung der seit 1948 bestehenden Gesetzes- und Verwaltungsanordnung (Sektion 11B) in den besetzten Gebieten, nach der die Israelischen Gesetze, Gerichtsbarkeit und Verwaltung auf die besetzten Gebiete und Jerusalem anzuwenden seien[214];

28. Juni: die Knesset annektiert Ost Jerusalem faktisch, indem die prinzipielle Gültigkeit des Basic Law von 1950 auf gesamt Jerusalem proklamiert wird und definiert neue Grenzen der Stadt um das Zehnfache seiner Größe unter Jordanischer Herrschaft, die formelle Annexion geschieht 1980;

13. Juli: der so genannte ‚Allon-Siedlungsplan'[215] für die Westbank wird von der Regierung veröffentlicht;

25. Juli: Zensus (‚snap census') in Ost Jerusalem und in den übrigen besetzten Gebieten, danach werden 599.000 Bewohner in der Westbank und ca. 350.000 im Gaza Streifen gezählt; 400.000 Menschen waren demnach vertrieben worden, entweder in das benachbarte Ausland oder sie wurden zu ‚Anwesenden Abwesenden'.[216]

19. August: Die Israelische Armeeführung erlässt die Militär-Verordnung No. 107, nach der jordanische Schulbücher verboten sind und das

[214] Eine Anordnung, die bereits 1948 auf die Gebiete angewendet worden war, die die Israelische Armee über die vorgeschlagenen UN-Grenzen hinaus erobert und besetzt hatte, nach der allen Juden erlaubt sei in den Teilen des Landes Israel (Land of Israel) zu siedeln, die unter Israels erweiterter Gerichtsbarkeit stünden.

[215] Allonplan, offizieller Titel: The future of the Territories and the Handling of Refugees; er wurde zur Grundlage der ersten Kolonisierungsphase.

[216] Israel Central Bureau of Statistics ICBS 1968: List of Settlements, their Population and Codes, 31, XII, 1967, Technical Publications Series 28. Jerusalem.

Curriculum für Schulen und weiterbildende Institutionen israelischer Kontrolle unterliegen;

06. November: Israelis dürfen die Westbank frei betreten;

11. November: Levi Eshkol, damaliger Premierminister, fordert die WZO auf, mit ihrer Siedlungsabteilung die Errichtung neuer Siedlungen in den besetzten Gebieten zu fördern;

19. November: Die Israelische Armeeführung erlässt eine ‚ergänzende' Militär Verordnung No. 92, wonach die Kontrolle über das Wasser, insgesamt 90 Prozent aller Brunnen und Quellen in der Westbank und im Gaza Streifen an die Israelische Armee übergehen; mit der Verordnung No. 158 werden Brunnenbohrungen und jegliche Veränderungen an den Wasserleitungen verboten bzw. von einer Lizenz durch Israelische Behörden abhängig gemacht.[217]

Bis zum Ende des Jahres 1967 waren damit wesentliche Bausteine für eine räumliche und demographische Transformation der Westbank und des Gazastreifens vorbereitet, eine weitere Grenzüberschreitung, für:

- die vollständige Außerkraftsetzung einer selbständigen Verwaltung und Unterstellung unter ein allumfassendes Israelisches Militärregime, das sowohl die militärische als auch die zivile Gerichtsbarkeit umfasste;
- die Übernahme und/oder Kontrolle über Bodenbesitz und Immobilien;
- die Übernahme und/oder Kontrolle über die Wasserressourcen;
- die Kontrolle des Bildungswesen, des Gesundheitswesens und aller sozialen Institutionen durch erzwungene Genehmigungsverfahren;
- die Zerstörung der wirtschaftlichen Basis durch die zwangsweise Registrierung aller Banken und Handelseinrichtungen unter israelische Kammern und vor allem der Landwirtschaft durch einen kalkulierten Wasserentzug.

Dabei kamen erneut die bekannten Planungsinstrumente zum Nachteil der Palästinensischen Gesellschaft und zum Vorteil einer Judaisierung des Landes zum Einsatz:

- Erhebung der Bevölkerung, und in deren Folge die Definition von Abwesenden und Abwesendenland;
- Anwendung der Bodengesetze aus Osmanischer Zeit und Englischer Mandatszeit zur Enteignung von palästinensischem Land und Besitz, vor allem Land der sogenannten Abwesenden;

[217] Isaac, Jaad, Hilal, Jane 2010: Water – Another Story of Exploitation of Palestinian and Arab Resources. In Waltz, Isaac 2010: S. 181. Link: http://zionismus-israel-raumplanung.blogspot.com/2011/02/waltzisaac-fabrication-of-israel-unique.html.

- Anwendung der Notstandsgesetze (Emergency Regulations) der englischen Mandatsregierung zur Enteignung von Land und Immobilien und auch zur Zerstörung derselben z.B. aus ‚Sicherheitsgründen‘;
- Aufteilung der Westbank in neue Regionalbezirke mit Regionalräten, die israelischer Hoheit unterstellt wurden;
- Anwendung der Planungsgesetze aus der englischen Mandatszeit und israelischer Planungsverfahren, so z.B. die Vorenthaltung von Masterplänen und offizieller Baugenehmigungsverfahren und damit Illegalisierung jeglicher Bautätigkeit;
- Anwendung der Plan-Feststellungen aus der Mandatszeit, vor allem der Regionalpläne J/15 und SR/5, die große Teile der Westbank als ‚Landwirtschaftliche Flächen‘ festgelegt hatten, sowie die
- Anwendung jordanischer Planungsverfahren da, wo es nützlich für das Judaisierungsprogramm sein würde.

Die entsprechenden Pläne und Programme kamen nicht nur aus den Schubladen der nun folgenden Regierungen, 1967 noch aus denen der Labour Party, sondern auch direkt von der zionistischen Zentrale, der WZO, die für die nötige finanzielle und propagandistische Unterstützung des Zionistischen Projektes agierte und noch heute agiert. Im Wechsel von Arbeiter- und Likudblock und großen Koalitionen ging es bei allen Plänen um eines:

- maximale Isolierung und Einkreisung der palästinensischen Städte und Dörfer einerseits, um jegliche denkbare Einheit unmöglich zu machen – und Zerstörung der palästinensischen Infrastruktur einerseits und die
- extensive Kolonisierung durch jüdische Siedler andererseits, durch Riegel und Blocks, verbunden durch eigene Siedlerstraßen – und eine eigene jüdische Infrastruktur.

Gleichzeitig geschah eine schrittweise Integration der jüdischen Siedlungen in das israelische Planungs- und Verwaltungsnetz, sowie die schrittweise Einführung Israelischer ‚Basic Laws‘ für die Kolonien. Analog zu Israel wurden schrittweise Regionalräte etabliert, die das allgemeine Planungs- und Verwaltungsgeschehen nach israelischem Recht für diese regelten, es entstand eine doppelte Struktur. Zum Beispiel wurde 1979 der Samaria Regionalrat gebildet, dem die große Siedlung Ariel und sechs weitere zugeordnet wurden, dann der Katif Regionalrat, dem Gush Katif und andere Kolonien unterstellt wurden, sowie der Regionalrat für die Kolonien im Gebiet von Ramallah und Latrun, zu dem die Großkolonie Shilo gehört. Die Gebiete wurden Stück für Stück faktisch zu einem Teil Israels und erhielten durch israelische Behörden auch formell die notwendige Infrastruktur, Masterpläne, Baugenehmigungen etc., als handele es sich um Israel selbst. In dem gleichen Jahr wurde durch die Knesset ein bisher geltendes Verbot für Israelis, in den ‚Besetzten Gebieten‘ Land zu kaufen, auf-

gehoben.[218] Dies wurde zu einem Freibrief für Siedlergruppen, palästinensische Bauern und Landbesitzer zu terrorisieren und so zu zwingen, Verkaufsverträge zu unterschreiben.[219] Ebenfalls in diesem Jahr wurde ein Vorschlag Sharons, inzwischen ‚Gouverneur für die Besetzten Gebiete', wirksam, nach dem die bisherige Militärverwaltung in Zivilverwaltung umbenannt wurde. Dem widersprachen zwar die palästinensischen Repräsentanten, weil sie darin einen Trick und einen Versuch sahen, von der Realität der Besetzung abzulenken, und vor allem, um sich aus den Anforderungen der Genfer Konventionen herauszuwinden und die palästinensischen Verwaltungen zur Kooperation zu zwingen.
Widerstand wurde darüber hinaus mit allen Mitteln militärischer Herrschaft unterdrückt, durch:

- Ausgangssperren, Abstellen von Wasser und Strom, Erklärung ganzer Städte und der gesamten Westbank und/oder des Gaza Streifens zu zeitweiligen Militärzonen;
- Hausarresterteilung, Gefangennahme, lange Haftstrafen, Ausweisung und Deportation bekannter Persönlichkeiten: bis 1982 fast alle gewählten Bürgermeister;
- Zerstörung von Hab und Gut;
- Errichtung eines umfassenden Netzes an zwangsrekrutierten Spitzeln und sogenannten Dorfligen, Einsetzung willfähriger Bürgermeister;
- terroristische Angriffe von Siedlergruppen auf bekannte Persönlichkeiten;[220]
- zeitweilige Schließung der Hochschulen und Schulen, Ausweisung von Lehrern, Palästinensern mit ausländischem Pass, die gezwungen wurden, entweder Anti-PLO-Schreiben zu unterschrieben oder ausgewiesen zu werden.

Die Liste ist lang. Der Widerstand spitzte sich in den folgenden Jahren vor allem an den Universitäten und Schulen und auch in den Flüchtlingslagern zu. Gegen diese trat das Militärregime mit aller Härte auf – und Gaza, das größte Flüchtlingslager der Welt, wurde immer mehr zu dem, was Benvenisti voraussagte: eine Zeitbombe.
Trotz eines gemeinsamen Ziels aller Zionistischen Regierungen, die 1967 besetzten Gebiete Palästinas fortgesetzt zu kolonisieren, unterschieden sich die einzelnen Pläne der Regierungen voneinander und setzten unterschiedliche

---

[218] Siehe Passia 2001: S. 159f.

[219] Dgl. S. 183; darin „Tulkarem. Siedler bedrohen in Tulkarem einen Ladenbesitzer und schneiden ihm die Finger ab, weil er sich weigert ein solches Dokument zu unterschreiben." Generell wurde berichtet, dass Gewaltakte der Siedler zunahmen und die Westbank Bewohner auf vielfältige Weise bedroht wurden.

[220] Im Detail dazu alle Veröffentlichungen von ‚al Haq Law in the service of men'; Felicia Langer, Lea Tsemel u.a. israelische Rechtsanwälte berichteten regelmäßig im Orient House in Jerusalem über solche Überfälle. Z.B. wurde 1980 der Bürgermeister von Hebron gewaltsam deportiert; 1980 wurden die aus der Mandatszeit bekannten Village Leagues wieder eingeführt; Attentate auf die gewählten Bürgermeister, z.B. in Nablus folgten u.v.m.

Schwerpunkte. Man wird sehen, wie sie im Einzelnen der Enteignung des Bodens, der Besiedlung durch Juden und der Schaffung einer jüdischen Bevölkerungsmehrheit zuarbeiten.

3. Kolonisierungspläne von Allon bis Sharon – die Besiedlungsfrage

Vor der Besetzung der Westbank betrug die Palästinensische Bevölkerung etwas mehr als 900.000 Bewohner. Die Zählung durch die zionistische Besatzungsmacht ergab nur noch etwa die Hälfte. Fast 400.000 Menschen waren großenteils in die Nachbarländer geflüchtet, viele von ihnen wurden zum zweiten Mal vertrieben. Damit wuchs die Zahl der Palästinenser, die zwangsweise durch die zionistische Politik von ihrem Land davongejagt worden waren auf mehr als 1,5 Millionen, von denen ein Drittel in- und außerhalb Palästinas immer noch in Lagern lebte.[221]

3.1 Westbank: ein Netz von Großkolonien

Der stellvertretende Premierminister und Minister für die ‚Integration der Immigranten', Yigal Allon, stellte der Knesset im Juli 1967 den ersten nach ihm benannten Kolonisierungsplan für die Westbank vor, der bis heute mit leichten Modifikationen immer noch eine Grundlage der Israelischen Kolonisierung bildet.[222]

Der Arbeiterblock: Allon-Plan

Nach dem *Allon-Plan* sollte das Israelische Territorium durch das Jordantal erweitert werden, sodass zwischen Jordanien und den Restgebieten der Westbank, im Norden von Ramallah bis Jenin und im Süden von Hebron bis Bethlehem, ein 15-20 km breiter Streifen mit einer Länge von 15 km unter Israelische Kontrolle ein Teil Israels werden sollte. Die Westbank wäre damit um ihre östlichen Hänge geschmälert und durch einen ebenso breiten Korridor, von Jerusalem bis zum Jordantal, zweigeteilt worden. Diese Gebiete sollten nach diesem Plan eine begrenzte Autonomie erhalten und langfristig in eine Föderation mit Jordanien münden. Der Plan wurde Grundlage für die ersten Kolonien in der Westbank, aber nie offiziell durch die Knesset bestätigt. Die Kolonisierung blieb stets ein koordiniertes Spiel zwischen Regierung und WZO, sowie deren Institutionen in Israel selbst, JNA, JA und ihrer entsprechenden Posten und Einflüsse im Israelischen Planungssystem, in den nationalen und regionalen Komitees.
In der ersten Phase nach der Besetzung konzentrierten die zionistischen Planungen sich auf Kolonien in zwei Gürteln entlang des Jordantals, den einen bis 1977 mit 10 Kolonien auf dem Jordanrift, den Osthängen der Westbank mit der Groß-

[221] Siehe PASSIA 2001: S. 119. Zahlen wurden aufgerundet; siehe im Detail unter UNWRA.org.
[222] Zu den folgenden Kolonisierungsplänen siehe generell: Benvenisti, Meron 1984: Westbank Data Project. Washington/London; sowie Waltz/Zschiesche 1996 und Waltz/Isaac 2010.

kolonie Ma'ale Adumim, den anderen mit 13 Kolonien entlang des Jordantals. In den letzten beiden Jahren der Arbeiterblock-Regierung entstanden zwei weitere Schwerpunkte: die Kolonisierung mit sieben jüdischen Siedlungen entlang der Westgrenze zu Israel[223], der sogenannten ‚Grüne Grenze', also entlang der Waffenstillstandslinie, und entlang des Grenzgebiet zwischen Jerusalem und Bethlehem/Beit Ummar mit fünf Siedlungen, die zum Gush Etzion Block zusammengefasst wurden und als Barriere zwischen dem Großraum Jerusalem und der Hebron Region dienen sollten. Insgesamt wurden in den ersten zehn Jahren der Besetzung unter dem Arbeiterblock bis 1977 48 Kolonien in der Westbank errichtet mit etwa 10.000 Jüdischen Siedlern.

Der Likud Bock: Gush Imunim – Drobless – Sharon Plan

Der 1977 gewählten Likud Regierung ging es um mehr. Sie verfolgte eine vollständige Integration der besetzten Gebiete in das Gebiet von Israel und eine zumindest faktische Annexion durch ein dichtes und strategisch ausgerichtetes Netz von Siedlungsblöcken. Die 1974 gegründete rassistische Siedlerbewegung Gush Imunim, deren ‚Mission' es war und ist, ‚in allen Teilen von Gesamt-Israel' zu siedeln, lieferte die Grundlage für die Pläne der Likud-Regierung, die in Form des ‚Drobless Plan'[224] den Vorstellungen der WZO entsprachen und Grundlage der zukünftigen Kolonisierung, schließlich der ‚Bantustanisierung' der Westbank wurden. Danach sollten 60 Kolonien im Gebiet des Zentralmassivs und auf dem westlichen Höhenrücken in der Westbank errichtet und bis 1987 die Zahl der Siedler auf 100.000 bis 150.000 erhöht werden und bis 2010 der Stand von etwa1,5 Millionen erreicht sein.[225] Auf diesen WZO-Plan baute schließlich 1977 der sogenannte Sharon-Plan auf.

---

[223] Die sog. Grüne Grenze.

[224] Drobless, Mattityahu, seit 1967 Vorsitzender der religiösen Siedlerbewegung Mishkei Herit Beitar; er war verantwortlich für den Bau von Kolonien um Rafah und im Jordantal; seit 1978 gehörte Drobless der Leitung der JA und der WZO an, war dort Vorsitzender der Siedlungsabteilung und wurde dann Direktor des WZO Archivs; Zitat zur Kolonisierung der Westbank:„Deshalb sollte das staatseigene Land und das nicht kultivierte Land von Judäa und Samaria sofort beschlagnahmt werden mit dem Zweck, die Gebiete zwischen den Zentren und um die Zentren herum, die von den Minderheiten (sic!) besetzt sind, zu besiedeln, um die Gefahr der Errichtung eines weiteren arabischen Staates in diesem Gebiet auf ein Minimum zu reduzieren. Wenn die Minderheitsbevölkerung durch die jüdischen Siedlungen voneinander abgeschnitten ist, wird sie es schwierig finden, eine territoriale und politische Kontinuität zu finden". In: Drobless, M 1980: Strategie, Politik und Planung der Besiedlung von Judäa und Samaria. Jerusalem in: CA.ABU, Advancing British Arab Relation 1981. Information Service No. 6. Dezember 1981, zitiert in Waltz/Zschiesche 1986: S. 309; siehe auch Benvenisti 1984.

[225] Tatsächlich sind 2010 etwa 500.000 Siedler in der Westbank angesiedelt, wovon etwa 200.000 in Ost-Jerusalem leben.

Sharon-Plan

Ariel Sharon, 1977 Landwirtschaftsminister der Regierung Begin, formulierte das Ziel für das Ende des Jahrhunderts wie folgt: zwei Millionen Juden in den besetzten Gebieten – eine einschneidende ‚demographische Transformation' und ‚Jüdische Mehrheiten'. Real waren bis dahin etwa 50.000 Israelische Juden im besetzten Ost-Jerusalem und 7.000 in den sogenannten ‚Außenposten' der Westbank und des Gaza Streifens angesiedelt. Unter der Likud-Regierung sollten die Kolonien nun auch mitten in die Palästinensischen Siedlungsgebiete hinein platziert werden.
Im Sharon-Plan – also der offiziellen Grundlage des Likud-Blocks für alle weiteren Kolonisierungsschritte in der Westbank – wurde die weitere Zerteilung der Westbank und die Isolierung der palästinensischen Siedlungsgebiete, vor allem der dicht besiedelten Räume, also der Städte und Dörfer, ‚verfeinert'. Die bereits begonnenen Kolonisierungsschwerpunkte des Arbeiterblocks entlang des Jordantales und der West-‚Grenze' sollten verdichtet und drei breitflächige Siedlungsachsen quer dazu entstehen, die den historischen Siedlungs- und Kommunikationszusammenhang zwischen dem Norden mit Jenin und Nablus, Ramallah in der Mitte, Bethlehem und Jerusalem, und schließlich dem Süden, also der Hebron Region durchschneiden würden – ergänzt durch Ost-West Straßenverbindungen, die die bisherige Mobilität von Dura bis Jenin absolut erschweren, wenn nicht verunmöglichen würde. Hinzu sollten die Kolonien, als große miteinander verbundene Siedlungsblöcke zusammengefasst, um die großen Städte herum entstehen und diese voneinander isolieren und sie umschließen. Jeder dieser 22 Blöcke erhielt schließlich eine eigene Wasser- und Stromversorgung, jeder dieser Blöcke hatte eine eigene Funktion in diesem ‚dichten Netz an Bauernkolonien'. Diese Blöcke sollten Städte mit Größenordnungen von bis zu 30 und gar 50.000 Jüdischen Einwohnern erhalten, die Zentren für die kleineren ländlichen Kolonien mit Handwerk, Kleinindustrie, Synagogen und Schulen bilden würden. Dieser Plan zielte langfristig darauf ab, eine feste, untrennbare jüdisch-israelische Struktur aufzubauen, die jüdische Mehrheiten garantieren und eine Einheit der palästinensischen Gebiete verhindern, sowie die Idee eines eigenen Staatsgebietes unmöglich machen würde.
Zur Likud- und der WZO-Planung gehörte auch, langfristig mitten in die palästinensischen Siedlungsgebiete einzudringen. ‚Pionierarbeit' leistete die Siedlerbewegung, allen voran Gush Imunim, deren Praxis es war und noch ist, im Rahmen der WZO-Pläne an einer strategisch ausgesuchten Stelle mit Behelfsbauten zu beginnen, dann Schutz durch israelische Sicherheitskräfte anzufordern und schließlich mit finanzieller und staatlicher Hilfe feste Bauten zu errichten, bis diese sich zu einer organsierten und staatlich anerkannten Kolonie entwickeln würden. Zunächst begann diese direkte Form der Durchdringung palästinensischer Wohn- und Lebensräume in den historischen Städten Jerusalem und Hebron. 1969 besetzte eine Frauengruppe der Gush Imunim das Daboja Gebäu-

de mitten in der Stadt mit der Begründung, es handele sich um einen ehemaligen Jüdischen Besitz – der Anfang einer langen traumatischen Entwicklung inmitten Hebrons. 1987 besetzt die Gruppe Ateret Cohanim, ein Ableger der Gush Imunim, den ‚Abu Snene Block' in der Khaldiye Straße in der Altstadt von Jerusalem, ebenfalls mit der Begründung, es handele sich um ehemaligen Jüdischen Besitz – ein Albtraum begann für die elf Familien, die dort nach der Flucht aus Hebron seit 1948 lebten (dazu siehe später).

3.2 Kolonisierung des Gazastreifens – vor allem Kontrolle

Vor der Besetzung, 1966, lebten im Gaza Streifen etwa 450.000 Menschen, nach dem Zensus waren es nur noch 354.000, wovon mehr als die Hälfte in den acht Flüchtlingslagern lebte[226] – eine dicht gedrängt lebende Gesellschaft, die nicht viel zu verlieren hatte und genügend Nährboden für organisierten Widerstand in sich barg. Die Judaisierung dieses kleinen Landstreifens war zunächst weniger wichtig, als die Kontrolle über die Bevölkerung aufzubauen und einen Riegel zu Ägypten gegen mögliche Angriffe von dort zu errichten, denn die Übernahme des Gazastreifens bedeutete das Risiko einer weiteren ‚feindlichen Grenze'.

Der Arbeiterblock – Allon Plan

Der Arbeiterblock plante zunächst eine Kette von Kolonien als Siedlungsbarriere entlang der Grenze zwischen Sinai/Ägypten und dem Gazastreifen/Rafah und dazu zwei innere Siedlungsblöcke, die die Region, von Norden über Gaza Stadt bis Rafah im Süden, in drei Teile trennen sollten.[227]

Wegen sich häufender Attacken auf die Armee durch palästinensische Widerstandsgruppen nahm die Regierung im Januar 1970 den so genannten ‚Plan of Fingers' an, nachdem fünf Siedlungsblöcke entstehen sollten: vier Blöcke im Gazastreifen, je nördlich und südlich der Stadt Gaza, sowie je einer im mittleren Gazastreifen und im südlichen Gazastreifen, die das Gebiet in vier Zonen teilen sollten, sowie ein fünfter Block entlang der nördlichen Sinai-Küste. Die vier Blöcke wurden entlang der zentralen Verbindungsstraße zwischen den Städten errichtet, was gegebenenfalls die Abschließung der einzelnen Gebiete voneinander ermöglichte. Nach dem Yom Kippur Krieg 1973, in dem die ägyptische Armee in wenigen Tagen bis in den Sinai einmarschiert war, wurde dem südlichen Block besondere Bedeutung zugemessen. Er galt als ‚Sicherheitskorridor', der auch in möglichen künftigen Friedensverhandlungen eine Rolle spielen könnte, um den Gazastreifen auch zukünftig als Pufferzone beanspruchen zu können. Es wurden elf Wehrdörfer auf dem ägyptischen Sinai-Gebiet angelegt.

---

[226] Siehe Unctad.org.

[227] „Diese Siedlungen haben eine große politische Bedeutung, weil sie Gaza Stadt vom südlichen Gazastreifen trennen würden. Ebenso würden Juden inmitten Gazas die Sicherheit Israels fördern"; so Yigal Allon nach jewishagency.org 14.02.2011.

Die Likud-Planung

Als Teil von ‚Erez Israel' sollten auch im Gazastreifen feste jüdische Strukturen entstehen, sozusagen als Teil der ‚historischen Rechte der Juden', in dem höchstens eine gewisse ‚Koexistenz' mit den ‚Arabern' denkbar wäre.[228] Schwerpunkt der Besiedlung lag zunächst auf dem Ausbau des Sinai-Korridors mit der geplanten Hafenstadt Yamit. Nach dem Friedensvertrag 1979 mit Ägypten und der Rückgabe des Sinai, mussten gerade diese Siedlungen aufgegeben werden. Die Siedler des Sinai wurden ersatzweise in neue Siedlungen in den Gaza Streifen umgesiedelt, die die bereits bestehenden Blöcke zu einem breiten Korridor ergänzten und die Barrieren zwischen den vier Regionen Gaza Stadt, Deir el Balah, Khan Yunis und Rafah weiter verdichteten und feste israelisch-jüdische Zonen mit Verbindung zur israelischen Grenze dazwischen schoben. Vor allem um Rafah wurden die Kolonien zahlreicher und dichter. Die meisten Kolonien waren landwirtschaftlich orientiert, nur die Kolonie Netsarim diente einem rein israelischen, provokanten Tourismus. Im Süden entstand eine Kette von Kibbuzim, die sich zwischen die palästinensische Besiedlung von Khan Yunis und Rafah und die Küste schoben und die ein höchst fruchtbares Gebiet für Dattelpalmen und Zitrusfrüchte, das bis dahin nicht nur von Beduinen bewirtschaftet, aber mit verschiedenen Mitteln enteignet worden war, in das zionistische Kolonialgefüge hinein annektierte.

Das größte Hindernis für eine vollständige Transformation und erwünschte Judaisierung bildeten die großflächig ausgebreiteten Flüchtlingslager. Anders als in der Westbank war es im Gaza Streifen nicht einfach möglich, Kolonien direkt in die palästinensischen Siedlungsstrukturen hinein zu pflanzen. Ein anderes Konzept ermöglichte dagegen mehr Kontrolle und Zerstörung. Ariel Sharon, Gouverneur auch für den Süden, ließ neue Straßen durch die Lager pflügen, damit Jeeps und Bulldozer besser hindurch kämen – hunderte der sowieso schon armseligen Wohnungen mussten weichen und erhöhten noch die Enge in den Flüchtlingslagern, wenn die vertriebenen Familien durch Verwandte aufgenommen werden mussten.

[228] Etwa so wie der sozialkritische Schriftsteller Amos Elon es definierte: „Es ist dieselbe Koexistenz wie zwischen einem Reiter und seinem Pferd … sie eint die Herrschaft eines Volkes über ein anderes"; auch Meron Benvenisti bezeichnet diese Politik als ‚horse and rider'; zitiert in Waltz/Zschiesche 1986: S. 277; noch deutlicher wird die erlogene Wirklichkeit in einer Werbebroschüre der WZO, Immigration and Absorption Division World Zionist Organization 1984: New Dimensions. Aliyah to Judea, Samaria and Gaza. New York. S. 19: " The sandy, palm-treed beaches of Gaza are the ‚Hawaii' of Israel. The ten communities stretching from the Erez Checkpoint in the north to Rafiaḥ in the south share the infinitely-stretching view of the Mediterranean. This area, despite its tropical climate and physical beauty, was never heavily populated, and this is what the Gaza Regional Council would like to see changed in the near future", heißt es dort zum Gazastreifen.

Zu den Kolonisierungsplänen[229]:

Karte 20

Westbank: Arbeiterblock Planung seit 1967
Konzentration im ‚Jordantal', sowie an der Westgrenze

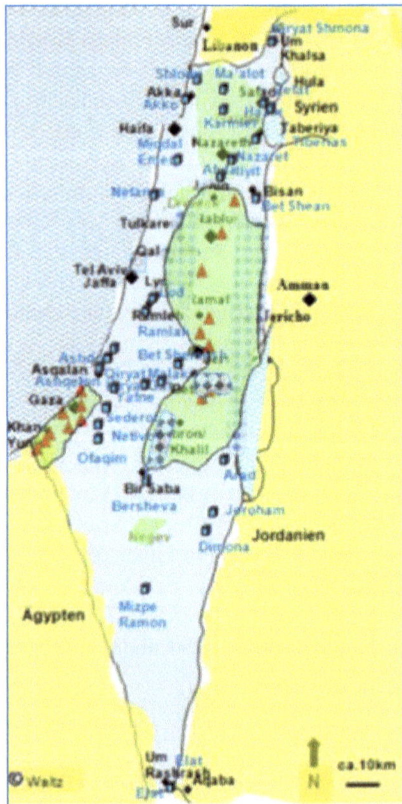

Karte 21

Westbank: Likud Planung seit 1980
Dreiteilung der Westbank, Ost-West-Verbindungen zum Jordantal

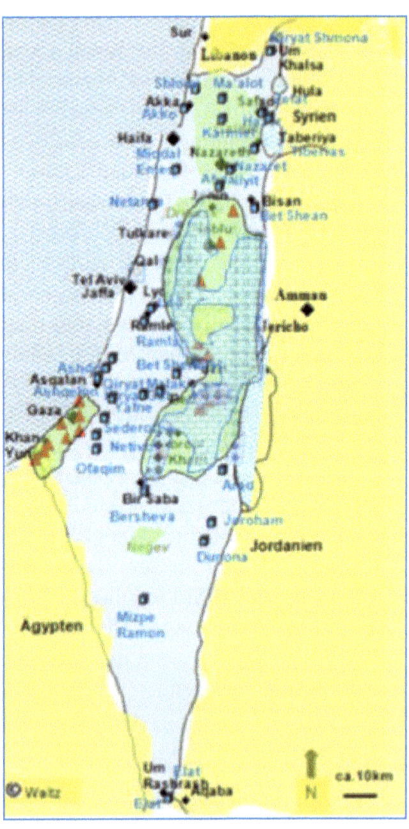

[229] Zur Likud Planung 1980 im Detail siehe z.B. http://unispal.un.org/UNISPAL.NSF/0/3E5D731750EEB69E8525696600663AD0.

Karte 22

Westbank: Drobless/WZO Plan 1978
Isolierung und Einkreisung der Westbank Städte

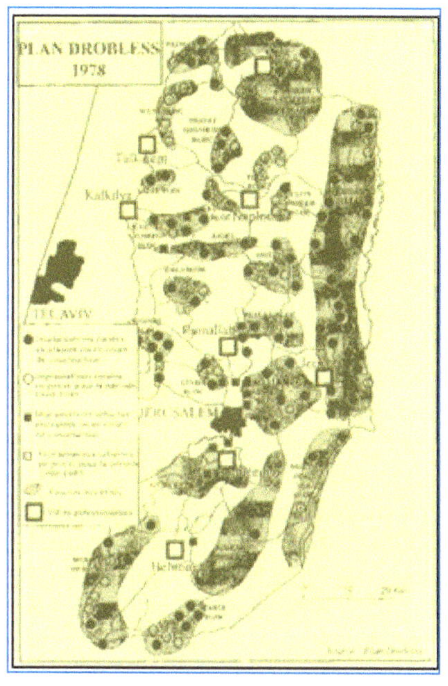

Karte 23

Gazastreifen: Arbeiterblock Planung 1970
‚Fünf-Finger-Plan' – Kolonien (blau) zwischen die großen Städte, Flüchtlingslager (rot) und zum Sinai gesetzt

Karte 24

Gazastreifen: Likud Planung seit 1980
Vertiefung der Spaltung, Straßenverbindungen mit Israel, Verdichtung, v.a. Gush Katif und Erez Block

4. Judaisierung der Städte – Jerusalem und Hebron im Wechselspiel der Akteure – bis heute

Während auf der regionalen Ebene und auf der Basis von großflächigen Enteignungen von ‚unkultiviertem Land', ‚Land von Abwesenden', Land ‚aus Sicherheitsgründen', Land wegen ‚Notstands-Aussperrungen' oder für ‚staatliche Planungsprojekte' (Straßen) das Kolonisierungsprogramm realisiert wurde, kamen in den Westbank neben der Errichtung von Militärposten in den Städten die bereits in Israel erprobten stadtplanerischen Instrumente wie Masterpläne und Baugenehmigungen zur Anwendung – auch im Spiel mit jordanischem Bau- und Planungsrecht. Während die palästinensischen Stadtgebiete zum Beispiel unter Anwendung der bekannten Planungspraktiken keine Masterpläne und keine Förderung erhielten und sich weder ausdehnen noch angemessen erneuern und erhalten konnten, entstanden mit Genehmigungen unter Anwendung des jordanischen Planungsrechts und mit Hilfe großzügiger Förderung im direkten Umfeld der palästinensischen Dörfer und Städte, oder auf umgebenden Hügeln, israelische Kolonien, die mit allem versorgt wurden und zudem bedrohlich die geschaffene Ghetto Situation verfestigten. Ein weiteres Instrument zionistischer Stadtplanung wurde in Hebron und Jerusalem angewandt: Denkmalschutz und Stadterneuerung. Während Hebron als Teil des besetzten Gebietes zunächst von Siedlergruppen okkupiert wurde, wurde Jerusalem nach seiner faktischen räumlichen Eingliederung in Israelisches Staatsgebiet direkt und offiziell israelischer Planung unterworfen.[230]

4.1 Hebron – zwischen Siedlergruppen in der Altstadt und der Kolonie Kiryat Arba

Hebrons Judaisierungsunternehmen ist ein dramatisches Beispiel für das raffinierte Spiel zwischen Siedlergruppen und Regierungsplanung. Hebron ist eine der ältesten Städte der Welt, gilt als Hauptstadt König Davids und war schon deshalb ebenso wichtig für eine ‚Judaisierung' wie Jerusalem.[231] Nach den Kreuzfahrern war Hebron eine mehrheitlich muslimische Stadt, nur eine kleine jüdische Gemeinde lebte in Hebron. Diese wurde während der großen Aufstände der 1930er Jahre angegriffen und vertrieben, etwas 2.000 Juden verließen damals die Stadt.

Nach muslimischer und jüdischer Lesart ist hier der Stammvater Abraham in einer Höhle begraben worden und auf dem Ort dieser Höhle wurde schließlich

[230] Siehe z.B. Waltz, Viktoria 2001: Jerusalem und das Zionistische Projekt. Zwischen Altstadt und Neustadt, zwischen Kosmopolitisierung und Ethnisierung einer Metropole. In: Konkel, Michael, Schuegraf, Oliver Hg: Provokation Jerusalem. Aschendorff Münster; Aktualisierte Fassung. In: Edlinger, Fritz Hg.: Befreiungskampf in Palästina. Von der Madrid Konferenz zur Al-Aqsa-Intifada. Promedia, Wien. S. 200-220.

[231] David Ben Gurion: "We shall make a terrible mistake if we are not going to settle Hebron, the earlier forerunner and neighbor of Jerusalem, with an ever-growing Jewish community in the shortest time". In Passia 2001: S. 133.

ein zentrales Gebäude, die heutige Ibrahim-Moschee errichtet. Der Name Hebron geht auf den hebräischen Namen zurück, und typisch ist, dass dieser Name international gebräuchlich ist und auf den Mandatskarten vermerkt wurde, während der arabische Name, Al Khalil, ‚Die Heilige', unbekannt bleibt. Das Betreten des Heiligen Bezirk um diese Moschee war bis zur Besetzung der Westbank nur Muslimen erlaubt.
Zunächst setzten sich fundamentalistische jüdische Gruppen in der Stadt fest. Im April 1968 kam eine Gruppe von 80 angeblich Schweizer Touristen unter Leitung des bekannten extremistischen Rabbi Moshe Levinger in die Stadt, vorgeblich um am Grab Abrahams zu beten. Sie versuchten vergeblich Häuser anzumieten, stießen auf Ablehnung aber weigerten sich auch, das Hotel, indem sie untergekommen waren zu verlassen. Schließlich ‚half' die Armee und brachte sie in einem Militärposten der Stadt unter. Zunächst war ihr Eindringen in die Stadt dank des Widerstandes des Bürgermeisters und der Bevölkerung gescheitert.
Von dort besetzte die Gruppe einen Hügel östlich der Stadt und eine der aggressivsten Siedlergruppen, Mitglieder der rechtsextremen Tekhiya Partei, begannen mit dem Aufbau von Kiryat Arba. 1970 wurde diese Kolonie offiziell von der Israelischen Regierung anerkannt und seitdem mit Wohnungsbaumitteln und dem Aufbau von Industrieanlagen gefördert. Das Militär beschlagnahmte dafür große Ländereien Hebrons aus ‚Sicherheitsgründen'. Seitdem wurde Hebron in die Zange genommen: auf der einen Seite durch die Siedler aus Kiryat Arba, die sich immer mehr Zugang zur Stadt eroberten und auf der andern Seite durch Siedler, die immer mehr Orte in der Altstadt und ihrer Umgebung besetzten, zunächst das Daboja Gebäude (1968) und von dort aus dann weitere Gebiete.
Immer wieder wurde die Ibrahim Moschee Ort von Konflikten, angezettelt durch die Siedler von Kiryat Arba. 1975, nach erneuten Zusammenstößen, erließ die israelische Regierung gegen heftige Proteste des Obersten Islam Rates Regelungen zum Besuch des Ortes für Juden und Muslime, der die Muslime eindeutig diskriminierte.[232] 1980 wurden die Muslime erstmalig für mehrere Freitage vom Zugang zur Moschee ausgesperrt, und nur Juden wurde der Zutritt erlaubt. 1984 wurden Muslime vom Besuch eines großen Teils der Moschee ausgeschlossen, während die Juden mehr und mehr Zugangsbereiche erhielten.
Unter der Likud-Regierung nahm die innere und äußere Kolonisierung der Stadt noch einmal mehr Tempo auf. Gegen heftigen Widerstand wurde vor allem die Altstadt, die Kasba, heimgesucht: Siedler besetzten Nachbarhäuser der Daboja, die Dächer über der Hauptbasarstraße, das Beit Romano, die Usama Bin Munkez Schule, den Busbahnhof, den Gemüsemarkt, Gebäude in der Shuhada Geschäftsstraße und Tel Rumeida auf dem Hügel gegenüber der Shuhada Straße. Viele palästinensische Familien waren plötzlich von Siedlern eingekreist, konnten ihre Häuser nur durch Militärkontrollen hindurch verlassen und betreten, wa-

232 Siehe Passia 2001: S. 148.

ren manchmal durch Drehkreuze oder feste Mauern abgesperrt, und konnten ihre Nachbarn, die Schule, den Arzt oder die Moschee nur über große Umwege besuchen.
Nach erneuten Auseinandersetzungen, in denen sechs Siedler getötet wurden, wurden die gewählten Bürgermeister von Hebron und der Nachbarstadt Halhul, Fahd Qawasmeh und Muhamed Milhem, von der israelischen Armee gefangengenommen und zwangsweise nach Jordanien deportiert.
1983 beschloss die Regierung den ‚Wiederaufbau des Jüdischen Viertels'. 500 jüdische Familien wurden im Herzen der Stadt angesiedelt. Die volle Übernahme der Ibrahim Moschee folgte, für Nicht-Juden nur begrenzt und nach Kontrollen zu betreten – eine völlig fremde moderne Wohnbebauung entstand davor. Die noch von Palästinensern betriebenen Tourismusgeschäfte wurden enteignet und sind seitdem in jüdischer Hand. 1987 besetzten 150 Siedler aus Kiryat Arba gewaltsam die Ibrahim Moschee während des Freitagsgebetes und beendeten damit die Möglichkeit für Muslime, im Zentrum der Moschee zu beten. 1988 versuchten 200 Muslime dennoch, dort, am Grab Abrahams, zu beten – es endete mit heftigen Kämpfen zwischen ihnen und den Siedlern.
Bis zum Beginn des Friedensprozesses in Oslo blieb dieser Zustand so bestehen. Während die Hebroner Institutionen versuchten, vor allem die Altstadt zu sichern, teilweise bereits verlassene und vernachlässigte Gebäude wieder aufzubauen und Schutzdächer einzurichten[233], ging die illegale Besetzung durch Siedlergruppen einfach weiter und bedrohte das Leben in der Stadt.
Die Abmachungen des so genannten Friedensprozess schufen dann noch darüber hinaus eine Situation der Teilung der Stadt, die die völlig absurde und durch Gewalt hergestellte Situation bis heute weiter und tiefgreifender zementierte. Das so genannte H1/H2-Abkommen schaffte faktisch jüdisch-israelische Enklaven im Herzen der Stadt, erlaubt seitdem den Siedlern völlige Kontrolle über die Ibrahim Moschee und ihr Umfeld und zerstückelt die Innenstadt Hebrons zum Nachteil seiner palästinensischen Bewohnerschaft. Hebron, das ehemalige Marktzentrum für den Süden des Landes bis an die 1967er Grenze, hat dadurch enorme wirtschaftliche Einbußen und Verluste erlitten, abgesehen von der ständigen Bedrohung durch weitere Siedler, die Hebron zum Kampfplatz erkoren haben, regelmäßig in der Stadt demonstrieren, randalieren und ihre direkten Nachbarn handgreiflich belästigen. Hinzu kommen Checkpoints und die ständige Anwesenheit des Militärs, was dazu geführt hat, dass eine ständige internationale Beobachtergruppe in die Stadt entsandt wurde, die den Vereinten Natio-

[233] Das Hebroner Rehabilitation Committee HRC wurde 1996 gegründet und führt seitdem ein umfassendes Renovierungsprogramm für die Altstadt durch. Ziele sind die Erneuerung und Wiederbelebung der Altstadt und ihr kulturelles Erbe, Verbesserung der Lebensbedingungen, Förderung von Wirtschaft und Tourismus, Arbeitsmöglichkeiten für die lokale Bevölkerung zu schaffen und Armut zu bekämpfen und damit auch gegen die Siedlerangriffe und die Kolonisierungsabsichten zu kämpfen 1998 erhielt das Komitee für seine hervorragende Arbeit zur Rettung des kulturellen Erbes den berühmtem Aga Khan Architektur Preis. Link: http://www.hebronrc.org.

nen über die Übergriffe und Verletzungen von internationalem Recht zumindest berichten soll.[234]

Der Judaisierungsprozess in Hebron seit 1967 und besonders nach Oslo ist als ein Pionierstück dafür zu begreifen, was auch in Jerusalem konzentriert in den letzten Jahren geschehen ist: die langsame Übernahme der Stadt im einmütigen Konzert zwischen Zionistischem Staat und zionistischen Organisationen auf der einen Seite und den fanatischen Siedlergruppen auf der anderen Seite, die aktiv die Judaisierung des Landes im Sinne ihrer ‚Erlösung', der Befreiung der Juden eigenhändig betreiben.

Karte 25

Westbank: Stadt Hebron 1997 OSLO II
Hebron Stadt - geteilt
H2 palästinensisch kontrolliert (grün)
H1 israelisch kontrolliert, jüdisches Siedlergebiet, Verbund mit der Kolonie Kiryat Arba (blau)
Altstadt (rot)

Karte 26

Westbank: Bezirk Hebron 1992
Hebron: Lage in der Westbank nach Mauerbau und Oslo
Mauer (rot), palästinensische,
bebaute Gebiete (dunkelgrün, ‚Zone A'),
Dörfer (grüne Punkte, Zone B oder C))
Kolonien und Siedlerstraßen (blau ‚Zone C)

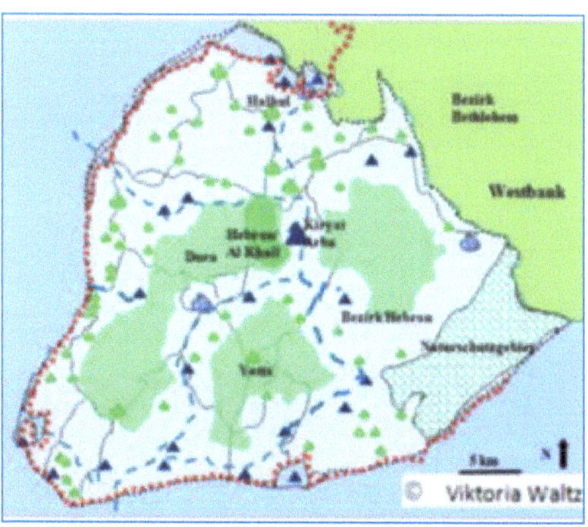

[234] TIPH, Temporary International Presence in the City of Hebron, wurde 1997 zur Beobachtung nach Hebron mit folgender Aufgabe entsandt: "The TIPH is an international civilian observer mission. The TIPH assists the parties in the normalisation of the situation in the city and reports on their efforts and the breaches of the agreements on Hebron and international law. TIPH reports to the Palestinian and Israeli authorities and to the six member countries." Link: www.tiph.org.

Karte 27

Ausschnitt Hebron - Altstadt & Umgebung 1997 OSLO II
Hebron Stadt – geteilt in H1 und H2 (blaue Punktlinie)
Straßen gesperrt für Palästinenser (rot)
sowie violett Verbindungen zu den Kolonien
Straßenblockaden (rote Haltekreise)
Tore/Checkpoints (gelb)

4.2 Jerusalem – Europäisierung und Judaisierung von West nach Ost

Jerusalem stand seit Beginn des Projekts Israel im Zentrum zionistischer Überlegungen. Theodor Herzl gab sich ausführlichen Überlegungen in seinen verschiedenen Veröffentlichungen hin: er wollte die Altstadt ‚sauber', frei von weltlichem ‚Schmutz'. Eine Stadt der Heiligen Orte sollte sie sein und ein modernes, ebenso ‚sauberes' Jerusalem sollte außerhalb entstehen.[235] Ben Gurion, erster Ministerpräsident Israels, ließ nie einen Zweifel daran, dass Jerusalem Israels Hauptstadt sein müsse und niemals mit den Palästinensern geteilt werden würde.[236]

Jerusalem von der Mandatszeit bis zur vollständigen Besetzung 1967

Schaut man sich die reale zionistische Kolonisierungspolitik in der Mandatszeit an, war Jerusalem jedoch nicht von Anfang an im Fokus der strategischen Bodenkäufe und Besiedlungspläne, wenn auch die Mandatsmacht bereits die Weichen für ein späteres ‚modernes Jerusalem'[237] stellte. Dies änderte sich erst mit den Teilungsplänen und der Wahrscheinlichkeit der Entstehung eines Jüdischen Staates. Erst in den letzten Jahren vor dem Abzug Englands wurden Bodenkäufe auf die Region Jerusalem konzentriert. Nachdem der Teilungsplan eine Sonderlösung für Jerusalem vorsah und Jerusalem nicht zum Jüdischen Staat gehören sollte, setzten die ‚Hardliner' unter Ben Gurion auf eine militärische Lösung und eine ‚Bereinigung' des ‚Jerusalem Korridors' von palästinensischer Besiedlung und griffen im Rahmen ihres angeblichen ‚Befreiungskampfes', der ‚Nakbe', 36 Dörfer im Westen Jerusalems an, vertrieben die Bewohner und zerstörten einen großen Teil vollständig. Heute findet man ‚Reste' dieser ehemaligen palästinensischen Dörfer, wohl versteckt, noch in den nach 1949 geschaffenen Parks und Naturschutzgebieten rund um West Jerusalem.[238] Ost-Jerusalem unterstand nach

---

235 „Bekommen wir jemals Jerusalem, u. kann ich zu der Zeit noch etwas bewirken, so würde ich es zunächst reinigen. Alles, was nicht Heiligthum ist, liesse ich räumen, würde Arbeiterwohnungen außerhalb der Stadt errichten, die Schmutznester leeren, niederreissen, die nicht heiligen Trümmer verbrennen und die Bazare anderswohin verlegen. Dann unter möglicher Beibehaltung des alten Baustyls eine comfortable, ventilirte, canalisirte neue Stadt um die Heiligthümer herum errichten." Herzl, Theodor 1902: Zionistisches Tagebuch 1895, Leipzig/Wien. S. 680f. Zeichensetzung und Schreibweise wie im Original; in: Sonder, Ines 2008: Altneuland. Theodor Herzls Städtebauvisionen für Erez Israel; in David, Jüdische Kulturzeitschrift. No. 76 April 2008 Link: http://www.david.juden.at/2008/76/13_sonder.htm.

236 „Wir erklären, dass Israel Jerusalem niemals freiwillig aufgeben wird, so wie wir auch seit Jahrtausenden nicht unseren Glauben, unseren Volkscharakter und unsere Hoffnung auf die Heimkehr nach Jerusalem und Zion aufgegeben haben." David Ben Gurion, Rede in der Knesset, Dezember 1949. Ben Gurion Archives.

237 So z.B. im Mac Lean Plan von 1920, sowie dem Geddes Plan von 1928.

238 z.B., ‚Lions International-Israel', Reservat auf den Ländereien von Bayt Mahsir, der ‚Zweihundert Jahre Park' mit dem ‚Hubert Humphrey Weg' auf den Ruinen von Deir El Hawa, ‚Canada Park' auf den Ruinen von Al-Walaya, Militärbasen wie ‚Kanaf Staim' auf dem Boden von Al-Burayj. In: Khalidi, Walid 1992: All that remains. The Palestinian villages occupied and depopulated by

den Waffenstillstandsverhandlungen 1949 Jordanien, West-Jerusalem gehörte danach zu Israel und wurde, höchst illegal und gegen die Realität, in mehreren Schritten per Gesetz der Knesset zur ‚Ewigen Hauptstadt Israels' erklärt.
Bei Betrachtung der Entwicklung der westlichen Neustadt kann man behaupten, dass die Vision Herzls von dem ‚sauberen, modernen' Jerusalem, das nach modernsten Gesichtspunkten der Planung gestaltet werden sollte, tatsächlich Wirklichkeit geworden ist. Vorlauf davon waren die Versuche einer ‚Europäisierung' Jerusalems unter dem englischen Mandat. Erst im 19. Jahrhundert verließen vor allem die wohlhabenden Palästinensischen Jerusalemer Familien die Enge der Altstadt und bauten neue, moderne Villen auf ihrem Land außerhalb der Stadt. Bis zu Beginn der Mandatszeit entwickelte sich die Neustadt-Besiedlung vor allem nach Westen, und ehemalige Dörfer und landwirtschaftlich geprägte Gebiete wurden zu bevorzugten Wohnquartieren, wie Baqa, Qatamon, Musrara oder Al Wariya. Mit den Erweiterungen des Osmanischen Bodenrechts Mitte des 19ten Jahrhunderts siedelten sich dort auch die Neueinwanderer aus Europa an – seien sie bewusste Zionisten oder die Mitglieder der ‚Erweckungsgruppen', die ihren missionarischen Eifer auf die Heilige Stadt Jerusalem konzentrierten, aber kaum Wohnung in der dicht bewohnten Altstadt fanden.
Daraufhin begann England mit einer systematischen Stadtplanung nach europäischen Maßstäben mit entsprechenden Masterplänen.[239] Diese wurden durch folgende Aspekte charakterisiert:

- Schutz der historischen Altstadt, später des sog. Heiligen Beckens,
- Einfassung der historischen Altstadt durch Parks und Grünzonen,
- Entwicklung der westlichen[240] und später östlichen Neustadt um dieses Zentrum in radialer Form,
- Zonierungen für Industriegebiete und Zentrale (z.B. Regierungs-) Bauten sowie
- Wohnviertel nach dem Prinzip der Gartenstadt.[241]

Der Kendall-Plan von 1944, ein umfassender Stadtentwicklungsplan für Jerusalem, setzte noch einmal einen Schwerpunkt auf die besondere Rolle des Schutzes der Altstadt und des so genannten ‚Holy Basin' (Heiliges Becken), schloss damit noch weitere historische Plätze im Umfeld der Altstadt in die Planung ein, und legte darüber hinaus die Schaffung eines ‚green belt', also einer Grünzone, um diese historischen Orte verbindlich fest. Dieser Plan lag mit diesen Prinzipien auch der weiteren Stadtentwicklungsplanung nach 1949 zugrunde und berei-

Israel in 1948. Institute for Palestine Studies, Washington, D.C. S. 275-286; siehe auch Link: www.palestineremembered.com.

[239] Im Holliday Plan von 1930 wurden Bauhöhen, Dichte, Abstände und die Unterscheidung zwischen städtischer und ländlicher Bebauung festgelegt. Siehe Kendall 1948.

[240] Mc. Lean Plan 1918. Siehe Kendall 1948.

[241] Geddes/Ashbee Plan 1919/1922, darin auch der Bau der Hebrew University auf dem Mt. Scopus und des Hadassah Krankenhauses vorgesehen. Siehe Kendall 1948.

tete im Kern das vor, was heute in Jerusalem durch staatliche Planung und mit Hilfe extremer Siedlergruppen in Szene gesetzt wird.

Jerusalem nach 1949

Nach der Teilung Palästinas nahm die Entwicklung in Ost und West Jerusalem unterschiedliche Formen an.
Ost Jerusalem hatte Flüchtlingsströme aus dem gesamten Gebiet Israels und allein mehr als 30.000 Menschen aus West Jerusalem zu verkraften und musste sich völlig neu als Handels- und Marktzentrum für die Westbank orientieren. Jordanien verwaltete die Westbank und Jerusalem als Teil Jordaniens und war zwar an seiner wirtschaftlichen Ausbeutung interessiert, aber weniger an einer besonderen Unterstützung und Förderung. Die Stadt entwickelte sich nach Norden und Osten, und neue Wohngebiete wurden auch formell in das Stadtgebiet integriert. Die ‚Heiligen Stätten' unterstanden dem besonderen Schutz des Jordanischen Könighauses, weil es sich – Hashemiten als Nachfahren des Propheten – in der Verantwortung sah. Im Übrigen basierte auch in Ost-Jerusalem die Planung weiterhin auf dem Kendall-Plan.

West Jerusalem, Teil Israels, wurde systematisch zur jüdischen Zentrale ausgebaut.
Die *Bevölkerungsfrage* wurde wie im übrigen Israel ‚gelöst', etwa 30.000 Menschen wurden aus den umgebenden Dörfern des ‚Korridor' vertrieben, etwa 32.000 der palästinensischen Bewohner der West Stadt mussten diese verlassen und verloren ihre sämtlichen Besitztümer und ihr Land, was zusammen genommen als ein Verlust im Wert von etwa 33 Millionen damaliger Palästinensischer Pfund geschätzt wurde. 2.000 Juden hatten die Altstadt, die im Osten der Stadt lag, verlassen müssen. Im Zensus von Dezember 1948 wurden neben den 80.000 Juden nur noch 2.900 Nicht-Juden, also Palästinenser, als Anwesende gezählt, was sie zu einer Minderheit von gerade noch 3,5 Prozent schrumpfen ließ, obwohl sie vor der Staatsgründung insgesamt 40 Prozent und – bezogen auf die West-Stadt – immerhin noch 25 Prozent ausgemacht hatten.
Die *Bodenbesitzfrage* war damit auch gelöst, im Jerusalem Korridor betrug der Verlust an Bodenbesitz für die Palästinenser 53.280 dunam, in West Jerusalem 5.540 dunam.[242]

Die *Besiedlungsfrage* wurde nun auch hier zu einer Angelegenheit der staatlichen Planung und wurde als Planung für die zukünftige Hauptstadt[243] behandelt.

---

[242] The Palestinian Arab Refugee Office 1946; siehe auch unter UN 1948, CBS 1948, Granott 1956, Richter 1969, Waltz/Zschiesche 1986, Egbaria 2003, Pappé 2006. Siehe auch Khalidi, Walid 2006: Plan Dalet revisited. Journal of Palestine Studies. Special Feature. Links: http://www.palestine-studies.org/enakba/Khalidi,%20Plan%20Dalet%20Revisited.pdf; sowie www.UN.org; sowie www.palestineremenbered.com.

Der Rau-Plan, Ergebnis eines Wettbewerbs von 1949, legte Flächen und Gebäude für den Regierungssitz, die Knesset, fest. Yad Vashem entstand, Ben Jehuda wurde zur Shopping Meile ausgebaut, das Zentrum verdichtet und modernisiert. Im Outline-Plan von 1959 entstanden neue Geschäftsbereiche, Parks, Straßen und erste Restaurierungspläne für die neuere Jüdische Geschichte. Dazu gehörten u.a. Wohnquartiere der vorstaatlichen Zeit wie die ‚German Colony', die ‚Deutsche Kolonie', oder das ‚Windmill Quarter', das ‚Windmühlen-Viertel'. Insgesamt wuchs die Stadt nach Westen in die ländliche Umgebung hinein – der Regionalplan RJ5 (Jerusalem District Outline Regional Planning Scheme) aus der Mandatszeit von 1942, der unter Einschätzung der damaligen Entwicklung die südlichen Berggebiete inklusive Jerusalem mehrheitlich als landwirtschaftliche Flächen festgelegt hatte, galt weiterhin. Schaut man auf die neuen Entwicklungspläne, waren sie sämtlich so ausgerichtet, dass sie eine spätere ‚Vereinigung der Stadt' nicht behindern würden.

Jerusalem nach der Besetzung 1967

Jerusalem-Ost wurde bereits Ende Juni 1967 formell annektiert, indem die Gültigkeit des ‚Basic Law' von 1950 auf gesamt Jerusalem ausgedehnt wurde. In neuen Grenzen und unter Einbezug Groß Jerusalems in den bisherigen Master-Plan wurde die städtische Fläche fast verzehnfacht und Jerusalem von der Westbank formal abgetrennt und unter Israelische Rechts-, Handels- und Verwaltungshoheit gestellt.
Damit war Ost Jerusalem politisch, administrativ und wirtschaftlich – gegen internationales Recht – annektiert worden. Die Machtfrage war ‚quasi legal' entschieden, indem gesamt Jerusalem in neuen Grenzen als Teil Israels behandelt wurde. Widerstände wurden im Keim erstickt. Zum Beispiel wurden der Vorsitzende des Obersten Islamischen Rates, Scheikh Abd al Hamid As-Sayeh, und der Bürgermeister von Jerusalem, Rouhi Khatib, abgesetzt und deportiert. Der Judaisierungsprozess, der vorerst letzte Teil der Reise konnte angetreten werden. Allerdings hatten die zionistischen Planer mit der Tatsache zu rechnen, dass Jerusalem nicht nur die bei weitem größte israelische Stadt war, sondern auch damit, dass es die Stadt mit dem größten Anteil an palästinensischer Bevölkerung war. Dieser Teil der Bevölkerung verstand sich als Teil der palästinensischen Westbank und näher zu Jordanien als dem jüdischen Staat Israel zugehörig, dessen Bürger, wenn auch nicht voll gleichwertig, sie nun zwangsweise sein mussten. Auch der Bezug zu den Palästinensern Israels war durch die lange Trennung verloren gegangen. Wenn also von einer ‚Wiedervereinigung' der Stadt die Re-

[243] Am 2.2.1949 erklärte Ben Gurion als Premierminister, dass West-Jerusalem ‚integraler Bestandteil Israels' sei; Am 13.12.1949 folgte eine Erklärung der Regierung, dass Jerusalem Israels Hauptstadt sei, Tel Aviv nur eine Interimslösung; 1950 verabschiedete die Knesset ein Gesetz, das Jerusalem zur Hauptstadt Israels erklärte; siehe Cattan, Henry 1988: The Palestinian Question. Croom Helm, London, New York; Cattan, Henry 1981: Jerusalem. Croom Helm, London. S. 9-15; siehe auch: Waltz/Zschiesche 1986: 350 ff.

de war, hätte es eine besondere Herausforderung bedeutet, diesen Teil der Bevölkerung zu integrieren.[244] Die ersten Schritte der nationalen Politik und der Stadtverwaltung wiesen aber auf das Gegenteil hin, es blieb bei einer Politik gegenüber Fremden oder gar Feinden, es ging erneut um Ausgrenzung und Ausweisung.

Der Zensus und die Bevölkerungsfrage

Zunächst wurden auch in Jerusalem die demographischen Mehrheiten durch Vertreibung und mit Hilfe des Zensus entschieden. Die drei Dörfer Amwas, Beit Nuba und Jalu in der Latrun Enklave wurden zerstört, die Bewohner vertrieben. Aus dem Maghreb Viertel der historischen Altstadt wurden die etwa 6.000 Bewohner vertrieben, und das Viertel zu Gunsten einer Freifläche vor der Klagemauer abgerissen; im Jüdischen Viertel mussten die etwa 4.000 palästinensischen Bewohner bis auf zwei Bäcker ihr Hab und Gut verlassen.[245]

Im Rahmen des Zensus von 1967 wurden von den 102.000 Ostjerusalemer Palästinensern, die noch 1966 gezählt worden waren, ein Drittel zu Abwesenden. In den neuen Grenzen wurden schließlich noch 68.600 Bewohner Jerusalems als ‚Non-Jews' registriert, die von den insgesamt gezählten 266.300 Jerusalemern 25,8 Prozent ausmachten – bei 197.700 ‚Jews'. Gleichzeitig wurde der zivile Status der Palästinenser – ehemalige Bürger Jordaniens mit jordanischem Ausweis und Pass – geändert.

Sie erhielten einen permanenten Aufenthaltsstatus für Jerusalem und wurden Israelis gleichgestellt mit Ausnahme bei nationalen Wahlen. Dieser Aufenthaltsstatus wurde an Bedingungen geknüpft, die mindestens alle sieben Jahre nachgewiesen werden mussten und müssen, um den Nachweis des realen permanenten Aufenthalts zu erbringen. Um zu beweisen, dass Jerusalem der tatsächliche Lebensmittelpunkt darstellt, sind seitdem z.B. Belege von Wasser-, Strom-, Telefon-, Haussteuer- oder Krankenversicherungszahlungen beizubringen. Eine Arbeitsstelle in der Westbank, die Heirat eines Ehepartners aus der Westbank, die Geburt eines Kindes in einem palästinensischen Krankenhaus, etwa dem Kinderkrankenhaus in Bethlehem, oder auch ein längerer Auslandsaufenthalt, konnten und können zum Verlust des Aufenthaltsstatus, des Ausweises und damit zur erzwungenen Ausbürgerung oder zur Illegalität führen. Von 1967 bis April 2001 sind z.B. etwa 6.444 ID-Karten allein durch entsprechende Verwaltungsmaßnahmen einbehalten worden – die Familienangehörigen wie Kinder nicht mitgezählt.[246]

---

[244] Siehe Schmelz, O. Usiel 1987: Modern Jerusalem's Demographic Evolution. Jewish Population Studies 20. Jerusalem Institute for Israel Studies.

[245] Siehe Tleel, J. 1999: I am Jerusalem. Life in the Old City from the Mandate Period to the Present. In: Jerusalem Quarterly 4 (Spring 1999) 30ff; PASSIA 1999: 263ff.

[246] Vgl. The Closure of Jerusalem 30.march 1993/1999, Jerusalem; Zahlen aus washington report october 1994, special report: israeli ethnic cleansing in Jerusalem; die veröffentlichten Zahlen differieren stark Badil spricht von 8.800 bis 2001; ecc, The European Coordination of Committee and

Gleichzeitig sah die Planung für den ‚Jüdischen Sektor' die Veränderung der ‚Bevölkerungsbalance' zugunsten größerer jüdischer Mehrheiten durch den Neubau großer Wohnsiedlungen im neu unterworfenen Ost Jerusalem vor. Die Knesset beschloss ein Wohnungsprogramm, das ausdrücklich ein schnelles Anwachsen der jüdischen Bevölkerung in Jerusalem forcieren sollte. Um das Verhältnis 75 (Juden) zu 25 Prozent (Nicht-Juden oder Araber) zu erreichen, sollten im ersten Jerusalem Master Plan von 1967 bis 1975 56.000 Juden in Ost Jerusalem angesiedelt und bis 1980 ein Anteil von 400.000 Juden an einer Gesamtbevölkerung von 500.000 erreicht sein. 10 bis 15 Prozent der geplanten ‚Neueinwanderer' sollten demnach auf (Ost-)Jerusalem verteilt werden.[247]
Im Laufe der Jahre spielte die größer werdende Gruppe der ultraorthodoxen Juden eine zunehmende Rolle für die Bevölkerungsstatistik, weil sie mit einer durchschnittlichen Anzahl von sechs Kindern eine noch höhere Wachstumsrate als die palästinensische Bevölkerung Jerusalems aufwiesen – ein willkommener Aspekt für die im Übrigen mehrheitlich von modernen Juden aus den USA und Europa geprägte jüdische Seite der (West-)Stadt.[248]

Neue Grenzen – die Bodenfrage

Die Vergrößerung des Jerusalemer Territoriums von 38.000 dunam (38 qkm) auf 108.000 (108 qkm) schloss neben dem Stadtbezirk (Ost-)Jerusalems unter jordanischer Kontrolle eine Anzahl vormals unabhängiger Dörfer ein, die nun zum größeren Stadtgebiet gehörten und damit auch den Planungsgesetzen Israels unterstellt wurden, so z.B. At-Tur, Jebel Al Mukaber, Sur Baheir, Beit Hanina, Shuafat oder Anata. Manche dieser Orte wurden durch die willkürliche, neue Grenzziehung von ihren Feldern getrennt, die nun in der Westbank lagen. Sur

---

Associations for Palestine zitiert auf der Webseite am 5.3.2013 den Israelischen Bürgermeister Jerusalems Nur Barkat, nach dem durch den Bau der Mauer und die Exklusion ganzer Stadtteile etwa 70.000 Palästinensische Jerusalemer Bürger ihre ID verlieren würden.

[247] Amir Cheshin, langjähriger Berater der Regierung für ‚Arabische Angelegenheiten' in Jerusalem für Teddi Kollek und später Ehud Olmert, definierte als Hauptaufgabe der Planungen: "Israels leaders adopted two basic principles in their rule of East Jerusalem. The first was to rapidly increase the Jewish population in East Jerusalem. The second was to hinder growth of the Arab population and to force Arab residents to make their homes elsewhere." In: Cheshin, Amir 1999: Separate and Unequal. The Inside Story of Israeli Rule in East Jerusalem. Cambridge University Press. S. 3;. zitiert in: The Civic Coalition for Defending Palestinians' Rights in Jerusalem 2009: Aggressive urbanism, Urban Planning and the Displacement of Palestinians within and from Occupied East Jerusalem. Link: www.civiccoalition-jerusalem.org/ccdprj.ps/new/pdfs/Aggressive%20Urbanism%20Report.pdf. Siehe auch: Halper, Jeff 2002: The Three Jerusalems and their role in the occupation. In: Jerusalem quarterly file, issue 15. Link: http://www.jqf-jerusalem.org/journal/2002/jqf15/halper.html.

[248] Schmelz1987: S. 111; noch zwischen 2000 und 20007 stammte die Mehrheit der Zuwanderer aus den USA; während 1985 sich 20% als orthodox bezeichneten, bezeichneten sich in einer Befragung zwischen 2005 und 2007 der über 20-jährigen Juden Jerusalems nur 23% als säkular, aber 28% als ultraorthodox und 17% als religiös. In: Choshen, Maya, Korach, Micha, Kaufman, Dan 2010: Jerusalem Facts and Trends 2007, 2008. The Jerusalem Institute for Israel Hg. Jerusalem. S. 14 und 19. Link: http://www.scribd.com/doc/48081381/Jerusalem-Facts-and-Trends-2007-2008.

Baheir gehörte zu einem Teil zur Westbank und mit dem anderen zu Jerusalem, sodass heute noch ein Teil der Bewohner den Jerusalemstatus und ein anderer den Westbank-Status besitzt; ähnliches galt und gilt für Anata und Kalandia. Die Systematik der neuen Grenzziehung auf Kosten von Westbank-Land folgte vor allem das Ziel, soviel Boden wie möglich einzugliedern, der nicht von ‚Arabern' bewohnt war, um für eine weitere Planung neuer Jüdischer Viertel Land zur Verfügung zu haben, das nach dem israelischen Planungsgesetz für ‚Öffentliche Zwecke' enteignet werden konnte. Komplementär dazu wurde auf nationaler Ebene beschlossen, die jüdische Bevölkerung in Jerusalem weiter zu erhöhen.[249] Über dieses Gesetz und über die Verfügung über Abwesendenland wurden im Zuge weiterer ‚Jerusalem Ost Pläne' zunächst bis 1970 15.000 dunam konfisziert, und bis 1976 erneut fast 90.000 dunam des Gemeindelandes (Miri) der zwangseingemeindeten Dörfer als sogenanntes Staatsland deklariert.[250] Insgesamt wurde bis in die 1980er Jahre fast ein Drittel des Palästinensischen Bodens enteignet, 35 Prozent davon als ‚Green Land', also unbebaubares Land nach dem Regionalplan aus der Mandatszeit, sodass für eine eigenständige Entwicklung und neue Bebauung im ‚Arabischen Sektor' nur wenig Möglichkeit bestand.[251]

Kolonisierung – die Besiedlungsfrage

Die Planung für Jerusalem erhielt höchste Priorität auf allen Ebenen der Regierung. Neben der Stadtverwaltung und einem eigens eingerichteten Jerusalem-Komitee wurden Innenministerium, Wohnungsministerium, Ministerium für den Schutz der Antiquitäten, Tourismusministerium, Verkehrsministerium, Ministerium für Parks und Naturreservoirs sowie die Sicherheitskräfte in die Planungen mit einbezogen. Leitbild der Jerusalem Planung war es, vor allem Folgendes sicherzustellen:

- Jüdische Bevölkerungsmehrheit,
- Jerusalem als Israels Hauptstadt,
- Einheit der Stadt,
- Verbindung mit der Küste und zum Jordantal,
- Verbindungen zwischen Nord-, Ost-, und Süd-Korridor,
- Sicherung des Jüdischen Erbes sowie

---

249 Cheshin, Amir 1998: Municipal policies in Jerusalem: an account from within. PASSIA, Jerusalem; zum Gesamtkomplex Planung Siehe auch: Waltz, Viktoria 2000 Jerusalemer Stadtplanung und das Zionistische Projekt. Zwischen Alt- und Neustadt, zwischen Kosmopolitisierung und Ethnisierung einer Metrople. In: Konkel, Michael/Schuegraf, Oliver HG 2000: Provokation Jerusalem. Eine Stadt im Schnittpunkt von Religion und Politik. Aschendorff Münster: 157ff.

250 Zahlen in: Waltz/Zschiesche 1986: zitiert aus palästina bulletin 34/81 vom 21.8.1981.

251 Ir Shalem o.J. 1998(?): East Jerusalem.The Current Planning Situation. A Survey of Municipal Plans and Planning Policy, Jerusalem.

- Entwicklung des Tourismus unter Israelischer Kontrolle.[252]

Innerhalb der *historischen Altstadt* bedeutete dies zunächst:

- Abriss des Maghreb Viertels und die Gestaltung des Klagemauer Areals,
- Unterstellung der gesamten Altstadt unter Denkmalschutz, alle Bautätigkeit wurde dadurch untersagt und genehmigungspflichtig,
- Aufbau und Restaurierung des Jüdischen Viertels, Ausgrabung des römischen ‚Cardos', Wiedererrichtung der Hurva Synagoge und Gründung einer neuen ‚Jeshuvah',
- Erneuerung und Gestaltung der gesamten Altstadtmauer und der Tore,
- Erneuerung der Zitadelle zu einem Museum der Jüdischen Geschichte sowie
- Gestaltung der Via Dolorosa.[253]

Im direkten *Umfeld der Altstadt* wurde das Prinzip der ‚Umplanung' der Altstadt durch Grün- und Museumspark wieder aufgegriffen und darin eine sogenannte ‚Kulturmeile' großräumig implementiert.

Die direkte *Anbindung der Altstadt an die Weststadt* wurde unter dem Motto ‚Schließen der Wunden' am Jaffa Tor – Arabisch Bab al Khalil, also Hebron Tor – durch die Umgestaltung der weiteren Umgebung des Jaffator zu einem fußläufigen Übergang gestaltet, der von einem Wohn-Projekt, der so genannten ‚David Stadt', über die komplett verlegte und übertunnelte alte Bethlehemer Landstraße auf den neu geschaffenen Platz und Park vor dem Jaffator führte. Ein weiteres Projekt betraf die Umgestaltung des Damaskus Tores mit dem langfristigen Vorhaben, das davor liegende Musrara Gebiet, das Gelände des historischen islamischen auf mamlukische Zeit zurückgehenden Mamilla Friedhofes, eingeschlossen, mit der anschließenden ‚German Colony' bis zum Damaskus Tor hin zu verbinden. Weitere Veränderungen betrafen den Anschluss der Weststadt über unterirdisch angelegte Autoparkgaragen und Busstationen.

Ein besonderer Schub der zunehmenden demographischen Judaisierung der Altstadt lag seit den 1980er Jahren in den Händen ultraorthodoxer Gruppen, die, sich auf die Erfüllung der Weissagungen in der Thora berufend, bis heute in die palästinensischen Viertel einbrechen, Häuser besetzen, teilweise auch über Strohmänner kaufen, die Bewohner hinauswerfen und sogar Neubauten auf historischen Baustrukturen für ihre religiöse Jeshuvah oder Thora Schulen errichten. Gruppen wie ‚Ateret Cohanim', ‚Shuvat Banim', ‚Atara Leyoshna', ‚Elad' (‚Auf zur Stadt Davids') oder die ‚Temple Mount Faithfull' handeln zwar nicht offiziell, erfahren aber doch Unterstützung durch die unterschiedlichen Verwal-

[252] Kroyanker, David 1982: Jerusalem, Planning and Development 1979-1982. The Jerusalem Institute for Israel Studies for the Jerusalem Committee Jerusalem, sowie dsl. 1985: Jerusalem. Planning and development 1982-1985, New Trends.

[253] Dgl.

tungen und sind aktiver Teil der sogenannten ‚Hebronisierung' Jerusalems. Schließlich erhalten sie finanzielle und technische Hilfe für den Ausbau der Gebäude und Schutz für ihre ‚Sicherheit' durch Polizei und Militär.[254]

Großraumplanung

Die Planung neuer großer jüdischer Wohngebiete auf dem enteigneten palästinensischen Boden begann bereits 1967mit dem Beschluss zum Baubeginn des Etzion Blocks durch die Knesset.[255] Die neuen Kolonien sollten nicht nur das Bevölkerungsverhältnis verändern, sondern auch Barrieren zur Westbank herstellen, sowie die Verbindung mit der West Stadt schaffen. Die Kolonien ‚Ramot Allon' und ‚French Hill' stellten als erste diese ‚Landbrücke' zwischen der westlichen, israelischen Neustadt und dem Mt. Scopus mit der Hebrew University und dem Hadassah Krankenhaus im Osten her. Als ‚Pufferzonen' zwischen Ost Jerusalem und der Westbank entstanden von höchster Stelle, dem Ministerium für Bauen und Wohnen geplant, die groß angelegten ‚Ringsiedlungen' ‚Neve Ya'akov' und ‚Pisgat Ze'ev' im Nord/Nordosten sowie ‚Gilo', ‚Talpiot' und ‚Har Homa' im Süden.

In einem weiteren Ring wurde seit den 1980er Jahren in einer weiteren Umkreisung der Ost Stadt mit dem Bau von Großsiedlungen begonnen, die sich inzwischen zu eigenen Städten entwickelt haben: ‚Givat Ze'ev' und ‚Anata' im Nordwesten, ‚Ma'ale Adumim' im Osten und ‚Tekoa' im Südosten, sowie ‚Efrat' und der ‚Etzion Block' im Südwesten. Mit fortgesetzten Erweiterungen erweisen sich diese Großsiedlungen inzwischen als ‚Ankerpunkte' für eine Usurpation weiteren Westbank Bodens in einem so genannten ‚Metropolitan Jerusalem Plan'[256], der bis Ramallah im Norden und Bethlehem im Süden reichen soll. Dieser Plan von 1973 wurde erst in den 1980er Jahren bekannt und zeigt, wie langfristig die gesamte Planung angelegt worden war.

Alle Kolonien wurden im Laufe der Zeit vergrößert, die einen zur Verdichtung der ‚Landbrücken', die anderen als angebliche ‚Neve' … ‚Neu' …-Gründungen ehemaliger alter Jüdischer Siedlungen, oder schlicht als so genannte Erweiterung der bestehenden, und dadurch immer dichter werdenden, Barrieren zur Westbank. Weitere Verdichtungen kamen durch sogenannte ‚Outposts', militäri-

---

254 Cheshin 1998: S. 13; Seidemann, D. 1998 Interview: Ehud Olmerts's Hebronisation of Jerusalem. In: Institute of Jerusalem Studies Hg, Jerusalem Quarterly Files 1, 1998: 31ff.

255 Siehe Passia 2001für das Jahr 1967.

256 Der Plan wurde bereits in den 80er Jahren diskutiert; 1994 erhielt der Plan seine offizielle Ausprägung als ‚Metropolitan Jerusalem Plan', nachdem 40% der Westbank okkupiert und in den Grenzen von Jerusalem zwangseingemeindet sein würden. Siehe Kroyanker 1982: S. 2ff; siehe auch de Jong, Jan 1997: Israels Greater Jerusalem engulfs the Westbank's core. In: foundation for middle east peace fmep: special report. Washington link: http://www.fmep.org/reports/special-reports/greater-jerusalem/PDF; sowie Waltz/Zschiesche 1986: 374; sowie Waltz, Viktoria 2010 Jerusalem within the Zionist Project. In: Waltz/Isaac 2010.
Link: http://zionismus-israel-raumplanung.blogspot.com/2010_12_01_archive.html.

sche Außenposten hinzu, die als Startpunkt für neue kleinere Kolonien sich inzwischen wie eine Perlenreihe dazwischen fügen.
Die verkehrstechnische Verbindung der Kolonien untereinander, sowie ihre Verbindung mit der Weststadt und dem äußeren Kolonien-Ring, wurden zu einer weiteren Struktur der Überformung der Stadt mit einer jüdisch geprägten Raumstruktur. Während die Kolonien im ersten Ring mit neuen Straßen untereinander verbunden, die Verbindung zur Altstadt über Hochstraßen und Brücken, und die Verbindung zwischen der Weststadt und den Großsiedlungen im weiteren Umkreis über völlig neue autobahnähnliche Schnellstraßen und Tunnels hergestellt wurden, waren die gewohnten und historischen palästinensischen Straßenverbindungen abgeschnitten, umgelegt oder vernachlässigt und eher ein Hindernis geworden. Das öffentliche Transportnetz hat sich ebenso in zwei unterschiedlichen Strukturen entwickelt. Während die Siedler mit klimatisierten Bussen zwischen Wohngebiet, Arbeitsplatz, Schule oder Krankenhaus, zwischen der Küste, Jerusalem und den Kolonien einfach und schnell hin und her transportiert werden, ist für die palästinensischen Bewohner ein endloses Heer an oft sehr schlecht ausgestatteten, unsicheren Ford Transit Privatbussen als Verkehrsmittel entstanden, teuer, überfüllt – wenn auch höchst flexibel mit Sperrungen, Blockaden und anderen Unwegsamkeiten umgehend.
Jerusalem wurde also nicht vereinigt, wie die zionistischen Planer für Jerusalem behaupten. Jerusalem wurde im Laufe der Besatzung zu einer äußerst scharf segregierten Stadt entwickelt, in der die jüdischen Siedler jede Unterstützung, beste Infrastruktur und beste Wohnlagen genießen, während die autochthonen palästinensischen Bewohner untereinander und von ihrem Hinterland abgetrennt und der Raum zur Entwicklung total beschnitten wurden, Wohnungen und Häuser beständig von Abriss bedroht sind und die Altstadt in ein Kaufhaus für jüdische Geschichte und jüdische Attraktionen verwandelt wurde.

Zu den Jerusalemer ‚Grenzüberschreitungen' im Laufe der Kolonisierung:

Karte 28

Jerusalem um 1900
Altstadt und umgebende Dörfer, neue Vororte

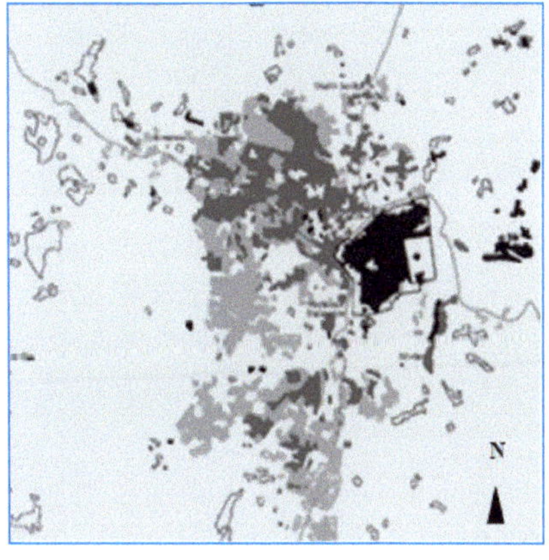

Karte 29

Jerusalem: Mc Lean Plan 1918
Grüngürtel um die Altstadt, Ben Jehuda Einkaufsmeile (rot) Neue Wohnviertel vor allem in West, Mt. Scopus/Hadassa (Kreis), jüdische Universität

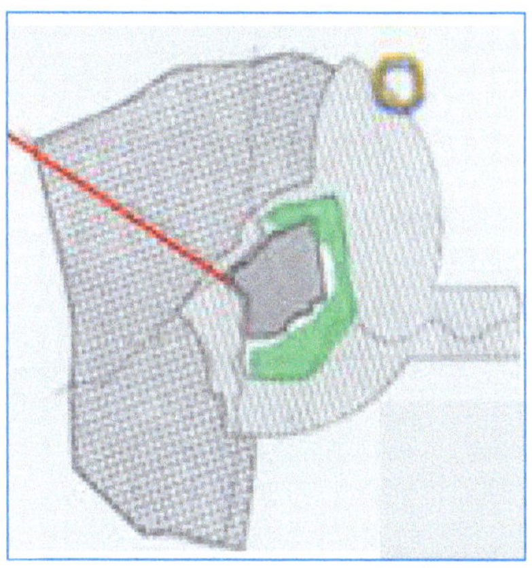

Karte 30

Jerusalem: Geddes Plan 1928
'Heiliges Becken' um die Altstadt im Osten, Wohnbebauung, neue Viertel im Westen

Karte 31

Jerusalem: Entwicklung bis 1947
Altstadt und neue Viertel in neuen Stadtgrenzen

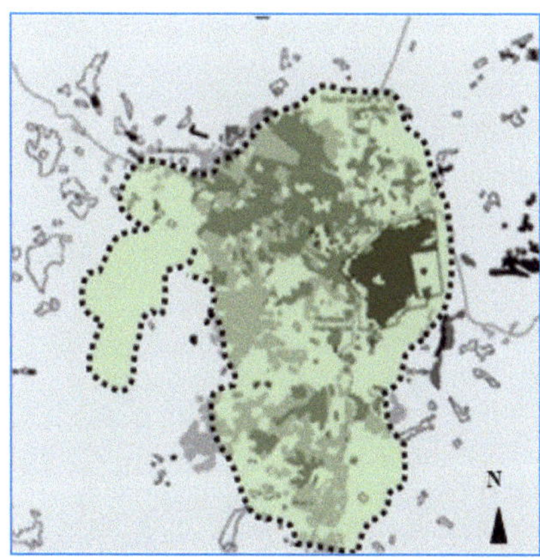

Karte 32

Jerusalem. Stadtgrenzen
nach UN-Plan 1947
'Corpum Separatum'

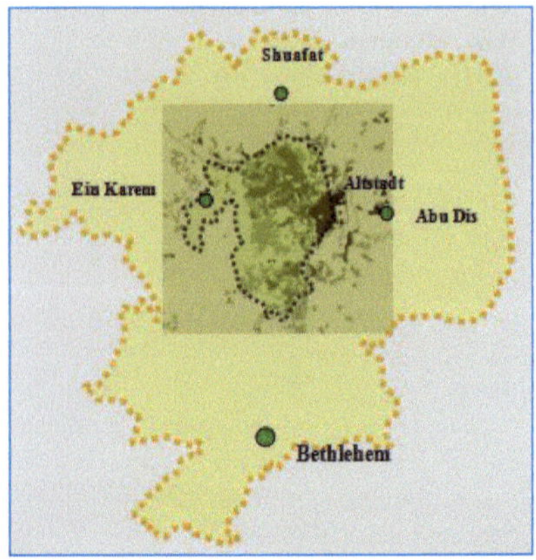

Karte 33

Jerusalem: Stadtgrenzen nach 1948
Geteilte Stadt,
Westliche Erweiterung

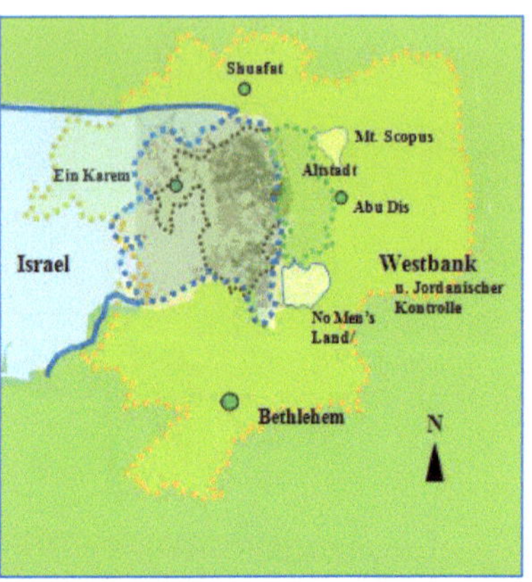

Karte 34

Jerusalem: Stadtgrenzen nach 1967
'Vereinte Stadt'
Westliche Erweiterung
Neue Grenzerweiterung auf 10% Westbank Land
Großraumplan, inklusive Ramallah& Bethlehem

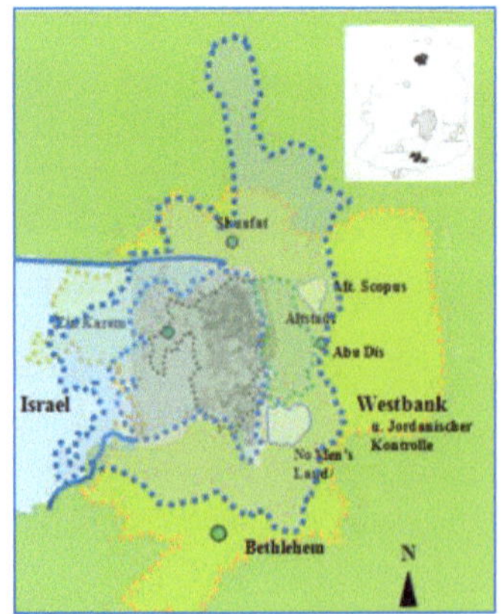

5. Israel und die 1967 besetzten Gebiete am Vorabend des Friedensprozesses

Macht- und Mehrheitsverhältnisse in Israel

Durch weitere Einwanderungswellen aus der Sowjetunion[257] und anderen Gebieten der Welt war die *Bevölkerungsfrage* in Israel im Grunde ‚entspannt'. Dennoch war die Mehrheits-Frage nicht einfach gelöst, da auch die palästinensische Bevölkerung trotz Auswanderung auf fast eine Million gewachsen war, einen höheren Anteil an junger Bevölkerung aufwies und immer noch in den seit 1948 verbliebenen Gebieten konzentriert lebte und lebt. Im Norddistrikt, also Galiläa, wo die große Mehrheit, etwa 40 Prozent, leben, sowie im so genannten Dreieck, repräsentieren sie immer noch über 75 Prozent der Bevölkerung; im Süddistrikt, also im Negev, und in Jerusalem zwischen 50 bis 75 Prozent.[258] Die Bodenverhältnisse waren im großen und ganzen bereits 1967 geklärt, Enteignungen fanden bei größeren Planungsprojekten weiterhin statt, die Zahl der illegalen Bauten nahm automatisch zu, entsprechend der Bevölkerungsentwicklung und ihres steigenden Wohnbedarfs.

Denn auch in der *Wohnungsfrage* erhielten die Palästinensischen Gemeinden ganz im Gegensatz zur offiziellen Wohnungsbaupolitik nach dem Bau- und Planungsgesetz von 1965 in keiner Form Unterstützung. Dieses Gesetz sah zwei Formen der Wohnungsplanung vor: den direkten Wohnungsneubau oder die Erneuerung von bestehendem Wohnungsbestand, um Defizite zu beseitigen, und dafür wurden Land, Finanzen und der Bau öffentlich geförderter Wohnungen vom israelischen Staat prinzipiell bereitgestellt. Hinzu kam die Förderung von Bauwilligen und die Schaffung der dazu notwendigen Planungsvoraussetzungen, wie die Feststellung von Wohngebieten in den Bebauungsplänen, finanzielle Unterstützungsprogramme, sowie die Bereitstellung entsprechender technischer und sozialer Infrastruktur. Letzteres galt vor allem für Kleinstädte und ländliche Siedlungen. Ziele dieser Politik[259] waren:

- die Bereitstellung von Land; Planung von Wohnungsprojekten in der Nähe von Arbeitsplätzen und bestehenden Plangebieten;
- Planung von unterschiedlichen Wohnprojekten, angepasst an Haushaltstypen und besondere Anforderungen;
- Beteiligung des Jewish National Fond und der Jewish Agency an neuen Entwicklungen in allen Regionen;
- Anpassung des Wohnbauprogramms an die Bedürfnisse der Jüdisch-Israelischen Bevölkerung je nach Herkunft, Familiengröße und Ein-

[257] Allein in 1990/91 333.000, nach cbs annual report 1991.

[258] State of Israel Prime Minister's Office Nov. 2002: The Arab population in Israel. Statistilite No. 27. Link: http://www.cbs.gov.il/statistical/arabju.pdf.

[259] Egbaria, Kassem 2010: Two Spatial Systems for one Land: Spatial Inequality in the Development of Palestinian Communities and the Actual Need for Equity. In Waltz, Isaac 2010. Link: http://zionismus-israel-raumplanung.blogspot.com/2010/11/siedlungspolitik-israelzionistisraeli.html.

kommen, bei gleichzeitiger Beachtung von Nachhaltigkeit und den Schutz der Umwelt;

- Bereitstellung von finanziellen Hilfen und Krediten durch das Finanzministerium und das Bau- und Wohnungsministerium.

An all dem hatten die palästinensischen Gemeinden keinen Anteil, weder waren sie Nutznießer der Neubauprogramme, noch hatten die meisten Bewerber überhaupt eine Chance, die Voraussetzungen für Baukredite zu erfüllen – wegen fehlender Masterpläne, fehlender Besitztitel oder mangelnder Kreditwürdigkeit.[260] Weiterhin blieben sie also aus dem Israelischen System ausgeschlossen und bei ihren notwendigen Bautätigkeiten von Zerstörung dieser Bauten bedroht, wenn sie ohne Genehmigung gebaut worden waren, wie meistens.
An der ‚Heimatfront' konnte der Zionistische Staat zunächst von einer Beruhigung ausgehen – die wachsende Palästinensische Bevölkerung allein wurde als alarmierend angesehen.

Macht- und Mehrheitsverhältnisse in der Westbank und im Gazastreifen

Bis zum Ende der 1980er Jahre war der Judaisierungsprozess in den besetzten Gebieten relativ weit vorangekommen:
In der *Westbank* waren über 150 Kolonien strategisch platziert worden. Viele Kolonieblöcke bildeten, ergänzt durch Autobahn ähnliche Verbindungsstraßen, Querrigel durch die Westbank und teilten das Gebiet in Teilgebiete. Das gesamte Jordantal war mit einer Doppelreihe an Kolonien faktisch ein israelischer Siedlungsstreifen geworden, mit ein paar Oasen und der Stadt Jericho dazwischen gelegen. Alles war nach Plan verlaufen – des Militärs, der WZO, der Regierung und der Siedlergruppen.
Den palästinensischen Städten und Dörfern waren Entwicklungspläne vorenthalten worden – dort gab es keine Masterpläne, keine Projekte, keine wirtschaftliche Unterstützung. Nur das allernötigste an bestehenden Einrichtungen der jordanischen Zeit zum Bildungs- oder Gesundheitswesen war durch die Besatzungsverwaltung aufrecht erhalten und verwaltet worden. Alles, was darüber hinaus dennoch entstanden war, Krankenhäuser, Schulen, Hochschulen und jeweils Genehmigungen der Besatzungsmacht erforderte, war aus eigener Kraft und mit Hilfe der Diaspora und arabischer Unterstützung entstanden.
Über 70 Prozent des palästinensischen Bodens waren inzwischen enteignet worden: ein Teil aus Planungsgründen für die Kolonien und die entsprechende Infrastruktur – ein anderer Teil, vor allem die Hänge östlich vom Hauptkamm der Westbank hinunter zum Jordantal, war zu Militärischen Sperrzonen erklärt und für die Westbank Bewohner völlig unzugänglich geworden.

[260] Egbaria 2010.

Über 150.000 Siedler standen den etwa 1,25 Millionen[261] Palästinensern in der Westbank gegenüber. Viele Menschen hatten das Land verlassen, und die Palästinensische Diaspora wurde größer und in alle Welt verstreut.
Der *Gazastreifen* war vor allem militärisch unter Kontrolle gebracht. Trotz Propaganda durch die WZO, dieses ‚Hawaii Israels‘ zu einem dichten jüdischem Siedungsgebiet zu entwickeln, war es zwar vor allem zum Ende der 1980er Jahre zu etwa 20 Kolonien gekommen, ein Teil davon Nahalsiedlungen, also erweiterte Militärposten, und dazu kamen zehn Kolonien, die einen Abschottungsstreifen zu Ägypten darstellten. Aber nur etwa 4.000 Siedler spielten den ‚Vorposten‘ für die weitere Kolonisierung gegenüber fast einer Million Palästinenser in diesem dicht besiedelten Landstreifen. Diese Kolonien lagen allerdings in strategischer Lage zwischen Khan Yunis und Rafah, mit Verbindung zur Küste, und sie blockierten für beide Städte den Zugang zum Meer. Sie lagen auf besten Böden und ehemaligen Zitrusfrucht- und Dattelplantagen der Bauern und Beduinen von Khan Yunis.
Ein eigenes Straßensystem verband die Kolonien untereinander und mit Israels angrenzenden Orten. Permanente und fliegende Kontrollposten an den Kreuzungspunkten dieser Siedlerstraßen, mit den historischen Straßenverbindungen zwischen Gaza und der ägyptischen Grenze, hinderten darüber hinaus die Mobilität der autochthonen Bewohner.
Jerusalem, ebenso illegal eingemeindet wie die Kolonien illegal waren, war von Kolonien umringt, die Altstadt deutlich jüdisch infiltriert und zur Frontstadt des Kampfes um die Vollendung des zionistischen Kolonisierungsplans und der orthodoxen, eschatologischen Kräfte unter den Siedlergruppen geworden.
Nur noch etwa 13 Prozent des Bodens war für die autochthonen Palästinensischen Bewohner verfügbar.[262]
Was die *Bevölkerungsverhältnisse* anging, war die Siedlergesellschaft bis 1992 auf etwa 100.000 Siedler in den etwa 140 Westbank Kolonien angewachsen, bei fast zwei Millionen Palästinensern, darunter mehr als 800.000 im Gazastreifen.[263]
Die Westbank, der Gazastreifen und Ost Jerusalem waren fragmentiert, die palästinensischen Siedlungsgebiete eingeschränkt und umringt von einem Kranz von Kolonien. Die Zunahme an Siedlern mit ihrer eigenen Wirtschaft, ihrem eigenen Baustil und einem separaten Verkehrs- und Infrastrukturnetz bildeten eine fremde, völlig segregierte Gesellschaft inmitten der Palästinensischen Gesellschaft.
Die zentrale Ressource der Westbank, das Wasser aus den tiefliegenden Aquiferen unterhalb der Westbank, war für die Kolonien und die israelische Landwirtschaft abgezweigt worden. Dort wurde üppig Wasser verbraucht für Swimming Pools, Gärten und Plantagen der Siedler, ein Sinken des Wasserspiegels war und

[261] Nach Procon, Internationale NGO.
Link: http://israelipalestinian.procon.org/view.resource.php?resourceID=000636#graph5.
[262] Ir Shalem 1998(?).
[263] Siehe (I)CBS und Ministry of Interior, jährliche Berichte.

ist eine Folge. Den Palästinensern war gleichzeitig das Bohren neuer und tieferer Brunnen untersagt. Vor allem im Sommer litten Dörfer und Städte unter Wassermangel und waren noch dazu gezwungen, Wasser zu hohen Preisen von der israelischen Wasserverwaltung Mekerot zu kaufen. Das hatte außerdem höchst negative Konsequenzen für die Landwirtschaft, vor der Besatzung eine Haupteinnahmequelle für die Westbank und den Gazastreifen. Die Gesamtheit der Kolonisierungsplanungen hatte auch Konsequenzen für die durch die Besatzung und die Abtrennung von Jordanien leidende palästinensische Wirtschaft. Die landwirtschaftliche Produktion ging zurück, durch die Isolierung Jerusalems waren traditionelle Märkte und Handelsströme unterbrochen, der Tourismus lag mehr und mehr brach, die Bevölkerung war zunehmend von der Unterstützung von außen, Verwandten und arabischen ‚Sumud'-Geldern abhängig geworden.[264]

Dennoch, und auch gerade wegen der sich immer mehr verschlechternden Lage der Palästinenser in den besetzten Gebieten, gab es immer wieder erheblichen Widerstand, der 1987 schließlich zur ersten Intifada führte, in der Israel wegen seiner brutalen Reaktionen erstmalig auch in die internationale öffentliche Kritik geriet.[265] Nicht wirklich schien Israel alles unter Kontrolle zu haben und sah sich gezwungen, taktisch neu vorzugehen. Ob diese Situation, eine neue Strategie für den Nahen Osten (der erste Irak Krieg war gerade erfolgt), oder der amerikanische Wunsch, die jährlichen Kosten für Israels Unterstützung zu reduzieren, zu dem dann 1992 folgenden Friedensprozess geführt haben, ist schwer zu sagen. Tatsache ist, dass mit den Oslo-Verhandlungen eine neue Etappe im Kolonisierungsprogramm begann, durch das die palästinensischen Führungen letztendlich zur Beteiligung an den Kosten, wenn auch aus internationalen Töpfen und an der Zustimmung zur weiteren Land-Inanspruchnahmen Israels, bei passivem Zuschauen, zur weiteren fortgesetzten Kolonisierung mit neuen Mitteln gezwungen wurden, bzw. gezwungen werden sollten. Ist ein Ende der Reise abzusehen?

---

264 Arabisch und meint ‚wiederstehen' oder ‚durchhalten'.

265 Die in den Fernsehnachrichten wiedergegebenen Steine werfenden Jugendlichen und die Beine brechenden Soldaten haben damals das Bild von Israel stark erschüttert; allerdings folgte von israelischer Seite daraufhin eine bis heute wirkende Propagandaoffensiver israelischer Institutionen in aller Welt, um Israels Ansehen positiv zu zeichnen und jedwede Kritik an Israel zu bannen, provoziert.

Zum Kolonisierungsprozess bis 1990 – verwischte Grenzen:

Karte 35

Palästina Westbank:
Kolonien seit 1967
Jordantal Sperrzone

Karte 36

Palästina Gazastreifen:
Kolonien seit 1967
Südlicher Küstenstreifen Sperrzone

Diagramm 7 a, b

a. Palästina: Bodenverteilung um 1990
Ergebnisse von Enteignungen und Kolonisierung
Palästinensisch ca. 13%, davon 11%
in WB/Gaza (dunkelgrün), 2% in Israel (hellgrün)
Jüdisch ca. 87%, davon 15% in WB/Gaza (hellblau)
72% in Israel

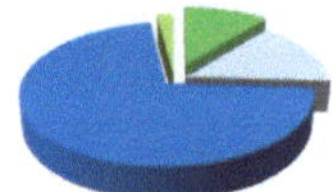

b. Palästina Bevölkerungsverhältnis um 1990
nach Migrationswellen und Planung
Palästinensisch ca. 44%, davon 13%
in Israel, Galiläa, Dreieck, Negev (hellgrün) und
31% in WB/Gaza (dunkelgrün)
Jüdisch ca. 56%, davon 2% in WB/Gaza
(hellblau) und 54% nur Israel (dunkelblau)

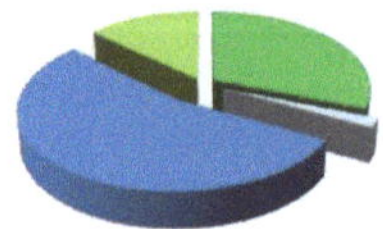

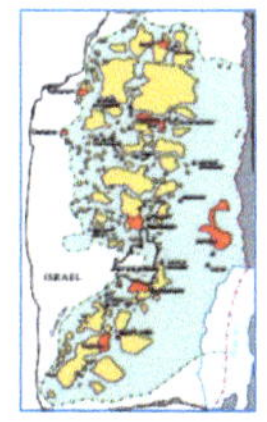

V Kolonisierung und Friedensprozess – Israel und/oder Palästina nach Oslo

1992 begann ein international begleiteter Prozess um die zentrale Frage der Einlösung des UN-Beschlusses von 1947: die Errichtung eines Palästinensischen Staates auf den verbliebenen Gebieten Westbank und Gaza – auf Basis der UN-Sicherheitsratsresolution 242, die den Rückzug Israels aus den 1967 besetzten Gebieten beinhaltete, sowie die Rückkehr der Flüchtlinge, Kompensation von Verlusten und die Anerkennung Ost Jerusalems als Hauptstadt Palästinas.
Der folgende Prozess bis zu einem vorläufigen Ende im Jahr 2000, dem Beginn der 2. Intifada, war quälend. Es wurde in Etappen verhandelt, zunächst sollten Gaza und Jericho, dann die Westbank und Gaza unter Palästinensische Selbstverwaltung gestellt werden. Nach 2000 wurden verschiedene Versuche unternommen, den Prozess wieder anzuschieben, die bis heute alle ergebnislos geblieben sind.[266] Substantiell kam eine weitere Fragmentierung der Westbank und eine weitere Trennung der Gebiete, quasi eine Dreiteilung in den Gazastreifen, die Westbank und Ost Jerusalem dabei heraus. Die Westbank wurde offiziell mit Zustimmung der Palästinensischen Autonomieverwaltung in drei verschiedene Zonen zerteilt: in die Zonen A, B und C. Dem erzwungenen Abzug der Siedler aus dem Gazastreifen 2005 folgte eine grundlegende Verwüstung des gesamten besiedelten Gebietes mit mehr als tausend Todesopfern. Den evakuierten Siedlern wurde in neuen Kolonien um Jerusalem herum Ersatzraum geschaffen, ein schlechter Tausch.
Weder wurde die Flüchtlingsfrage in die Verhandlungen einbezogen, noch eine Lösung für die Wasserressourcen angeboten und schon gar nicht die widerrechtliche Annexion Ost Jerusalems wirksam infrage gestellt.
Im Gegensatz zu den Erwartungen hat sich in diesen über 30 Jahren bis heute die Situation für die Palästinensische Gesellschaft noch einmal erheblich und dramatisch verschlechtert, und der zionistische Judaisierungsprozess im Mandatsgebiet Palästina und darüber hinaus (Golan) hat in dieser Zeit sogar an Fahrt und Quantität zugenommen.

[266] Es geht hier nicht um die Verfolgung des gesamten Prozesses in Details, sondern um das Ergebnis in Bezug auf die Planung und den Kolonisierungsprozess.

A B C der Kolonisierung – Zonierung und Fragmentierung

Unter dem Druck möglicher Verhandlungen begann die israelische Verwaltung der besetzten Gebiete zum Ende der 80er Jahre bis 1992 – anders als in den 20 Jahren davor – für alle palästinensischen Orte Masterpläne zu veröffentlichen.[267] Dies geschah auf der Basis von Luftaufnahmen, über die die bestehenden bebauten Flächen als Masterplangebiet festgehalten wurden und anschließend Grenzen für die Bebauung innerhalb des Masterplangebietes bedeuteten. Außerhalb dieser Masterplangrenzen sollte Bauen unmöglich gemacht werden. Diese Masterplangrenzen wurden Grundlage für die in den Oslo Verhandlungen 1995 verfügte Einteilung der Westbank in Zonen, wonach fast ausschließlich diese bereits bebauten Gebiete zur Zone A wurden – die Zone, in der die Selbstverwaltung und das Alltagsleben der Palästinensischen Gesellschaft durch die Autonomieverwaltung geregelt werden sollten. Da diese Zonengrenzen ein paar Jahre nach Erstellung dieser Masterpläne entschieden wurden, gab es in vielen Gemeinden den verrückt zu nennenden Umstand, dass mittlerweile die Bebauung außerhalb dieser Grenzen stattgefunden hatte und diese mit der weiteren Zonierung nicht in das Selbstverwaltungsgebiet gehörten und damit Bauten in diesem Bereich zu ‚illegalem Bauen' gestempelt wurden.[268]

Eine weitere Kategorie der Landbesiedlung und Nutzung wurde C, das unter vollständiger israelischer Hoheit stehende Gebiet der Kolonien, das mittlerweile als ‚Israel Land', also Eigentum Israels, widerrechtlich annektiert worden ist. Da dieses Land nicht nur die reale bebaute Fläche der Kolonien betraf, sondern den Umfang des als Staatsland enteigneten Landes, also fast 70% der gesamten Westbank einnahm, wurde C zur größten illegal enteigneten Bodenkategorie und vollständig aus der Kontrolle der Palästinenser herausgenommen. Per Definition wurden in C keine Baugenehmigungen für palästinensische Vorhaben erteilt, auch wenn, wie oben beschrieben, in diesem Gebiet bebaute Flächen lagen.[269]

Die dritte Kategorie B betraf das zwischen A und C liegende Land, das gleichzeitig unter palästinensischer ziviler Verwaltung und unter israelischer Sicherheitsverwaltung stehen sollte, mit der über Baugenehmigungen gemeinsam in den Sonderverwaltungsbüros, den ‚joint offices' entschieden werden sollte. Real

---

[267] Aus den Protokollen und Gesprächen mit der Ramallah Stadtverwaltung. In: Waltz, Viktoria: 2000 Missionary Report for UNCH Habitat. Housing Situation and Housing Needs in Palestine Jerusalem/Nairobi, unveröffentlicht.

[268] So geschehen für Planungen um Al-Jeeb. In: Waltz 2000; nach neustem UN Bericht leben 2014 im C Gebiet, das ursprünglich 5 Jahre nach Oslo an die Palästinenser zurückgegeben werden sollte, etwa 300.000 Palästinenser in 532 Wohngebieten unter vollständiger israelischen Kontrolle, also im Grunde rechtlos; siehe Bericht in Ha'aretz vom 5.3.2014; Link: http://www.haaretz.com/news/diplomacy-defense/.premium-1.577997; Link zum Bericht: http://www.ochaopt.org/documents/ocha_opt_pressrelease_5_march_2014_En.pdf.

[269] Das galt z.B. für eine von der GTZ finanzierte Groß-Mülldeponie in Salfid, für das eine Sondergenehmigung benötigt, zunächst erteilt und dann zurückgenommen wurde, was das begonnene Bauvorhaben stoppte und hohe Kosten verursachte, um alles an anderer Stelle im Bereich A neu zu errichten; aus Gesprächen mit dem Bürgermeister von Salfid, August 1999.

aber geriet auch dieses Gebiet B wegen der sogenannten Sicherheit unter vollständige israelische Kontrolle, und Baugenehmigungen wurden höchst selten durch das gemeinsame Büro erteilt.[270] Faktisch kontrollierte Israel damit nach einigen Veränderungen der Zonierung und Wechsel von B Gebieten zu A Gebieten fast 88% der Westbank, fast 70% wurden inzwischen zwangsweise als Staatsand okkupiert und als ‚Israel Land' definiert, also faktisch israelisiert.
Aber nicht nur das: Zone C umschloss darüber hinaus einen großen Teil der Wasserressourcen. Damit wurde die Zonierung der Westbank nicht nur zu einem Mittel großräumiger Enteignung, sondern diente auch der Kontrolle und Enteignung der wichtigsten Ressource, das Wasser.[271] 1997 entschied die Regierung darüber hinaus, dass die israelische Wasser-Kommission für sämtliche Wasserinstallationen in der Westbank zuständig war und veröffentlichte Pläne, nach denen die Wasser des Yarmuk und Jordan über den Tiberias See zu den Siedlungen im Jordan Tal gelegt werden sollten; darüber hinaus sollte recyceltes Brauchwasser zu den jüdischen landwirtschaftlichen Kolonien durch eine Pipeline zugeführt werden.[272] Damit entstand auch auf der Ebene des Wassers eine eigenständige jüdische Infrastruktur, während die palästinensische Seite immer mehr, allein von den Regenfällen abhängig, auf Kauf von der Israelischen Wasserbehörde angewiesen war.
Die Zone C, aber auch B, wurden im Laufe des sogenannten Friedensprozesses zu einem quasi israelischen Landesteil, mit eigener Infrastruktur, mit einem eigenen Verkehrsnetz und mit einer eigenen Wasserversorgung. Das Ausmaß der Kolonien vergrößerte sich in diesem Zeitraum mehr als noch während der Zeit vor dem sogenannten Friedensprozess. ‚Samaria und Judäa' wurden zu den schnellst wachsenden Region verglichen mit Israel und der Westbank, mit einem Bevölkerungswachstum von jährlich 5,5%.[273]
Noch einmal mehr wurde die Fragmentierung der Westbank durch die Zonierung zementiert und ein weiterer Teil des palästinensischen Bodens seinen Eigentümern entzogen und doppelte Strukturen der Macht, der Kontrolle und des Einflusses auf die Entwicklung geschaffen. Während den israelisch/jüdischen Kolonien in einem eigenen Rechts- und Planungssystem jede Erweiterung möglich gemacht wurde, wurde die Palästinensische Bevölkerung auf ihre bereits bebauten Ländereien reduziert und die Luft und der Raum für eine Entwicklung völlig eingeschränkt und abgeschnitten.

---

270 Aus Gesprächen im Ministerium für lokale Angelegenheiten in Ramallah, August 1999.

271 „Die Karte des Mauerverlaufs liest sich wie eine Karte ausgeschlossener Wasserquellen", so Jad Isaac, Leiter des Applied Research Institute Jerusalem Arij, in einem Gespräch in Bethlehem Mai 2009.

272 Siehe Ministry of Foreign Affairs mfg 1997: Jordan Valley Water. Link: http://www.mfa.gov.il/MFA/Peace%20Process/Regional%20Projects/Jordan%20Rift%20Valley-%20Water.

273 ILF Israel Land Fund 2011: Judea, Samaria and the Jordan Valley. Im Vergleich dazu wächst die gesamte israelische Bevölkerung nur um 1,7 %.

Nur in diesem beschränkten Raum war es der Autonomiebehörde überhaupt möglich, Wohnprojekte, Entwicklungsprojekte oder Raumprogramme zu entwickeln und umzusetzen. Absolute Schwierigkeiten bei der Koordination der diversen Verwaltungsaktivitäten waren eine Folge, und vor allem führte dies auf der einen Seite letztendlich zur Konzentration aller Mittel und Investitionen auf Ramallah/Al Bireh, den Sitz der Autonomiebehörde, und auf der anderen Seite zur Vernachlässigung der ländlichen Regionen, der Kleinstädte und Dörfer.
Die Zersplitterung und die Abtrennung von Jerusalem erschwerten zudem das Alltagsleben und die Mobilität der Palästinensischen Bevölkerung. Große Umwege wurden notwendig, um von Süden nach Norden durch die bergigen Wege des Osthang der Westbank zu gelangen, bekannt als Wadi Nar, Tal des Feuers, eine Unfall gefährdete Strecke. Um zum Beispiel zum Staatlichen Krankenhaus in Ramallah zu gelangen, wo man Herzoperationen durchführen kann, oder um das Kinderkrankenhaus in Bethlehem zu erreichen, muss man diesen langen Weg seitdem mit dem Auto, Taxi oder Minibus bewältigen.
Absolute Förderung, Konzentration der Mittel und Planung der israelischen Behörden im weitesten Sinne galt allein den Kolonien und ihrer Infrastruktur. Die entsprechenden Verwaltungseinheiten in den Distrikten ‚Judäa und Samaria' waren dem israelischen Innenministerium unterstellt, die Mittel kamen direkt von der israelischen Regierung. Neun DCO, District Coordination Offices, wurden zu israelischen Behörden und Organen der Zivilverwaltung, die wiederum mit dem Verteidigungsministerium koordiniert arbeiteten und dies bis heute tun, als gäbe es keinen Friedensprozess, keine Palästinensische Autonomie und keinen Plan einer Zweistaatenlösung. Selbst Namen wurden neu geschaffen und die vertrauten authentischen Bezeichnungen von Landschaft und Orten gelöscht, und auf den offiziellen Straßenschildern sind die altbekannten Strukturen kaum wiederzuerkennen.[274] Faktisch ist bis heute die Zone C Israel und ein Teil des israelischen Verwaltungssystems geworden. Dazu gehören bis heute vier große Städte, die den Status einer israelischen Stadt haben Modi'in Illit, Beita Illit, Ma'ale Adumin und Ariel. Dazu gehören die Regionalräte Gush Etzion, Har Hebron, Matte Binyamin, Megilot Dead Sea, Shomron und Biq'at Ha Yarden. Dazu gehören außerdem die Lokalräte Alfei Menashe, Beit Aryeh-Ofarim, Beit El, Efrat, Elkana, Giv'at Ze'ev, Har Adar, Immanuel, Karnei Shomron, Kedumim, Kiryat Arba, Ma'ale Efraim und Oranit, alles Verwaltungen der großen Siedlungsblöcke.
Damit waren weitere Fakten geschaffen, die den Visionen von 1897 ‚von Basel nach Jerusalem' und den Versprechungen des Charter Land England von 1917 und der UN von 1922/23 immer näher kamen: eine Jüdische Heimstätte in Palästina vom Mittelmeer bis zum Jordan. Das einzige Problem blieb die dennoch wachsende Palästinensische Bevölkerung in einigen Regionen Israels und in den sogenannten ‚gemischten Städten', sowie in den Gebiete ‚Judäa und Samaria',

[274] Nablus ist auf den Wegweisern z.B. zu Shechem geworden – wer sich nicht auskennt, ist verloren.

die, wie Inseln einer anderen Bevölkerung, Kultur, Geographie und Landschaft, das zionistische Bild bis heute ‚stören'. Alle Verwaltungsregelungen und Planungen zur Eingrenzung und Kontrolle dieser Gebiete, die permanente Schwächung der wirtschaftlichen, politischen, kulturellen und sozialen Verhältnisse in den 1967 besetzten Gebieten, hatten zwar zu fortgesetzter Auswanderung vieler Bewohner geführt, konnten aber nicht verhindern, dass auch die verbliebene Bevölkerung wuchs und um den Boden und seine Nutzung kämpfte und auch trotz aller Hindernisse und der Gefahr der ‚Illegalität' einfach entsprechend den eigenen Bedürfnissen, ihr Land weiter bebaute. Sharon, ehemaliger Gouverneur für den Gazastreifen, Verteidigungsminister und Wohnungsbauminister, der schon für viele, oft militärische, strategische und entscheidende Schritte zur Sicherung des Jüdischen Charakters des Landes verantwortlich war, löste den Beginn einer weiteren Etappe der Judaisierung aus.

Sharon – Intifada – die Mauer

Ariel Sharon, der Förderer von Gruppen wie Gush Imunim und anderen, die bereits Bereiche in der Altstadt besetzt hielten, startete im September 2000 den Angriff auf Jerusalem mit seinem provozierenden ‚Besuch' des ‚Heiligen Bezirks', dem ‚Tempelberg', mit der Al-Aqsa Moschee und dem Felsendom. Die Besetzung eines Hauses für seine eigenen Zwecke in der Al Ward Straße, der Zugangsstraße zur Klagemauer, ging diesem Ereignis Ende 1987 bereits voraus.[275] Der offensichtlichen Provokation folgte der Ausruf einer zweiten, der ‚Al-Aqsa Intifada'. Al-Aqsa bedeutet für die Palästinenser mehr als nur ein Gebäude; es ist der ganze ‚Heilige Bezirk', ein Symbol für Jerusalem, Palästina und die ganze Nation. Sharons Übergriff brachte das Fass zum Überlaufen! Darüber hinaus war die Bevölkerung der ‚Friedensverhandlungen' inzwischen überdrüssig, die sichtbar immer nur weitere Verschlechterungen ihrer Lage erbracht hatten und offensichtlich sinnlos waren. Anschläge auf israelische Siedler folgten, deren wahre Urheber oft unbekannt blieben, möglicherweise auch gezielte Operationen der israelischen Geheimdienste waren, denn zu oft ereigneten sie sich in einer Zeit der Verhandlungen, die daraufhin zum Abbruch führten.[276]
Es entstand eine Situation wie sie Israel gebrauchen konnte, um weitere Einschränkungen der Bewegungsfreiheit der Palästinenser zu errichten. Der Bau einer Mauer, dessen ‚Notwendigkeit' bereits Vladimir (Ze'ev) Jabotinsky, russischer Zionist mit sozialistischem Hintergrund und späterer Initiator der Haganah, in den 20er Jahren vorausgesehen hatte.[277] Im November 2000 genehmigte

[275] Am 24. September 2000 ‚besuchte' Ariel Sharon den Heiligen Bezirk, bekannt als Haram al-Sharif bei den Muslimen und als Tempelberg bei den Juden; dieser Akt löste die 2. Intifada aus und führte damit auch ein Ende der sogenannten Friedensverhandlungen herbei – seitdem ist der absolute Stopp der Siedlungspolitik ein zentraler Punkt der palästinensischen Verhandlungsseite.

[276] Sog. ‚false flag' operations, die durch Geheimdienste initiiert werden.

[277] Jabotinsky, zionistischer Politiker, galt als sogenannter Revisionist. Jabotinsky, Ze'ev, Vladimir 1923: "Agreement with Arabs Impossible at present. Zionism Must Go Forward: There can be no

der damalige Premierminister Ehud Barak einen Plan, zunächst eine Barriere entlang eines Gebietes im Norden der Westbank zu errichten, um Autos den Zugang zu Israel zu versperren. Im Jahr darauf bildete der folgende Ministerpräsident Ariel Sharon einen Lenkungsausschuss beim ‚Nationalen Sicherheitsrat' NSC, der einen umfassenden Plan gegen das ‚Einsickern Palästinensischer Militanter' entwerfen sollte. Danach wurde der Plan durch Barak erweitert und eine Barriere vorgeschlagen, die auch den Zugang von Fußgängern verhindern sollte. Im Juli 2001 wurde dieser Plan im Prinzip durch die Regierung genehmigt. Im April 2002, nach einigen Angriffen auf Israelis durch palästinensische Gruppen in Israel, verabschiedete das israelische Kabinett den Plan zur Errichtung einer Barriere, die aus Zäunen und Mauern bestehen sollte und zwar in drei Gebieten der Westbank, die als ‚Saumzone' bezeichnet worden waren – ein Gebiet, das Israel willkürlich westlich und östlich der sogenannten ‚Grünen Grenze' beanspruchte. Eine Saum-Zonen-Verwaltung wurde eingerichtet und die Armee damit beauftragt, das entsprechende Land zu enteignen und für den Bau der geplanten ‚Trennanlagen' zu planieren.

2002 schließlich begann der Bau der ersten Phase der ‚Trennanlage' im Norden der Westbank, ein ‚Sicherheitsstreifen' zwischen 30 und hundert Metern breit, mit scharfer Bewachung, Elektrozäunen, Gräben, Militärpatrouillen, Wachtürmen und streckenweise einer acht Meter hohen Mauer. Diese ‚Apartheid-Mauer'[278] verlief nicht etwa an der Grenze zu Israel, sondern verlief teilweise bis zu 30 km in die Westbank hinein. Dörfer wurden von ihren Feldern und ihren Wasserressourcen abgetrennt und dorthin führende Tore nur zeitweise geöffnet. Ganze Ortschaften sahen sich plötzlich vollständig eingeschlossen, ohne Zugang zu ihren benachbarten Orten, Schulen, Krankenhäusern oder Verwaltungen. Die Route der ‚Trenn-Mauer' schloss damit in den weiteren Phasen weiterhin Westbankland aus der palästinensischen Kontrolle und Verfügung aus und bedeutete eine weitere Annexion palästinensischen Bodens. Der Plan Sharons sollte zunächst den Kern der Westbank nach Westen umschließen, aber es ist kein Geheimnis, dass langfristig Sharon die Fortsetzung nach Osten plante und die Abtrennung der Westbank und ihrer einzelnen Städte und Dörfer nicht nur untereinander, nicht nur von Israel, sondern auch vom Jordantal und Jordanien vorsah, und damit die vollständige Isolierung der verbliebenen palästinensi-

voluntary agreement between ourselves and the Palestine Arabs. Not now, nor in the prospective future. I say this with such conviction, not because I want to hurt the moderate Zionists. I do not believe that they will be hurt. Except for those who were born blind, they realised long ago that it is utterly impossible to obtain the voluntary consent of the Palestine Arabs for converting 'Palestine' from an Arab country into a country with a Jewish majority." In Jewish Herald, Friday, 26th November, 1937; sowie "Zionist colonization, even the most restricted, must either be terminated or carried out in defiance of the will of the native population. This colonization can, therefore, continue and develop only under the protection of a force independent of the local population – an iron wall which the native population cannot breakthrough. This is, in toto, our policy towards the Arabs. To formulate it any other way would only be hypocrisy." In Rasswyat am 4. November 1923.

[278] Palästinensischer Sprachgebrauch.

schen Gebiete der Westbank. Dies würde die Annexion weiterer 20% des Westbank Landes bedeuten.[279]

2004 schloss der Internationale Gerichtshof in La Hague seine Anhörungen zum Bau der Mauer mit einem Gutachten ab und entschied, dass Israel mit dem Bau der Mauer seine Verpflichtungen als Besatzungsmacht missachte, und im Juli bestätigte die Generalversammlung der UN dieses Urteil mit großer Mehrheit und stellte fest, dass Israel mit dem Bau der Mauer gegen internationales Recht verstoße. Ganz im Gegensatz dazu vertrat die damalige Justizministerin Tzipi Livni die Auffassung, dass der Bau aus ‚Sicherheitsgründen' legal sei und dass der Verlauf der Mauer auch Einfluss auf die zukünftigen Grenzen haben würde. Bis 2009 wurde der Mauerbau bis Jerusalem abgeschlossen und ebenfalls der Süden und Hebron werden seitdem von der Mauer umschlossen.[280]

Dasselbe Vorgehen galt für den Gazastreifen, den die Siedler zwar 2005 verlassen mussten, dessen Kontrolle jedoch entlang der sogenannten Grünen Grenze danach durch einen ebensolchen in den Gazastreifen hineinreichenden ‚Sicherheits-Streifen' weiter fortgesetzt wurde. Darüber hinaus wurde der Gazastreifen auf der Seeseite erheblich beschnitten, weiterhin zu Luft und zu Lande militärisch attackiert und bis heute wie ein großes ‚Freiluftgefängnis' gehalten.

Auswirkungen der ‚Apartheid Mauer' in der Westbank

Die Apartheid Mauer wirkt bis heute als ein umfassendes Netzwerk von Hindernissen und Grenzen, die die Mobilität der Palästinensischen Bevölkerung absolut eischränkt. OCHA zählte in seinem Bericht für 2012/13 zusammengenommen mehr als 500 dauerhafte Hindernisse, darunter Straßenblockaden aus Beton, Wälle, Gräben, 64 dauerhafte ‚Checkpoints', also befestigte Kontrollpunkte und zwischen 400 und 500 fliegende Checkpoints monatlich. Allein in Hebron sind darüber hinaus 100 solcher Hindernisse errichtet worden (siehe unter IV). Ein Großteil der Oberflächen-Wasserquellen sind durch die Mauer von ihren Nutzern ausgegrenzt worden. 11 Gemeinden sind durch die Mauer von ihrer Umwelt abgeschnitten und können die Außenwelt, ihre Felder, die Schulen, die Arbeitsplätze, auch ihre Brunnen, manchmal nur stundenweise und oft ganz nach Belieben Israelischer Soldaten, durch ein im Normalfall abgeschlossenes Tor erreichen. Allein um Ramallah und zwischen Ramallah und den drei benachbarten Kolonien ‚Beit El', ‚Ofra' und ‚Pesagot', entlang der zentralen Verbindungsstraße zwischen Norden und Süden, der Straße No, 60, wurden drei feste

[279] OCHA UN Office for the Coordination of Humanitarian Affairs 2009: Five Years after the International Court of Justice Advisory Opinion. A Summary of the Humanitarian Impact of the Barrier, East Jerusalem, July 2009; siehe auch: Avnery, Uri 2005: Finger after Finger. Ariel Sharon's grand design to take over most of the Westbank. In: Gush Shalom The Other Israel. May 2005. Links: http://www.ochaopt.org/documents/ocha_opt_barrier_report_july_2009_english_low_res.pdf; http://www.ochaopt.org/documents/ocha_opt_barrier_update_july_2011_english.pdf.

[280] OCHA 2011: Barrier Update Seven years after the Advisory Opinion of the International Court of Justice on the Barrier: The Impact of the Barrier in the Jerusalem area. Special Focus. März 2011.

Checkpoints, 27 Erdmulden, Tore oder Straßenblöcke errichtet und Ramallah dadurch von seinem Hinterland und den benachbarten Dörfern abgetrennt.[281] Der Sinn ist allzu klar: Isolierung der Bevölkerung und Verhinderung der Kommunikation und die Auseinandertrennung ihrer familiären, sozialen, kulturellen und politischen Netze. Außerdem werden langfristig die wirtschaftlichen Strukturen zerstört und die Gemeinden auf sich gestellt in Armut und Abhängigkeit von äußerer Hilfe getrieben. Dazu kommt, dass zentrale Einrichtungen der Kultur, der Gesundheitsversorgung und der Ausbildung immer schwieriger zu erreichen sind und oftmals auch Notfälle vor den Blockaden stranden, Menschen sterben, Mütter ihre Kinder im Angesicht von Soldaten buchstäblich auf der Straße gebären müssen und Schüler und Studenten ihre Ausbildungsstätten oder Heime nicht erreichen können.[282] Nur unter schwierigsten Bedingungen kann so überhaupt noch ein normales Alltagsleben geführt werden.

Unter diesen Bedingungen können eine staatliche Planung, die Versorgung und der weiterhin notwendige Aufbau einer staatlich gesicherten Lebensumwelt nur schwer gelingen. Migration aus dieser Situation ist ein langfristig fataler, hinzukommender Effekt des Mauerbaus.

Während die kleineren Gemeinden und Dörfer mit ihren Problemen größtenteils auf sich selbst gestellt sind, genießt Ramallah als die ‚heimliche Hauptstadt' alle Vorzüge internationaler und nationaler Förderung. Hierhin fließt das Geld von außen, hier befinden sich die Ministerien und die Internationalen Vertretungen und kreieren eine Lebensunwirklichkeit von reichem Lebensstil, besten Hotels, Restaurants und Bars, die nicht nur einer bestimmten Klasse vorbehalten bleiben, sondern alle zusammengenommen noch zur allgemeinen Verteuerung etwa im Wohnungssektor und bei Konsumgütern beitragen.

Die Apartheid-Mauer erfüllt also viele Zwecke, die allesamt der Zerstörung, Marginalisierung und dem Verfall der Palästinensischen Gesellschaft dienen – neben der Tatsache, dass sie ein weiteres Instrument des Diebstahls an Eigentum, an Land und an den Naturressourcen des Palästinensischen Volkes darstellt und gegen internationales Recht verstößt.

Auswirkungen der ‚Apartheid Mauer' im Gaza Streifen

Obwohl Israel 2005 den Gazastreifen verlassen und die Kolonien räumen musste, wurden die Kontrolle über das gesamte Gebiet in der Luft, von der Meerseite und zu Lande weiter ausgebaut und die Existenz der dort lebenden palästinensischen Bevölkerung, ihr Leben und ihre Lebensgrundlagen weiter bedroht. Nicht nur wurde seit dem Friedensprozess der Gazastreifen von seinem sozialen, kulturellen, politischen und wirtschaftlichem Bezugspunkt, der Westbank mit Jerusalem, abgeschnitten, ebenso von den Außenbeziehungen zu Israel und Ägypten.

---

[281] OCHA 2012/13: Occupied Palestinian Territory; sowie 2010: The Impact Of The Barrier On Health, Special Report July2010.

[282] OCHA 2010: Westbank Movement and Access. Special Report June 2010.

Die Gaza Bevölkerung wurde durch den Mauerbau entlang der sogenannten „Grünen Grenze“ zu Israel und die Sonderzonen im Süden von Rafah zu Ägypten, sowie im Norden am Grenzort Erez, zusätzlich um beträchtliche Flächen an landwirtschaftlich bedeutsamen Boden beraubt. In einem Umkreis von 1 bis 1,5 km ist heute dieses ‚Grenzgebiet‘ als absolut ‚verbotene Zone‘ gekennzeichnet. Dieser ‚no-go-zone‘ folgt ein ebenso breiter Streifen, den OCHA als ‚high-risk-zone‘ bezeichnet. Von diesen Zonen geht eine besondere Bedrohung der dort lebenden Bauern aus, die dauernden Angriffen auf ihr Leben und ihre landwirtschaftliche Produktion ausgesetzt sind. OCHA[283] sieht über 180.000 Menschen allein von diesen Attacken seit der Totalblockade des Gazastreifens im Jahre 2007 bedroht.

Seit 2008 wurden durch diesen Mauerstreifen in 17% des gesamten Bodens und 35% des landwirtschaftlich genutzten Bodens für die etwa 113.000 ansässigen noch aktiven Bauern, Restriktionen des Zugangs und der Nutzung erhoben. Darüber hinaus sind den etwa 65.000 Fischern 85% der den Palästinensern zugehörigen Maritimen Gewässer durch israelische Restriktionsmaßnahmen nicht mehr gefahrlos zugänglich. Seit dem militärischen Überfall 2008/09 und das Zerbomben großer Teile des Gazastreifens werden nicht nur mehr Warnschüsse abgegeben, sondern direkt und mit echter Munition geschossen, wenn jemand diese quasi verbotenen Risiko Zonen betritt. Da es sich um lebensnotwendige Räume handelt, müssen die Bauern oder Fischer zu diesen Räumen Zugang haben. Genehmigungen werden aber kaum erteilt, also betreten sie ihre Felder und die Gewässer gezwungenermaßen trotz des Risikos auf ‚eigene‘ Lebens-Gefahr.

Neben Toten und Verletzten in besonders diesen Gebieten gibt es große materielle Verluste, denn immer wieder zerstört die Armee Felder, planiert das Land mit Bulldozern und zerstört Pflanzen und Ernten. In den fünf Jahren nach dem Abzug der Siedler, von 2005 bis 2010, schätzt OCHA einen Verlust an zerstörten landwirtschaftlichen Werten von 308 Millionen USD und einer Produktion von 75.000 Tonnen, was einem Marktwert von etwa 50,2 Millionen USD entspräche. In der betroffenen Zone wurden im Jahre 2008 nur ein Drittel der Früchte im Vergleich zum Jahresdurchschnitt der Jahre davor geerntet, ein Verlust von 27.000 Tonnen und etwa 26.5 Millionen USD.

Das alles hat natürlich auch soziale Auswirkungen und gleicht einer humanitären Katastrophe: wichtige Ernährungsgrundlagen werden zerstört, die Ausbildung von fast 5.000 Schülern ist negativ betroffen, die fehlende Sicherheit hat psychologische Folgen.

Die Abtrennung des Gazastreifens von der Westbank und Jerusalem, die 2005 verordnete Blockade über den Gazastreifens, ‚Cast Lead‘, der Überfall auf 1,5 Millionen Menschen mit etwa 3.000 fast nur zivilen Opfern und vielen Kindern darunter, und die aktuellen Restriktionen entlang der gesamten Grenzzone zu

[283] OCHA 2010: Between the Fence and a Hard Place. The humanitarian impact of Israeli-imopsed restrictions on access to land and sea in the Gaza Strip. Special Report August 2010. Link: http://www.ochaopt.org/documents/ocha_opt_special_focus_2010_08_19_english.pdf.

Israel und auf der Meerseite zielen offensichtlich auf eine absolute Zerstörung von Land und Gesellschaft hin, der Lebensgrundlagen, der Ernährungsbasis und der sozialen, politischen, kulturellen und ökonomischen Verfasstheit. Darüber hinaus hat diese Situation auch zu einer wesentlichen Spaltung innerhalb der politischen Selbstvertretung beigetragen und nicht nur die räumliche, sondern vor allem auch die notwendige und unter der PLO noch existierende politische und soziale Einheit des Palästinensischen Volkes nahezu zerstört.

Auswirkungen der ‚Apartheid Mauer' in Ost Jerusalem

Für Ost Jerusalem wurden der Friedensprozess und besonders der Bau der Apartheid Mauer zu dem willkürlichsten und bedrohlichsten Abschnitt in der bisherigen zionistischen Kolonisierungsgeschichte. In Ost Jerusalem führte und führt der Bau der Apartheid Mauer zur erneuten Veränderung der Stadtgrenzen und schuf eine völlig neue Landkarte, die Vororte, Stadtteile Ost-Jerusalem, aus dem bisherigen Jerusalemer Kontext herauswarfen und andere hineinzogen, ohne dass deren Status geändert oder geklärt wurde. Während die Ost-Jerusalemer aus diesen Bezirken gezwungen wurden, Genehmigungen für den Zugang z.B. zu ihren bisherigen Arbeitsplätzen, den Schulen und Gesundheitseinrichtungen in Jerusalem zu beantragen und nur durch Checkpoints dorthin gelangen können, befinden sich die anderen, etwa 2.500 Ost Jerusalemer aus den 16 benachbarten Gemeinden mit ihren Westbank Ausweisen vollständig in einem rechtsfreien Raum, und sie haben weder zu Zugang zu ihren bisherigen Westbank Einrichtungen noch zu denen Ost Jerusalems. Sämtliche Lebensbereiche waren und sind dadurch bedroht: das Bildungswesen, wenn Schulen nicht mehr zugängig und zudem noch wegen ‚illegaler' Erweiterungsbauten von Abriss bedroht sind, oder das Gesundheitswesen, wenn für die Patienten der Zugang unmöglich oder durch die Checkpoints stark behindert ist und die Krankenhäuser und Praxen aus Mangel an Patienten schließen oder ihren Service verringern müssen. Wichtige Einrichtungen, die die gesamte Westbank und den Gazastreifen versorgen, sind davon betroffen und die Palästinensische Bevölkerung wird am Zugang zur Behandlung und Betreuung in den Bereichen Augenoperation, Operation am offenen Herzen, Dialyse, Onkologie, Neurologie, Pränataler Medizin und zu Programmen für behinderte Kindern gehindert.[284]

Etwa 55.000 Ost Jerusalemer mit Jerusalemer Ausweis z.B. aus Kafr Aqab und dem Flüchtlingslager Shuafat, sind durch die Apartheidmauer in die Westbank eingeschlossen worden; etwa 2.500 Westbank Bewohner benachbarter Orte wurden innerhalb Jerusalems eingeschlossen ohne den Status zu haben; etwa 145.000 Bewohner der Westbank, aus Al Ezzariya, Abu Dis, Bir Nabala, Ar Ram, Dahiyat al Bareed und Biddu, deren Bezugspunkt immer das unmittelbar anschließende Jerusalem war, befinden sich inzwischen in Enklaven und ausgeschlossen vom Zugang zu Jerusalem, was große Verluste in Bezug auf wirt-

[284] Diese und die folgenden Informationen zu Jerusalem Siehe: OCHA 2011 März.

schaftliche Aktivitäten, Land und Landpreise, sowie den Familienzusammenhang nach sich zieht. Schließlich bewirkt der Bau der Apartheid Mauer bis heute, dass die Gemeinden Biddu in Norden Jerusalem, Bethlehem, Beit Jala und Beit Sahur im Süden, von ihrem fruchtbarsten Land ausgeschlossen sind. Nur mit großen Anstrengungen gelingt es ihnen, Genehmigungen und zumeist nur nach Protesten, überhaupt hin und wieder Zugang zu erhalten; große Verluste bei der landwirtschaftlichen Produktion und der Versorgung der Bevölkerung sind die Folge.

Innerhalb der Stadtgrenzen und im unmittelbaren Umfeld der Altstadt wurden und sind aktuell zwei Planungsaktivitäten als zentraler Angriff auf die Stadt und ihren Palästinensischen Charakter zu begreifen: die Besetzung des sogenannten ‚Holy Basin' oder ‚Heiligen Becken' durch von der Stadtverwaltung gedeckte Siedlergruppen, was die Altstadt sowie die Stadtteile Silwan und Sheikh Jerrah betrifft, sowie der Großsiedlungsplan E1. Dies wird ein Koloniekomplex, der mit einer Umgehungsstraße Ma'ale Adumim mit Ost Jerusalem und parallel dazu die Kolonien des zweiten Ringes mit Jerusalem verbindet, und der Ost Jerusalem im Osten ‚abdichten' wird. Die aggressivsten Siedlergruppen besetzen in diesem Rahmen gewaltsam Häuser und Grundstücke und werfen die Bewohner buchstäblich auf die Straße. Der Staat betreibt dort seit einiger Zeit parallel archäologische Ausgrabungen, und hat diese Zone als öffentlich, also staatlich, definiert und damit für palästinensisches Bauen untersagt, bzw. als illegal erklärt. So arbeiten zur Zeit Siedler, Stadtverwaltung und Regierung zusammen an der weiteren Judaisierung der Stadt und nutzen die dazu neu geschaffenen Planungsinstrumente aus den Fachplanungen Denkmalschutz und Landschaftsplanung. Dazu gehören der ‚Jerusalem Masterplan 2010', der ‚United Jerusalem Town Planning Scheme', sowie der ‚Local Outline Plan 2000' und der ‚District Jerusalem Master Plan' von 2008, in denen die Intensivierung des Denkmalschutzes, die ‚Rehabilitierung der David Stadt' und der Bau von 65.000 neuen Wohneinheiten vorgesehen sind – alles von höchster Ebene, der Knesset, abgesegnet.[285]

Wenn der Bau der Apartheid Mauer abgeschlossen sein wird, wird nicht nur die Stadtgrenze umbaut sein, sondern die Kolonien und Großkolonien außerhalb der Stadtgrenze von 1967 in ein ‚Groß-Jerusalem' eingeschlossen sein. Das betrifft Ma'ale Adumim im Osten, Givat Ze'ev im Norden und Westen, sowie Gush Etzion im Süden. Dadurch werden auch etwa 64qkm Land, das zur Region Bethlehem gehört, im Jerusalemgebiet eingeschlossen sein.

Daneben ging und geht bis heute der demographische Kampf weiter: seit 2002 bis 2008 wurden 6.679 Ost Jerusalemer Ausweise widerrufen. In der Zeit zwischen 2002 und 2010 wurden 782 Häuser zumeist wegen ‚illegalem Bauen' ab-

---

[285] Siehe bei Ir Amin 2010. Link: http://www.ir-amim.org.il/Eng/?Ca.tegoryID=299; http://www.pcc-jer.org/arabic/Publica.tion/jerusalem_master_plan/JerusalemMasterPlan%20_%20study%20_final.pdf.

gerissen; wobei die rapide Zunahme damit zu tun hat, dass Baugenehmigungen äußerst strikt an den Nachweis des Landbesitzes im Landkataster geknüpft werden, was aus den historisch entstandenen Umständen in vielen Fällen nicht immer möglich ist. ‚Illegales Bauen' und Hauszerstörung, ebenso wie der Verlust der ID Karte führen zur ‚Illegalisierung' der autochthonen Bewohner, die im ungünstigen Fall mit Ausbürgerung und Deportation rechnen müssen.
Auch in diesem Zusammenhang spielen der ‚Local Outline' und der ‚Master Plan' von 2000, der immer noch zur Entscheidung von Planungen herangezogen wird, eine ebenso fatale Rolle. Das formulierte Ziel ist die Schaffung einer Jüdischen Mehrheit für gesamt Jerusalem im Verhältnis von 30 zu 70% zwischen Palästinensern und Juden und für Ost Jerusalem ein Verhältnis von 40 zu 60.[286] Um dies zu erreichen, setzt der Plan einerseits eine viel zu geringe Erweiterungsfläche für die Palästinensische Bevölkerung fest und andererseits gleichzeitig ein Gebiet von 5 qkm für Kolonien, die 200.000 Siedlern aufnehmen sollen.[287] Der Plan E1 ist dafür das Schlüsselprojekt, dessen Priorität an den beteiligten diversen Top-Institutionen deutlich wird: neben der Stadtverwaltung sind es das Verteidigungsministerium, das Sicherheitsministerium und das Wohnungsbauministerium – inklusive ILA bzw. JNF für die Allokation von Land, die zentralen zionistischen Institutionen. Bereits 158 ha Land wurden für die Versorgung der zukünftigen Siedler und 15.000 Siedlerwohnungen enteignet. Das Projekt umschließt den Raum zwischen der 1967er Stadtgrenze und den für ein Groß-Jerusalem vorgesehen Erweiterungsraum der großen Kolonien.
Die Altstadt und ihr Umfeld werden von verschiedene Planungen bedroht, deren Schlüsselprojekte zwei Herangehensweisen widerspiegeln: *Freiraumplanung* (Open Spaces), ein ‚Park' der die gesamte Altstadt umschließen wird, und *Archäologie*, mit Ausgrabungsplänen, die die Altstadt und Umgebung betreffen, und die sich mit dem ‚Park', dem ‚Archäologiepark', decken, sowie Teile des sogenannten Heiligen Beckens, das ‚Holy Basin' einbeziehen. Die Erneuerung historischer Bauten sind Teil davon, wobei es da nicht nur vor allem um angebliche ‚Jüdische Altertümer' (etwa die sogenannte Davids Stadt) geht, sondern um die Herausstellung der neueren jüdischen Siedlungsgeschichte, also Bauten aus den ersten Kolonisierungszeiten seit dem Ende des 19ten Jahrhunderts, soweit sie Jerusalem betreffen, z.B. das sogenannte ‚Windmühlenviertel' oder die ‚German Colony'. 2005 wurde die ‚Open Space' Planung nach einem Kabinettsbeschuss von der Jerusalem Entwicklungs-Verwaltung JDA unter dem Titel ‚Priorität: Unterstützung Jerusalems' begonnen mit der ausdrücklichen Weisung, den Charakter Jerusalems als Hauptstadt Israels weiter zu festigen.[288] An diesem Projekt sind außer den Fachministerien für Antiquitäten nicht nur Wissenschaftler und Universitäten beteiligt, sondern auch fanatische Siedlergruppen wie Elad und besonders eine NGO, die sich das ‚Komitee für die Verhinderung von Zer-

[286] Siehe Ir Amin 2010.
[287] OCHA März 2011: 33.
[288] OCHA, März 2011: 58.

störungen der Antiquitäten auf dem Tempelberg' nennt. Betroffen sind neben der historischen Altstadt die umgebenden Stadtteile Silwan, Scheikh Jerrah, Wadi al Joz, As Sowwane, At-Tur, Ölberg (Jibel Zeitun), und Ras Al Amud. Auf diese Stadteile konzentrieren sich gleichzeitig die Siedlergruppen mit ihren zerstörerischen Aktivitäten.
Die Apartheid Mauer, das E1 und das Holy Basin/Open Space Projekt vervollständigen den Plan, den inneren und äußeren Ring um Jerusalem zu schließen und innerhalb des abgeschlossenen Jerusalems die Vertreibung, Einengung und Enteignung der Palästinenser fortzusetzen. Der Zugriff auf den ,Tempelberg', die Zerstörung der Al-Aqsa und der ,Wiederaufbau' des Tempels scheinen in greifbarer Nähe. Neuste Vorschläge aus den USA halten sogar die Errichtung des ersehnten ,Tempels' auf einem Teil des Al-Aqsa Bezirkes für eine denkbare ,Lösung'. Das Ende der Reise?

Boden, Bevölkerung, Besiedlung mehr als zehn Jahre nach Beginn des Mauerbau

Wieder und wieder sind die verschiedensten Initiativen der international bestimmten Friedensverhandler an Israels hartnäckiger Weigerung gescheitert, das Kolonisierungsprogramm zu stoppen und die nach internationalem Recht erforderlichen Maßnahmen zu ergreifen, statt fortdauernd Menschenechte zu verletzen und internationales Recht zu brechen. Kontinuierlich und noch schneller als in den Jahren der Besetzung vor dem Friedensprozess arbeitet dieser zionistische Staat an der jüdischen Kolonisierung Palästinas weiter, schafft Fakten nach Fakten, um auch noch die geringste Hoffnung auf einen Palästinensischen Staat an der Seite Israels unmöglich zu machen. Realistisch gesehen sind nur noch ca. 6% des Westbank Landes unter palästinensischer Kontrolle.[289] Faktisch ist der übrige Teil Palästinas bereits israelisiert. Um 500.000 Siedler leben in eigenen Räumen der Westbank und Ost Jerusalem mit allem Komfort und eigener Infrastruktur, besten Straßenverbindungen untereinander und nach West und Ost ohne die geringste Behinderung in ihrer Mobilität.
Der Gazastreifen ist eine um Jahrzehnte zurückgebombte Region, die um ihr Überleben kämpft, abgetrennt von dem anderen Teil des sogenannten Autonomiegebietes. Die Westbank ist zersplittert in viele kleine und große Teile, ,Bantustans', die keinen wirklichen Zusammenhalt haben und unter vollständiger Kontrolle des israelischen Militärapparates und der israelischen Regierung stehen. Das israelisch/jüdisch besiedelte, enteignete Land ist zu einem Teil Israels deklariert worden. Jerusalem ist von beidem abgekoppelt. Die Palästinensische Bevölkerung ist einer akuten Bedrohung der Überlebensmöglichkeiten und poli-

[289] Nach eigenen Berechnungen, wenn man alles an israelisch kontrolliertem Boden zusammennimmt: B Zone 26%, Palästinenser isoliert durch die Mauer 10,2%, Palästinensische Enklaven ohne Zugang zu ihrem Land 12,49%, Kolonien östlich der Mauer 8%, Kolonien westlich der Mauer 9%, Jordantal Zone 28,5%, verbleibender Rest 5,77%. Siehe die diversen Quellen OCHA, ARIJ, PCB, palestinemonitor u.a.

tischen Marginalisierung ausgesetzt. Wirtschaftlich sind die Palästinensischen Autonomiegebiete und Ost-Jerusalem am Ende, der Bau der Mauer hat vielen Arbeitskräften auch den Zugang zu ihren Arbeitsplätzen genommen, aus vormals israelischen Arbeitsmöglichkeiten sind sie seit Oslo herausgeworfen. In Israel wurden die ehemaligen billigen Arbeitskräfte aus den besetzten Gebieten durch ausländische Arbeiter ersetzt. Auch sie werden neuerdings als nicht-jüdisches, fremdes Element diskriminiert. Sie sollen nur kurzfristig im Lande bleiben, dürfen nicht einheiraten, werden in Sammellagern gehalten und nach Gebrauch abgeschoben.[290] 2005 kamen die Hälfte aller Arbeitsmigranten aus Südostasien, 50.000 aus den Philippinen, zumeist als Haushaltskräfte und im Gesundheitsbereich beschäftigt, etwa 30.000 Thai, die vor allem in der Landwirtschaft arbeiteten und etwa 15.000 Chinesen, die im Baugewerbe tätig waren. Israel bemüht sich aktuell um die faktische Anerkennung dieses Zustandes, der Anerkennung der Mauer als Grenze und damit der Anerkennung der bestehenden Kolonien, sowie eine endgültige Anerkennung Israels als Jüdischer Staat durch die Palästinensische Autonomievertretung – eine Bedingung für ein Ende der langen Reise.

In Israel selbst wurde seit dem Mauerbau der Druck auf die Palästinensischen Bürger erheblich verstärkt. In den sogenannten ‚Gemischten Städten' wurde der Prozess der Vertreibung durch Enteignung, Hauszerstörung und Entmietung vorangetrieben. Siedler aus der Westbank treiben sogar von Zeit zu Zeit ihr Unwesen und bedrohen und belästigen Palästinensische Bürger in Israels Städten. Auch die Debatte über den Status der Palästinenser wurde wieder aufgenommen. Es geht um Transfer und die Neudefinition ihres Status.

Die Demographie, die Mehrheitsfrage dominiert die Diskussion. Der Demographie Experte Sergio della Pergola von der Hebrew University stellte 2005 zufrieden fest, dass man in 20 Jahren eine gefestigte jüdische Mehrheit erreicht haben werde. Bei Überprüfung aller verfügbaren Daten aus den palästinensischen und den israelischen Statistiken kommt er zu dem Schluss, dass man 2005 bereits von einer Jüdischen Bevölkerungsmehrheit von 50,3% zwischen Jordan und Mittelmeer ausgehen könne. „Es scheint, dass wir an einem historischen Moment von symbolischer Bedeutung angekommen sind, wo die Skala von einer auf die andere Seite sich verändert."[291] Nur darum geht es. Fakten sollen nicht nur sprechen, sondern das ersehnte Ziel – die ‚Jüdische Heimstätte', die ‚Heimkehr' – aktiv herbeiführen.

---

[290] Weiler-Polak, Dana 2011: Israel begins long-fought deportation of foreign workers kid's on Yishai's order. Nigerian women and Israeli-born daughter deported within 72 hours of arrest. In: Ha'aretz 7.4.2011. Link: http://www.haaretz.com/news/for-first-time-jews-no-longer-a-majority-in-pre-pullout-israel-1.166509.

[291] Barkat, Amiram 2005: For first time, Jews no longer a majority in pre-pullout, Expert Della Pergola: Gaza withdrawal ensures Jewish majority between Jordan and the sea for 20 years. In: Ha'aretz 11.8.2005.

Zum Kolonisierungsprozess von Oslo bis 2014 – Realität Westbank und Gaza:

Karte 37

Palästina Westbank 1994 nach Oslo:
Zone A (hellbraun)
Zone B (grün)
Zone C (weiß)
Flüchtlingslager (rot)
Kolonien (blau)

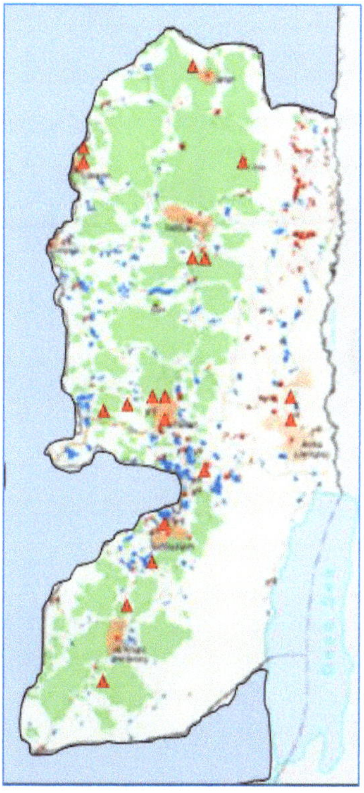

Karte 38

Palästina 2002 nach dem Ende von Oslo:
Landraub durch Mauerbau
(blau mit Muster)

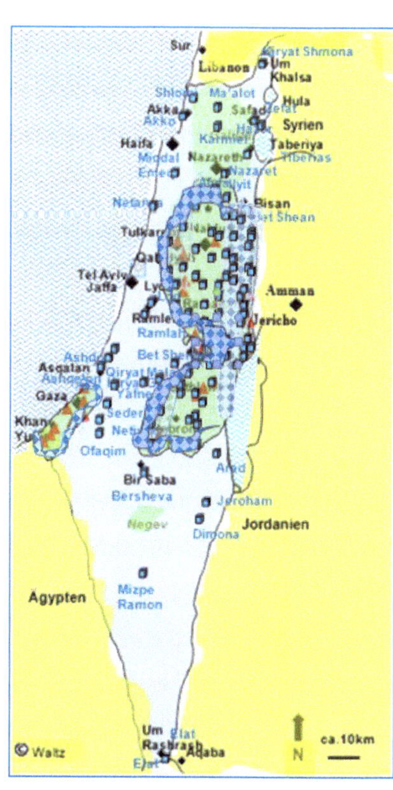

Karte 39

Palästina: Gaza 1994 nach Oslo:
Sicherheitszone israelisch (gelb)
Siedlungszone israelisch (blau)
Flüchtlingslager (rot)

Karte 40

Gaza 2005 nach dem Ende von Oslo
& Abzug der Siedler 2005:
‚No go'-Zone (gelb-rot Muster)
Flüchtlingslager (rot)

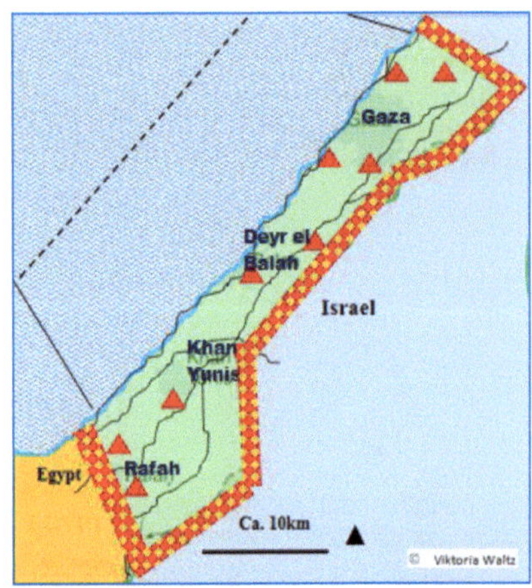

Realität 2014 – Jerusalem:

Karte 41

Jerusalem 2014
Großraumplanung nach Masterplan 2020: E 1Projekt geplant (Muster)
Anbindung an Ma'ale Adumim
Bevölkerung Ost-Jerusalem:
188.000 Juden (grün Gebiete)
185.000 Palästinenser (violette Gebiete)
3 Kolonienringe (gelb)

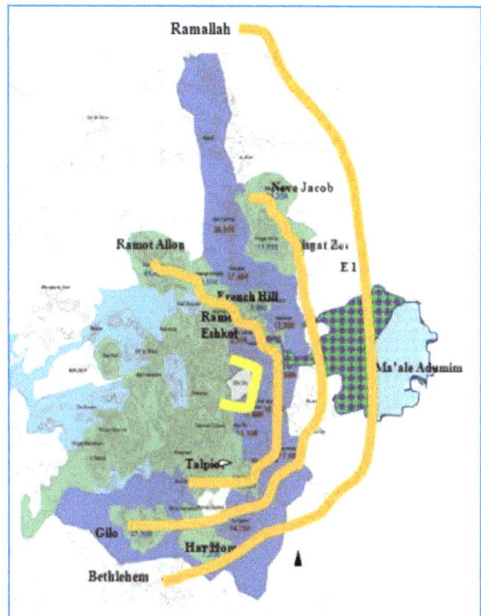

Karte 42

Jerusalem Altstadt 2014
Enteignung des Jüdischen Viertels
Siedler in allen Vierteln (gelb), Tunnel, Grabungsprojekte (grau)
National Park ‚Heiliges Becken' (grünblau)

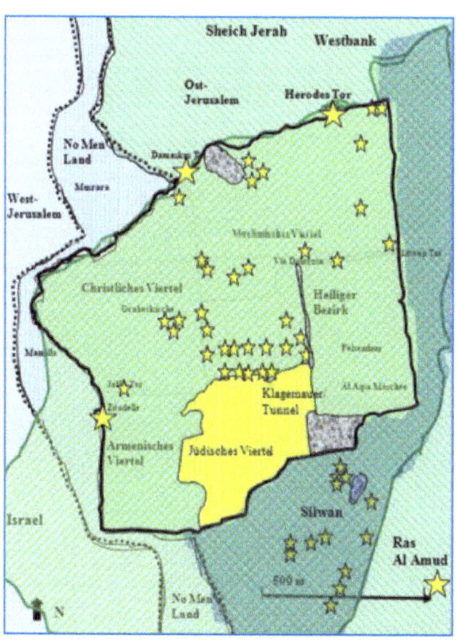

Karte 43

Was bleibt? 6% des Bodens unter palästinensischer Kontrolle Gaza und Zone A Westbank

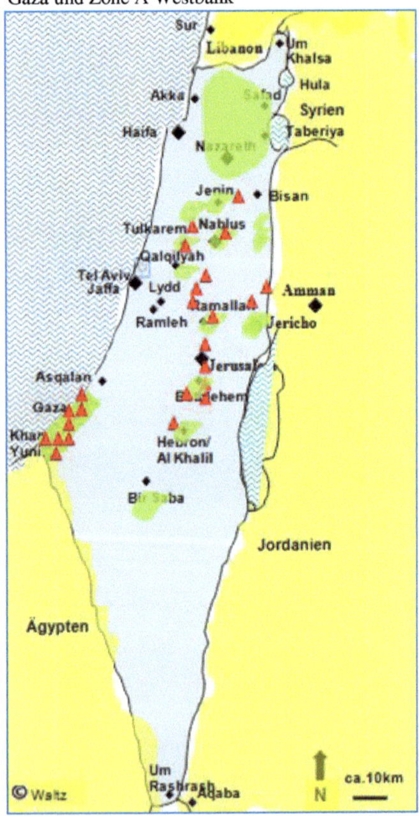

Diagramm 8 a , b

a. Palästina Bodenverteilung 2014
ca. 5,5 % palästinensisch, davon 1,2% Westbank Zone A, 4,3% in Israel
ca. 89,4 % jüdisch/israelisch, davon 69,5 % in Israel, 19,1 % Zone C, 6,0 % Zone B Westbank

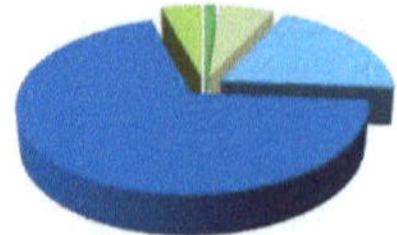

b. Palästina Bevölkerungsanteil 2014
ca. 51 % palästinensisch, davon 36 % Westbank 15% in Israel
ca. 49 % jüdisch/israelisch, davon 45 % in Israel, 4 % in der Westbank Zonen A und B

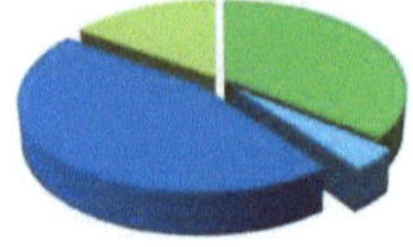

Schlusskommentar

Wenn man den bis hierher geschilderten Prozess der ‚Geburt Israels' seit 1897, die lange Reise von Basel nach Jerusalem und die vielen ‚Grenzüberschreitungen' in geographischer, kultureller, sozialer, wirtschaftlicher und politischer Hinsicht verfolgt hat, dann ist klar geworden, dass dieses Land ein absoluter Ausnahmestaat ist, ein Konstrukt, das auf der Basis einer elitären Ideologie und im Dienst diverser, unterschiedlicher Interessen und Chartermächte entwickelt, ‚gechartert' worden ist und seinen Ausnahmezustand in der Weltgemeinschaft immer wieder einfordert – wegen der immer drohenden Verfolgung, wegen der Sicherheit.

Israel ist aber keineswegs ein Staat, der demokratisch genannt werden kann, wenn er auch für sich und seine jüdische Gesellschaft durchaus demokratische Charakteristika aufweist. Da diese aber nicht für alle seine Bürger gelten und einer erheblichen ‚Minderheit' mit einem Anteil von fast 25%, den Palästinensern, über diverse Mechanismen vorenthalten wird, weil sie nicht Juden sind, also aus ethnischen Gründen, kann nur geschlussfolgert werden, dass dieser Staat rassistisch ist. Nimmt man die Realität in den immer noch besetzten Gebieten von 1967 zur Kenntnis, dann gilt dies umso mehr dort, wo sämtliche internationalen Anforderungen an die Respektierung und Wahrung der Menschen- und Bürgerrechte, der Wahrung dieser Rechte auch in Besatzungsgebieten nach der Genfer Konvention missachtet werden.
Der Staat Israel definiert sich gern als die ‚einzige Demokratie des Nahen Osten', und er ist dies nur dem Anschein nach: denn das, was sich demokratisches System nennt, gilt nur für die jüdischen, aber keinesfalls für alle Bürger Israels. Dies lässt sich an unzähligen Beispielen zeigen, welche die nichtjüdischen Bürger Israels, aber in einem stärkeren Ausmaße auch die Palästinenser in den besetzten Gebieten betreffen. Am deutlichsten spiegelt sich der rassistische, ethnisch ausgrenzende und diskriminierende Umgang mit der nichtjüdischen Bevölkerung in dem hiergezeigten Zusammenhang in den Planungsgesetzen und Planungsprozessen wider. Allein durch die Verweigerung von Planungsvoraussetzungen wie Masterpläne werden hunderttausende nicht-jüdische Bürger Israels in die Illegalität und in unsichere Lebensverhältnisse gedrängt. Hinzu kommt der Umgang mit Zuwanderern aus allen Teilen der Welt, die als billige Arbeitsmigranten in das Land geholt und diskriminiert werden, weil sie nicht Juden sind und schließlich abgeschoben werden, damit sie nicht den ‚Jüdischen Charakter Israels' stören können. Die Bürger der besetzten Gebiete sind noch viel weniger vor den Übergriffen auf ihr Land und ihr Leben geschützt; sie werden beraubt, bedroht und vertrieben, kein ‚eigener' und kein demokratischer Staat vermag sie zu schützen, schon gar nicht der ‚Jüdische Staat' Israel. Israel wurde durch einen Krieg geboren und befindet sich weiterhin im Krieg mit den nicht-jüdischen Nachbarn auch im eigenen Land, um ein Ziel zu erreichen: einen

rein Jüdischen Staat in den Grenzen der Mandatszeit. Diesem Ziel wird alles untergeordnet und jedes auch noch so fragwürdige Mittel eingesetzt. Die einzigen interessanten Fragen von Beginn der Kolonisierung Palästina bis heute lauteten und lauten bis heute für die zionistischen Planer und Strategen: wie ist das Verhältnis von Jüdischen Bürgern zu nicht-Jüdischen, wie ist das Verhältnis von Jüdischem Boden zu nicht-Jüdischem? Haben wir die Mehrheit erreicht?

Vieles deutet daraufhin, dass die *Bevölkerungsfrage* weiterhin mit Gewalt verändert werden soll: Transfer aller Palästinenser nach Jordanien, Transfer der Palästinenser Israels in die Westbank – Optionen diverser Gruppierungen in der Israelischen Gesellschaft und in Regierungskreisen. Die Schaffung erdrückender, lebensgefährdender Lebensverhältnisse in Ost-Jerusalem, in der übrigen Westbank und im Gazastreifen gehört zu den sanften Mitteln der Vertreibung und zielt in dieselbe Richtung, allerdings mit bisher nicht durchschlagendem Erfolg.

Bei der *Bodenfrage* haben Krieg und Landraub innerhalb der Grenzen Israels in relativ kurzer Zeit zu einem entsprechenden Erfolg geführt. Die große Mehrheit der nicht-jüdischen Bevölkerung war mit Waffengewalt aus dem Land gejagt worden, und mit nur wenigen Planungsinstrumenten wurde ihnen ihr Bodenbesitz bis zu über 90 Prozent entrissen und ad infinitem ‚judaisiert'. Ein ähnlicher Prozess kam über die nicht-jüdische Bevölkerung nach der militärischen Besetzung 1967, zigtausende Menschen wurden erneut vertrieben und in Kürze widerfuhr ihnen das gleiche Schicksal, indem man ihnen mehr als 70 Prozent ihres Bodenbesitzes entrissen und quasi judaisiert hat – wiederum mit den gleichen erprobten Planungsinstrumenten.
Die Mehrheitsverhältnisse beim *Bodenbesitz* und der Bodenkontrolle haben sich in den letzten 100 Jahren schrittweise und immer in gewaltsam geführten Etappen umgekehrt:

- von weniger als 1% zur Zeit des Baseler Beschlusses,
- auf 6% bis zum Ende der Mandatszeit,
- mit Druck auf über 60% erhöht durch den UN-Beschluss,
- mit Gewalt und Krieg erhöht auf über 70% in erweiterten als den UN-Plan-Grenzen,
- in Israel selbst dann in weniger als 5 Jahren durch administrative und gesetzliche Gewaltanwendung auf über 90%,
- durch den 67er Krieg und die Besatzung der Westbank und des Gazastreifens erneute Veränderung der Bodenbesitzverhältnisse über Militäraktionen, sowie erneute illegale administrative und gesetzliche Gewaltanwendung, dort bis zum Oslo Prozess über 70%,

- mit Hilfe internationalem Druck auf die Palästinensischen Vertretungen und fortgesetzter administrativer und gesetzlicher Gewaltanwendung eine weitere Gebietseroberung, so dass
- bis heute nur noch etwa 6% unter Palästinensischer ‚Selbstverwaltung' stehen.

Wo wird die Reise noch hingehen? Welche Grenzüberschreitungen sind noch möglich?

Der zentrale Begründungsstrang für das Werden Israels ist die biblische Saga vom ‚Volk Israel', ‚auserwählt', mit einem ‚versprochenen Land'. Was von diesem religiösen Mythos zu halten ist, haben etliche jüdische Denker kritisch beleuchtet und die heutige Situation Israels mit seinen faschistischen Zügen vorausgesagt.[292] Dennoch sind sich christliche und jüdische Ideologen von Rom über Jerusalem bis Washington über diese Saga einig und stricken gemeinsam an dem Strang der Werdung Israels. Hinzu kommen die eschatologischen Vorstellungen, über die sich im Weltmaßstab entscheidende ‚Macher' auch noch darin einig sind, dass dieser so begründete Staat Israel bereits den ersten Schritt der erwarteten ‚Erlösung' darstelle. Das macht dieses Projekt neben den undemokratischen, inhumanen und ungerechten Strukturen hinaus auch noch global extrem gefährlich, weil beiden Seiten Krieg und Zerstörung recht sind, wenn es um die angebliche ‚Erlösung' geht. Darüber begründet sich auch ein Teil der weltweiten materiellen und ideologischen Förderung dieses Zionistischen Projektes.
Entwicklungsplanung und Raumplanung haben bei der Entstehung des Staates Israels eine zentrale Rolle gespielt. Sie lieferten seit den ersten Visionen die Strategien und Ziele, das programmatische Vorgehen und die einzelnen Schritte zur Werdung Israels. Nationalpläne, Regionalpläne, lokale Pläne, Masterpläne, Verkehrsentwicklungspläne und so weiter, dienen nur einem Zweck: Reduzierung des nicht-jüdischen Raumes bis zur Eliminierung, Ersetzung und Überformung und schließlich bis zur Schaffung eines rein jüdischen Raumes. Zensus, Pässe, Ausweise, Namensänderung, Namensgebung, Landkarten, Sperrzonen, Grauzonen, Umwelt, Soziales, Psychologie, Wirtschaft – bis ins kleinste Detail werden sämtliche Fachrichtungen und ihre wissenschaftlichen Zulieferer für die gewünschte Rauminterpretation und Raumentwicklung, sprich Schaffung einer Jüdischen Boden- und Bevölkerungsmehrheit, eingesetzt, um dieses Ziel zu erreichen.

[292] z.B. Shahak, Israel 2009 Jüdische Geschichte Jüdische Religion Israel – ein Utopia für Auserwählte? Semit edition Neu Isenburg; Leibowitz, Jeshajahu 1990 Gespräche über Gott und die Welt im Gespräch mit Michael Sascha Dvorah Verlag Frankfurt/Main.

Vor allem liefert das staatlich organisierte Raumplanungssystem in Israel den demokratischen Schein. Osmanisches Bodenrecht, Englische Mandatsregelungen, Bodenrecht, Raumordnungsgesetze, Planungsprogramme und Projekte kommen zum Einsatz, um die Illegalisierung von Hunderttausenden, die Verweigerung jeglicher Basisversorgung, die Verwandlung in ‚Anwesend-Abwesende', die radikale Enteignung, die Zerstörung von Hab und Gut und körperliche Bedrohung ‚zu begründen'.
Alle Imperien und Diktaturen haben den Raub fremden Landes und die Unterwerfung ihrer Bewohner bis zu ihrer Vernichtung immer als rechtmäßig ‚begründet'. Immer haben sich Politiker, Wissenschaftler, Juristen, Soziologen und Ökonomen gefunden, die dieses Vorgehen als legal untermauert haben, sei dies begründet worden mit der Angst vor Bedrohungen, der Stärkung der Sicherheit der eigenen Grenzen oder dem Mangel an Land und Ressourcen. So verhält es sich auch mit Israel, aber nicht nur dort. Das Projekt Israel fügt sich ein in eine globale imperiale Politikstruktur zur Sicherung der Ressourcen, gepaart mit der Forderung nach Sicherheit und einer geschürten Angst vor Bedrohungen, die vor allem durch die USA, zusammen mit den ihr nahestehenden europäischen Mächten geschürt wird. Zur Durchsetzung der Interessen sind alle Mittel recht, Israel darf sie einsetzen.

Israel ist der Charter-Staat, der diese globalen Interessen in diesem so Ressourcenreichen und strategisch bedeutenden Raum sichert. Die Charter-Institutionen, die World Zionist Organisation und die Jewish Agency mitsamt ihren Untergruppen wurden bereits im 19. Jahrhundert gegründet und erfüllen ihren Zweck bis heute. Sie betreiben die Legalisierung und Finanzierung des Projektes Israel im Inneren als Wächter und Kommandeure staatlichen Handelns und weltweit als Wächter der unabdingbaren Unterwerfung unter die Unantastbarkeit Israels – wegen des Holocaust. Die USA zusammen mit den Europäern liefern das Sicherungsnetz für dieses Charter-Projekt mit Sondergesetzen, mit Geld und mit Waffenlieferungen. Menschen- und Bürgerrechte stehen dabei nur im Wege und haben keinerlei Geltung. Nochmal: zur Verfolgung ihrer Ziele sind ihnen alle Mittel recht.

Nochmal: **Die Reise ist noch nicht zu Ende**

Kolonisierungsprozess von 1897 bis 2014 von 6% Jüdisch/Israelisch zu 6% Palästinensische Bodenkontrolle

Karte 44

Um 1900

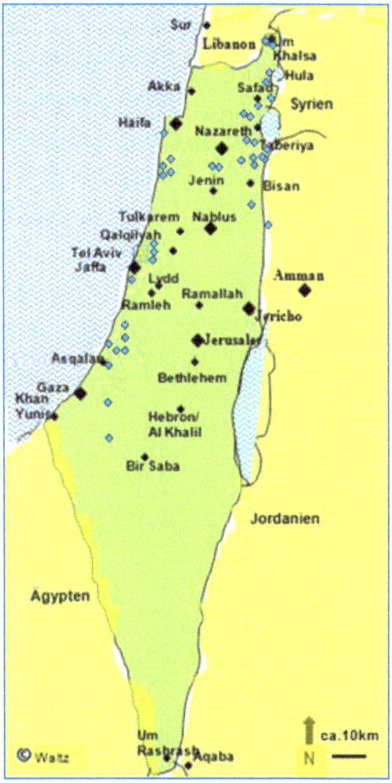

Karte 45

um 1945

Diagramme zu den Karten:

grün palästinensisch, hell in Israel; blau jüdisch, später israelisch, hell in Westbank/Gaza

Bevölkerungsverhältnisse:

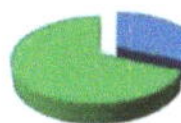

Boden:

Karte 46

UN-Teilungsvorschlag

Karte 47

1945 bis 1950 die ‚Nakbe‘
Vertreibung und Flucht in alle Richtungen

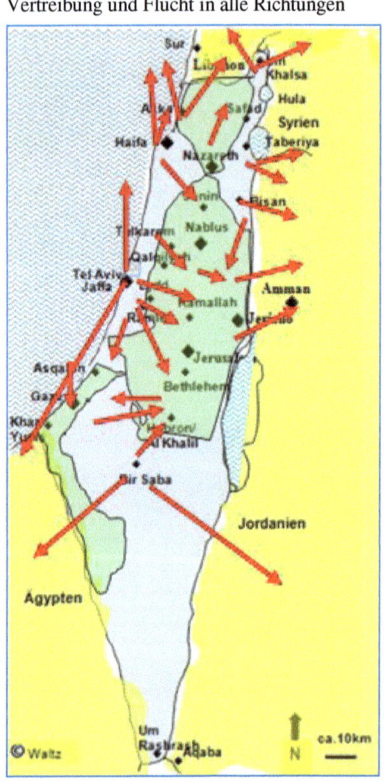

Diagramme zu den Karten:

grün palästinensisch, hell in Israel; blau jüdisch, später israelisch, hell in Westbank/Gaza

Bevölkerungsverhältnisse:

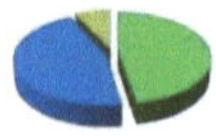

Boden:

Karte 48
‚Kolonisierung' in Israel

Karte 49
Westbank/Gaza nach 1967

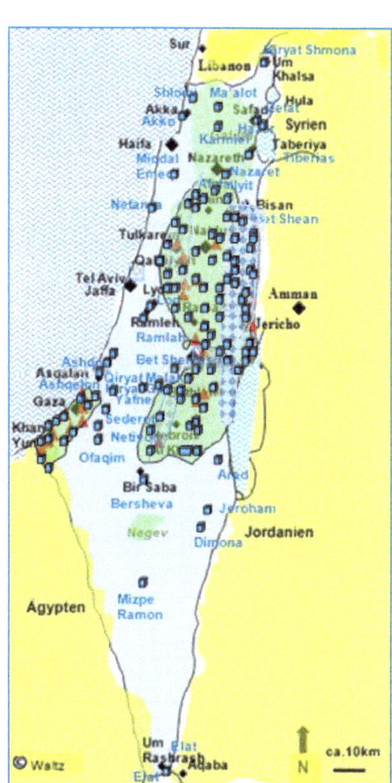

Diagramme zu den Karten:
grün palästinensisch, hell in Israel; blau jüdisch, später israelisch, hell in Westbank/Gaza

Bevölkerungsverhältnisse:

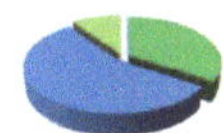

Boden:

Karte 50

nach Oslo und Mauer um 2000

Karte 51

Realität 2014

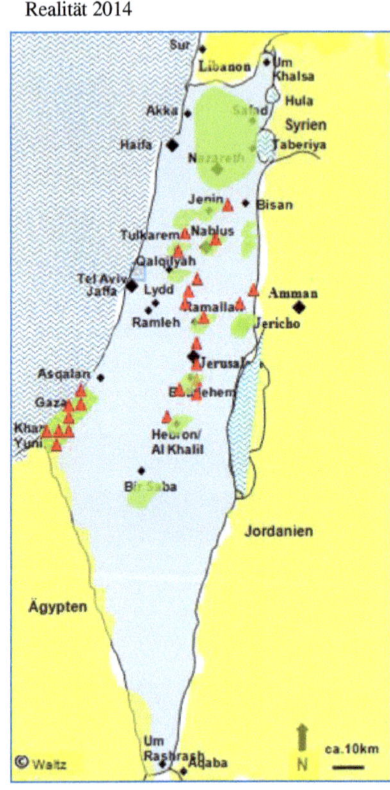

Diagramme zu den Karten:

grün palästinensisch, hell in Israel; blau jüdisch, später israelisch, hell in Westbank/Gaza

Bevölkerungsverhältnisse:

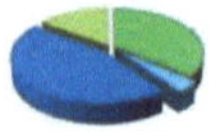

Boden:

Bibliographie

Abu-Saad, Ismael, Champagne, Duane (Hg) 2003: indigenous people between autonomy and globalization, Los Angeles California Press, Los Angeles.

Abu Sitta, Salman H. 1988: Atlas of Palestine, London 1988.

Amery, Hussein, Wolf, Aron (Hg) 2000: Water in the Middle East. A Geography of Peace, University of Texas Press, Austin.

Badi, Joseph 1961: Fundamental Laws of Israel. New York.

Ben David, Y 1991: The Condition for the Negev Bedouins. Jerusalem Institute for Israel Studies.

Benvenisti, Meron 2002: Sacred Landscape. The Buried History of the Holy Land since 1948, University of California Press, Berkeley.

Benvenisti, Meron 1984: Westbank Data Project, Washington-London.

Ben-Gurion Archives (BGA): Ben-Gurion Diary.

Bern, Nicolai 1998: Moderne und Exil. Deutschsprachige Architekten in der Türkei 1925-1955, Verlag für Bauwesen, Berlin.

Cattan, Henry 1988: The Palestinian Question, Croom Helm, London-New York.

Cattan, Henry 1981: Jerusalem, Croom Helm, London.

Cheshin, Amir 1998: Municipal policies in Jerusalem: an account from within, PASSIA, Jerusalem.

Cheshin, Amir 1999: Separate and Unequal. The Inside Story of Israeli Rule in East Jerusalem, Cambridge University Press, Boston/Mass.

Chomsky, Noam 2008: Die Verantwortlichkeit der Intellektuellen. Zentrale Schriften zur Politik, Verlag Antje Kunstmann, München.

Cook, Jonathan 2010: Israels right-wing rabbis pour forth 'hateful ideas'. In The National, December 9, 2010

Choshen, Maya, Korach Micha, Kaufman, Dan 2010: Jerusalem Facts and Trends 2007, 2008. The Jerusalem Institute for Israel (Hg), Jerusalem.

Christaller, Walter 1933: Die zentralen Orte in Süddeutschland, Jena.

Cosgrove, E. Denis, Daniels, Stephen (Hg) 1988: The Iconography of Landscape. Essays on the Symbolic Representation, Design and Use of Past Environments, Cambridge University Press, Cambridge-New York.

Diner, Dan 1980: Israel in Palästina. Über Tausch und Gewalt im Vorderen Orient, Athenäum, Königstein/Ts.

Dolatyar, Mostafa, Gray, Tim S. 2000: Water Politics in the Middle East, St. Martin's Press Inc., New York.

Drobless, Mattityahu 1980: Strategie, Politik und Planung der Besiedlung von Judäa und Samaria. Jerusalem. CAABU Advancing British Arab Relation 1981, Information Service No., 6. Dezember 1981.

Edlinger, Fritz (Hg) 2001: Befreiungskampf in Palästina. Von der Madrid Konferenz zur Al-Aqsa-Intifada, Promedia, Wien.

Efrat, Elisha 1984: Urbanization in Israel, Palgrave Macmillan.

Egbaria, Kassem 2010: Two Spatial Systems for one Land. Spatial Inequality in the Development of Palestinian Communities and the Actual Need for Equity, in: Waltz, Viktoria, Isaac, Jad (Hg) 2010: The fabrication of Israel. About the Usurpation and Destruction of Palestine through Zionist Spatial Planning. A unique Planning Issue, Eigenverlag, Dortmund.

Egbaria, Kassem 2010a: The Impact of Israeli Urban Policies on the Development of Indigenous Bedouin Community in the Negev Area – the Unrecognised Villages, in: Waltz, Viktoria, Isaac, Jad Hg) 2010: The fabrication of Israel. About the Usurpation and Destruction of Palestine through Zionist Spatial Planning. A unique Planning issue, Eigenverlag, Dortmund.

Egbaria, Kassem 2003: Urban Planning Policies in Arab Settlements in Israel. Unpublished PhD Thesis. School of Architecture, Planning and Landscape, University of Newcastle, Upon Tyne.

Elan, Shlomo 1984: Deutsche in Jerusalem von der Mitte des 19. Jahrhunderts bis zum 1. Weltkrieg, Historischer Verein e. V., Wertheim.

Elazari-Volkani, Yitzhak 1932: Jewish Colonization in Palestine. In: Annals of the American Academy of Political and Social Science. Vol. 164.84.99 November 1932

Ennab, L. Wael 1994: UN UNCTAD Report 1994, united nations conference on trade and development population and demographic developments in the Westbank and Gaza Strip until 1990.

Gavish, Don 2005: A Survey of Palestine under the British Mandate, 1920-1948, Routledge Curzon, Oxford.

Golan, Arnon 1993: The New Settlement Map. PhD Diss. Hebrew University, Jerusalem.

Goldman, Nahum 1999: Le Paradoxe Juif (The Jewish Paradox), Edition MJR, Vesenaz.

Gradus, Yehuda 1984: The Emergence of Regionalism in a Centralised System. The Case of Israel. Environment and Planning, D: Society and Space. S. 87-100

Granovski, (auch Granott) Abraham 1952: The Land System in Palestine, History and Structure, Eyre and Spottiswoode, London.

Granovski, Abraham 1929: Boden und Siedlung in Palästina, Jüdischer Verlag, Berlin.

Granovski, Abraham 1925: Probleme der Bodenpolitik in Palästina, Jüdischer Verlag, Berlin.

Halper, Jeff 2002: The Three Jerusalem and their role in the occupation, Jerusalem quarterly file, issue 15.

Harley, J. B. 1988: Maps, knowledge and power. In: Cosgrove, E. Denis and Stephen Daniels, Stephen Hg. 1988: The Iconography of Landscape: Essays on the Symbolic Representation, Design, and Use of Past Environments. Cambridge University Press, Cambridge, England; New York. S. 277-312

Herzl, Theodor 1923: Theodor Herzls Tagebücher 1895-1904. 3 Bände. Jüdischer Verlag, Berlin.

Herzl, Theodor 1902: Altneuland. Wenn Ihr wollt, ist es kein Märchen, Hermann Seemann Nachf. Leipzig.

Herzl, Theodor 1896: Der Judenstaat. Versuch einer Modernen Lösung der Judenfrage, M. Breitenstein's Verlags-Buchhandlung, Leipzig-Wien.

Hess, Moses 1862: Rom und Jerusalem. Die letzte Nationalitätenfrage. Briefe von Moses Hess, Tel Aviv 1935. Erstausgabe 1862, ungekürzte Neuausgabe 1935.

Himmelreich, Laura 2010: Entwicklungshilfe. US-Ökonom empfiehlt Deutschland als Kolonialmacht. In: Spiegel-online 25.01.2010.

Ir Shalem o.J. 1998(?): East Jerusalem. The Current Planning Situation. A Survey of Municipal Plans and Planning Policy, Jerusalem.

Isaac, Jad, Hilal, Jane 2010: Water – Another Story of Exploitation of Palestinian and Arab Resources, in: Waltz, Viktoria, Isaac, Jad (Hg) 2010: the fabrication of Israel. About the usurpation and destruction of Palestine through zionist spatial planning. A unique planning issue, Eigenverlag, Dortmund.

Jeffery, Simon 2003: Key UN resolutions on the Israeli-Palestinian conflict. In: guardian.co.uk, Wednesday 22 October 2003

Kedar Z., Benjamin 1999: The changing Land. Between the Jordan and the Sea. Aerial photographs from 1917 to the present, Jad Ben Zvi, Jerusalem.

Kendall, Henry 1948: Jerusalem City Plan. Preservation and development during the British Mandate 1918-1948, HMSO, London.

Khalidi, Walid 1992: All that remains. The Palestinian villages occupied and depopulated by Israel in 1948, Institute for Palestine Studies, Washington, D.C.

Khamaisi, Rassem 2004: Barriers to the Planning of Arab Localities in Israel, The Floersheimer Institute for Policy Studies, Jerusalem.Koenig's Report (1976) Memorandum of the Northern District Commissioner Yisrael Koenig to the Israel Ministry of Interior. Kommentar in: MERIP Reports No 51, Oc. 1976: 11-14.

Konkel, Michael, Schuegraf, Oliver Hg 2001: Provokation Jerusalem. Aschendorff, Münster (siehe bei Waltz 2001).

Kroyanker, David 1985: Jerusalem, Planning and Development 1982-1985. New Trends, The Jerusalem Institute for Israel Studies for the Jerusalem Committee, Jerusalem.

Kroyanker, David 1982: Jerusalem, Planning and Development 1979-1982. The Jerusalem Institute for Israel Studies for the Jerusalem Committee, Jerusalem.

Lagerlöf, Selma o.J. (1902?): Jerusalem. Vollständige Ausgabe in einem Bande, Josef Singer Verlag, Straßburg-Leipzig.

Lehn, Walter, Uri Davis 1988: The Jewish National Fund, Taylor and Francis, London.

Leibowitz, Jeshajahu 1990: Gespräche über Gott und die Welt im Gespräch mit Michael Schascha Dvorah Verlag Frankfurt/Main.

LeVine, Mark 2005: Overthrowing Geography. Jaffa, Tel Aviv and the struggle for Palestine 1880-1948, University of California Press, Berkeley-Los Angeles-London.

Lewan, Kenneth M.1984: Sühne oder neue Schuld? Deutsche Nahostpolitik im Kielwasser der USA, Das Arabische Buch, Berlin.

Lithwick, H. 2000: An Urban development strategy for the Negev's Bedouin Community. Negev center for regional development and the center for Beduin culture, Beer-Sheva.

Lonergan, Stepohan, C., Brooks, David B. 1995: Watershed. The Role of Fresh Water in the Israeli-Palestinian Conflict. International Development Research Center Canada

Lustick, Jan Steven 1980: Arabs in the Jewish State. Israel's Control of a National Minority, University of Texas Press, Austin.

Mahoney, James 2010: Colonialism and Postcolonial Development. Spanish America in Comparative Perspective, Cambridge University Press, Berkeley.

Marx, Karl 1844: Ökonomisch-philosophische Manuskripte Grundrente in: K. Marx u. F. Engels, Werke, Ergänzungsband, 1. Teil, S. 465-588, Dietz Verlag, Berlin (DDR), 1968

Mayer, Egon 1969: Der Moshav Ovidim. Die Dorfkooperative in Israel 1958-1963, Kyklos Verlag, Basel.

Mearsheimer, John, Walt, Stephen 2006: The Israel Lobby, University of Chicago and Harvard University, Chicago-Boston.

Meier-Cronemeyer, Hermann 1997: Geschichte des Staates Israel, Wochenschauverlag, Schwalbach.

Mejcher, Helmut, Schölch, Alexander (Hg) 1981: Die Palästina Frage 1917-1948, Ferdinand Schöning, Paderborn.

Morris, Benny 1987: The birth of the Palestinian Refugee Problem, Middle East Library, Cambridge.

OCHA United Nations Office for the Coordination of Humanitarian Affairs. Occupied Palestinian Territory., bulletins, reports, press releases; hier 2009, 2010, 2011, 2012/13

Oppenheimer, Franz 1903: Rede auf dem VI.ten Zionistenkongress in: Stenographisches Protokoll der Verhandlungen auf dem VI. Zionistischen Kongress in Basel, 23.-28. August 1903. Wien. S. 188

Orni, Efraim 1972: Agrarian Reform and Social Progress in Israel, Jerusalem.

Orni, Efraim 1966: Boden, seine Erhaltung und Urbarmachung, Jerusalem.

Orni, Efraim, Efrat, Elisha 1964: Geography of Israel, Israel Program for Scientific Publications, Jerusalem.

Pappé, Ilan 2006: The Ethnic Cleansing in Palestine, oneworldpublication, Oxford.

PASSIA Palestinian Academic Society for the Study of International Affairs 2001: Hundred Years of Palestinian History. A 20th Century Chronology, Jerusalem.

Pinsker, Leo 1882: Auto-Emancipation, Jued. Buch- und Kunstverlag, Brünn.

Rabinovich, Itamar 1985: The war for Lebanon, 1970-1985, Cornell University Press, Ithaca, N.Y.

Richter, Werner 1969: Historische Entwicklung und junger Wandel in der Agrargesellschaft Israels. Kölner Geographische Schriften, Heft 21.

Romer, Paul 2009: Charter Cities. A Solution to Global Poverty, Columbia University Press, New York.

Schmelz, O. Usiel 1987: Modern Jerusalem's Demographic Evolution, Jewish Population Studies 20, Jerusalem Institute for Israel Studies.

Schölch, Alexander 1986: Palästina im Umbruch 1856-1882. Untersuchungen zur wirtschaftlichen und sozio-politischen Entwicklung, Franz Steiner, Wiesbaden-Stuttgart.

Shahak, Israel 2009: Jüdische Geschichte Jüdische Religion Israel – ein Utopia für Auserwählte? Semit edition Neu Isenburg

Shahak, Israel 1994: Jewish History, Jewish Religion, Pluto Press, London; deutsche Ausgabe 2009: Jüdische Geschichte, Jüdische Religion. Israel – eine Utopia für Auserwählte? Melzer Verlag semitediton, Neu Isenburg.

Sharon, Arieh 1976: Kibbuz und Bauhaus, Krämer Verlag, Stuttgart.

Sharon, Arieh 1951: Physical Planning in Israel, Tel Aviv, hebr. mit engl. Kurzfassung.

SIPRI Stockholm International Peace Institute 2011: SIPRI Yearbook; 2013 Yearbook.

Soffer, Arnon 2001: Israel Demography 2000-2020, Haifa.

Soffer, Arnon 1999: Rivers of Fire – The Conflict over Water in the Middle East, Rowman and Littlefield Publishers Inc., Oxford.

Spiegel, Erika 1966: Neue Städte – New Towns, Krämer Verlag, Stuttgart-Bern.

Tarek, Ibrahim 2008: Unprotected Citizens. Amidar public housing company threatens to evict 497 Palestinian families in Jaffa-Tel Aviv, Arab Association for Human Rights (HRA), Nazareth.

UN UNCTAD Report 1994: united nations conference on trade and development. population and demographic developments in the Westbank and Gaza Strip until 1990.

Waltz, Viktoria, Zschiesche, Joachim 1986: Die Erde habt Ihr uns genommen. 100 Jahre zionistische Siedlungspolitik in Palästina, Das Arabische Buch, Berlin.

Waltz, Viktoria 2000: Missionary Report for UNCH Habitat. Housing Situation and Hoousing Needs in Palestine. Jerusalem/Nairobi. Unveröffentlicht.

Waltz, Viktoria 2001: Jerusalem und das Zionistische Projekt. Zwischen Altstadt und Neustadt, zwischen Kosmopolitisierung und Ethnisierung einer Metropole. In: Konkel, Michael, Schuegraf, Oliver Hg: Provokation Jerusalem. Aschendorff Münster

Waltz, Viktoria, Isaac, Jad (Hg) 2010: The fabrication of Israel. About the usurpation and destruction of Palestine through zionist spatial planning. A unique planning issue, Eigenverlag, Dortmund.

Warhaftig, Myra 1972: They laid the foundation. Lives and works of German speaking Jewish Architects in Palestine 1918-1948, revised and enlarged, Wasmuth, Berlin.

Watzal, Ludwig 2002: Feinde des Friedens. Der endlose Konflikt zwischen Israel und den Palästinensern, Berlin.
Online unter: http://www.watzal.com/f_fdf.html.

Watzal, Ludwig 2002a: Der Mythos von Camp David, in: Neue Zürcher Zeitung vom 22. 6. 2002. Online unter:
http://www.watzal.com/NZZ_Mythos_von_Camp_David.pdf.

Weisgal, Meir, W. (Hg) 1977: The letters and papers of Chaim Weizmann vol. 9, Israel Universities Press, Jerusalem.

Weitz, Yossef 1952: The Struggle for the Land, Tebersky, Tel Aviv: (Hebrew).

Weizman, Eyal 2008: Sperrzonen. Israels Architektur der Besatzung. Deutsche Ausgabe, Nautilus, Hamburg.

WZO Immigration and Absorption Division World Zionist Organization 1984: New Dimensions. Aliyah to Judea, Samaria and Gaza. New York.

Yapp, Malcolm, Edward 1987: The Making of the Modern Near East 1792-1923, Longman, London.

Yiftachel, Oren 2003: Bedouin Arabs and the Israeli Settler State. Land Policies and Indigenous Resistance. In: Abu-Saad, Ismael, Champagne, Duane Hg. 2003: indigenous people between autonomy and globalization; Los Angeles California Press Los Angeles. S. 31

Liste der Diagramme:

Liste der Karten

Liste der Bilder